Análise de classe

Dados Internacionais de Catalogação na Publicação (CIP)
(Câmara Brasileira do Livro, SP, Brasil)

Análise de classe : abordagens / Erik Olin Wright (organizador) ; tradução de Marcus Penchel. – Petrópolis, RJ : Vozes, 2015. – (Coleção Sociologia)

Título original : Approaches to class analysis
Vários autores.
Bibliografia
ISBN 978-85-326-5135-8

1. Classes sociais 2. Sociologia I. Wright, Eric Olin.

15-07837
CDD-305.5

Índices para catálogo sistemático:
1. Classes sociais : Sociologia 305.5

Erik Olin Wright
(org.)

Análise de classe

Abordagens

Tradução de Marcus Penchel

Petrópolis

© Cambridge University Press 2005

Título original em inglês: *Approaches to Class Analysis*

Direitos de publicação em língua portuguesa – Brasil:
2015, Editora Vozes Ltda.
Rua Frei Luís, 100
25689-900 Petrópolis, RJ
www.vozes.com.br
Brasil

Todos os direitos reservados. Nenhuma parte desta obra poderá ser reproduzida ou transmitida por qualquer forma e/ou quaisquer meios (eletrônico ou mecânico, incluindo fotocópia e gravação) ou arquivada em qualquer sistema ou banco de dados sem permissão escrita da editora.

Diretor editorial
Frei Antônio Moser

Editores
Aline dos Santos Carneiro
José Maria da Silva
Lídio Peretti
Marilac Loraine Oleniki

Secretário executivo
João Batista Kreuch

Editoração: Fernando Sergio Olivetti da Rocha
Diagramação: Alex M. da Silva
Capa: Sheilandre Desenv. Gráfico

ISBN 978-85-326-5135-8 (Brasil)
ISBN 978-0-521-60381-2 (Reino Unido)

Editado conforme o novo acordo ortográfico.

Este livro foi composto e impresso pela Editora Vozes Ltda.

À memória de Aage B. Sørensen, 1941-2001.

Sumário

Apresentação da coleção, 9

Figuras, 11

Tabelas, 12

Colaboradores, 13

Introdução, 15
  Erik Olin Wright

1 Fundamentos de uma análise de classe neomarxista, 19
  Erik Olin Wright

2 Fundamentos de uma análise de classe neoweberiana, 46
  Richard Breen

3 Fundamentos de uma análise de classe neodurkheimiana, 66
  David Grusky em colaboração com Gabriela Galescu

4 Fundamentos de uma análise de classe de Pierre Bourdieu, 97
  Elliot B. Weininger

5 Fundamentos de uma análise de classe com base na renda, 133
  Aage B. Sørensen

6 Fundamentos de uma análise pós-classe, 167
  Jan Pakulski

Conclusão – Se "classe" é a resposta, qual é a questão?, 197
  Erik Olin Wright

Referências, 211

Índice remissivo, 229

Apresentação da coleção

Brasilio Sallum Jr.

A *Coleção Sociologia* ambiciona reunir contribuições importantes desta disciplina para a análise da sociedade moderna. Nascida no século XIX, a sociologia expandiu-se rapidamente sob o impulso de intelectuais de grande estatura – considerados hoje clássicos da disciplina –, formulou técnicas próprias de investigação e fertilizou o desenvolvimento de tradições teóricas que orientam o investigador de maneiras distintas para o mundo empírico. Não há o que lamentar o fato de a sociologia não ter um *corpus* teórico único e acabado. E, menos ainda, há que esperar que este seja construído no futuro. É da própria natureza da disciplina – de fato, uma de suas características mais estimulantes intelectualmente – renovar conceitos, focos de investigação e conhecimentos produzidos. Este é um dos ensinamentos mais duradouros de Max Weber: a sociologia e as outras disciplinas que estudam a sociedade estão condenadas à eterna juventude, a renovar permanentemente seus conceitos à luz de novos problemas suscitados pela marcha incessante da história. No período histórico atual este ensinamento é mais verdadeiro do que nunca, pois as sociedades nacionais, que foram os alicerces da construção da disciplina, estão passando por processos de inclusão, de intensidade variável, em uma sociedade mundial em formação. Os sociólogos têm respondido com vigor aos desafios desta mudança histórica, ajustando o foco da disciplina em suas várias especialidades.

A *Coleção Sociologia* pretende oferecer aos leitores de língua portuguesa um conjunto de obras que espelhe tanto quanto possível o desenvolvimento teórico e metodológico da disciplina. A coleção conta com a orientação de comissão editorial, composta por profissionais relevantes da disciplina, para selecionar os livros a serem nela publicados.

A par de editar seus autores clássicos, a *Coleção Sociologia* abrirá espaço para obras representativas de suas várias correntes teóricas e de suas especialidades, voltadas para o estudo de esferas específicas da vida social. Deverá também suprir as necessidades de ensino da Sociologia para um público mais amplo, inclusive por meio de manuais didáticos. Por último – mas não menos importante –, a *Coleção Sociologia* almeja oferecer ao público trabalhos sociológicos sobre a sociedade brasileira. Deseja, deste modo, contribuir para que ela possa adensar a reflexão científica sobre suas próprias características e problemas. Tem a esperança de que, com isso, possa ajudar a impulsioná-la no rumo do desenvolvimento e da democratização.

Figuras

1.1 Três modelos de análise de classe, 41

2.1 Dimensões do trabalho como fontes de risco contratual, formas de contrato e localização das classes de empregados no esquema (GOLDTHORPE, 2000: 223, Figura 10.2), 56

6.1 Configurações da desigualdade, uma tipologia, 188

Tabelas

2.1 Agregações possíveis do esquema de classe de Goldthorpe, 56

3.1 Países classificados segundo o tipo e o nível de estruturação de classes, 80

3.2 Modelos de organização social nos locais de produção, 92

7.1 Seis questões primordiais de análise de classe, 199

7.2 A questão das oportunidades de vida em Marx, Weber e Bourdieu, 203

Colaboradores

Richard Breen é lente em Sociologia do Nuffield College da Universidade de Oxford.

David Grusky é professor de Sociologia da Universidade Stanford.

Jan Pakulski é professor de Sociologia e Decano de Artes da Universidade da Tasmânia.

Aage B. Sørensen foi professor de Sociologia da Universidade Harvard.

Elliot B. Weininger é professor-assistente de Sociologia da Universidade do Estado de Nova York em Brockport.

Erik Olin Wright é professor emérito da Universidade de Wisconsin em Madison.

Introdução

Erik Olin Wright

Uma reportagem no programa *Today* da Rádio 4 da BBC em março de 2011 discutiu um novo esquema de divisão social em sete classes que estava sendo usado no censo britânico. Os ouvintes foram convidados ao site da BBC na internet para ver em que classe se enquadravam. Em poucos dias houve mais de 50 mil visitas ao site, um recorde nesse tipo de pesquisa. Ao menos para o segmento da população britânica que ouve o noticiário matutino da BBC, classe continua sendo uma questão importante.

O programa entrevistou algumas pessoas. Um investigador de polícia assim se manifestou ao saber que era agora classificado na classe 1 ao lado de médicos, advogados e altos executivos de grandes empresas: "Isso quer dizer que agora tenho que usar roupa branca quando cuidar do jardim?... Não me vejo na mesma classe que eles, nem social nem economicamente". Em um programa posterior de "bate-papo ao vivo" com o Professor David Rose da Universidade de Essex, principal responsável pela criação das novas categorias censitárias, muitas pessoas ligaram para a rádio criticando o esquema classificador. Um motorista de caminhão questionou sua inclusão na classe 7 por ter um trabalho que exige muita habilitação e uso de novas tecnologias de informação e computadores. David Rose explicou que a classificação visava registrar diferenças no tipo de contrato de trabalho, não no nível de especialização do serviço, e que os motoristas de caminhão tinham condições de trabalho bastante perigosas. Outra pessoa perguntou: "Como se pode ter senso de solidariedade e consciência quando a gente é classificada como 'Cinco' ou 'Sete'? Dá para imaginar o *Manifesto Comunista* escrito pela Universidade de Essex? A história de todas as sociedades que existiram até hoje é a história das guerrinhas intestinas entre as classes 1 e 2, de um lado, e as classes de 3 a 7, de outro? Não dá liga, certo?"

Esses comentários dos ouvintes da BBC refletem a ambiguidade geral do termo "classe" na imaginação popular. Para algumas pessoas ele dá uma conotação de estilo de vida, gostos, como o uso de roupas brancas em jardinagem. Para outras se refere sobretudo a *status*, consideração e respeito sociais: ser reclassificado "abaixo" na hierarquia de classes é visto como uma diminuição. Alguns veem classes como categorias sociais envolvidas em formas coletivas de conflito que moldam o destino da sociedade. Os políticos propõem "cortes de impostos sobre a classe média", pelo que simplesmente entendem "cortes de impostos para as pessoas nos estratos médios da distribuição de renda". E muitas pessoas, como David Rose, veem classe como identificação dos determinantes básicos das perspectivas econômicas de uma pessoa.

Tais ambiguidades de uso popular estão também presentes nas discussões mais acadêmicas. A palavra *classe* desdobra-se numa ampla variedade de contextos descritivos e explanatórios em sociologia, assim como ocorre no discurso popular, e, é claro, dependendo do contexto, podem ser necessários diferentes *conceitos* de classe. Dada essa diversidade de tarefas explanatórias e descritivas em que a palavra aparece, é fácil entender por que os debates sobre classe são com frequência confusos. Às vezes, é claro, há um autêntico debate, com propostas alternativas sobre quais conceitos usar para responder à mesma questão. De outras vezes, no entanto, a discussão apenas reflete objetivos diferentes. Alguns sociólogos proclamam que a classe está desaparecendo, com isso querendo dizer que é menos provável as pessoas formarem identidades estáveis em termos de classe e, portanto, menos provável orientarem seu comportamento político com base em uma noção de classe. Outros proclamam, porém, que a classe continua sendo um aspecto duradouro da sociedade contemporânea, com isso querendo dizer que as perspectivas econômicas de uma pessoa na vida continuam a depender de forma significativa de sua relação com diferentes tipos de bens economicamente valiosos.

O objetivo central deste livro é esclarecer o complexo conjunto de conceituações alternativas de classe alicerçadas em diferentes tradições teóricas. Cada um dos autores apresentados escreveu extensamente sobre problemas de classe e desigualdade em uma tradição específica de análise. Cada um recebeu a tarefa de escrever uma espécie de manifesto teórico para um tipo particular de análise de classe. A finalidade foi esclarecer os fundamentos teóricos da abordagem pessoalmente preferida: delinear os pressupostos subjacentes, definir de forma sistemática cada elemento conceitual, demarcar as ambições explanatórias do conceito e, quando possível, diferenciar tal abordagem de outras. Embora a maioria das abordagens se baseie em maior ou menor grau numa tradição intelectual ligada a algum teórico social clássico – Marx, Weber, Durkheim – os capítulos não são primordialmente discussões do conceito de classe nos textos desses fundadores. Nem pretendem ser declarações canônicas autorizadas do que vem a ser uma autêntica análise de classes "marxista", "weberiana" ou de qualquer outro tipo. Cada uma dessas tradições tem considerável variação interna e, consequentemente, o conceito de classe será elaborado de formas diferentes por diferentes acadêmicos que alegam operar dentro da mesma corrente ampla de pensamento. Os autores foram também instruídos a não fazer uma extensa "resenha da literatura" existente sobre classe social, do tipo que normalmente se encontra nos manuais de sociologia. O que cada capítulo busca é elaborar os fundamentos analíticos da conceituação de classe na obra do autor e, ao fazê-lo, esclarecer o campo mais amplo de variação na análise de classe.

Seis diferentes perspectivas são apresentadas. O capítulo 1, de minha autoria, aborda a análise de classe na tradição marxista. A ideia central é definir o conceito de classe em termos dos processos de exploração e segundo os sistemas alternativos de relações econômicas. O capítulo 2, de Richard Breen, examina uma forma de análise de classe ligada à tradição weberiana e à obra do sociólogo britânico John Goldthorpe. A preocupação central é desenvolver um conceito de classe construído em torno das oportunidades econômicas de vida das pessoas, mais especificamente em torno do caráter das relações de emprego disponíveis nos mercados de trabalho e nos tipos de organização do trabalho. O capítulo 3, de David Grusky, desenvolve uma análise de classe que ele situa na tradição durkheimiana da teoria sociológica. O princípio diretor é o de como a situação específica na divisão ocupacional do trabalho cria efeitos homogêneos na vida das pessoas. As situações de classe são então identificadas a essas categorias altamente desagregadas dentro dos sistemas de estratificação. O capítulo 4, de Elliot Weininger, traça os princípios centrais da análise de classes segundo o sociólogo francês Pierre Bourdieu, em cujo esquema classe é definida de acordo com uma variedade de dimensões do "capital", entendido como um espaço multidimensional de recursos que conferem poder e moldam tanto as oportunidades quanto a distribuição dos atores. O capítulo 5, de Aaage Sørensen, apresenta uma abordagem da análise de classe inspirada essencialmente no raciocínio econômico neoclássico, em especial a noção de "rendas" econômicas. Nessa conceituação de classes, elas não existiriam em absoluto num mercado perfeitamente competitivo e de informação total: as classes ocorrem somente onde há tipos de imperfeições de mercado que criam rendas passíveis de serem captadas por alguns grupos de atores, mas não outros. No capítulo 6, Jan Pakulski elabora os fundamentos do que poderia ser definido como uma "análise pós-classe". Ele argumenta que, especialmente como entendida nas tradições marxista e weberiana, classe não é mais uma categoria empiricamente útil. A seu ver, a desigualdade pode continuar a ser uma importante questão na sociedade contemporânea, mas não é mais organizada segundo linhas de classe. Por fim, a conclusão do livro discute como as diferentes tradições da análise de classe estão ancoradas em diferentes questões centrais e como isso determina muitas diferenças nos seus conceitos de classe.

1
Fundamentos de uma análise de classe neomarxista

Erik Olin Wright

O conceito de classe tem maiores ambições explanatórias no marxismo do que em qualquer outra tradição da teoria social, e isso, por sua vez, coloca cargas mais pesadas sobre os seus alicerces teóricos. Na sua forma mais ambiciosa, os marxistas afirmavam que classe – ou conceitos muito próximos como "modo de produção" e "base econômica" – está no centro de uma teoria geral da história comumente denominada "materialismo histórico"[1]. Essa teoria tentou explicar ampla gama de fenômenos sociais numa moldura unificada: tanto a trajetória temporal das mudanças quanto os conflitos sociais em épocas e lugares específicos, a forma macroinstitucional do Estado e o microcosmo das crenças subjetivas individuais, as revoluções em larga escala e os choques localizados. Expressões como "a luta de classes é o motor da história" e "o poder executivo do Estado moderno não passa de uma comissão da burguesia" mostram a ambição de centralidade explicativa do conceito marxista de classe.

A maioria dos acadêmicos marxistas de hoje recuou dessa grandiosidade explanatória do materialismo dialético (se não necessariamente de todas as suas aspirações explicativas). Poucos hoje defendem versões rígidas do "primado da classe", mas o conceito permanece de uma centralidade distintiva da tradição marxista e é chamado a dar conta de tarefas explanatórias muito mais árduas que em outras tradições teóricas. Com efeito, pode-se bem argumentar que isto, junto com uma orientação voltada para princípios normativos radicalmente igualitários, é em grande parte o que define a persistente vitalidade e diferença da tradição marxista como corpo teórico, especialmente em sociologia. Por essa

---

1. A exposição mais sistemática e rigorosa das concepções centrais do materialismo histórico é a de Cohen (1978).

razão, a meu ver, o "marxismo como análise de classe" é que define o coração da sociologia marxista[2].

A tarefa deste capítulo é expor os fundamentos analíticos centrais do conceito de classe de maneira amplamente consistente com a tradição marxista. É tarefa traiçoeira, pois entre os autores que se identificam com o marxismo não há consenso sobre qualquer dos conceitos nucleares da análise de classe. O que define a tradição é mais um apego frouxo à importância da análise de classe para entender as condições do confronto com as opressões capitalistas, além de uma linguagem adotada nos debates e habilmente definida por Alvin Gouldner como "comunidade de discurso", do que um conjunto preciso de definições e propostas. Qualquer argumento meu sobre os fundamentos teóricos da análise de classe marxista refletirá, portanto, minha posição específica dentro dessa tradição e não uma exposição autorizada do "marxismo" em geral ou da obra de Karl Marx em particular[3].

Haverá duas linhas básicas na análise: primeiro, a de que o ingrediente que mais nitidamente distingue a conceituação marxista de classe é o conceito de "exploração"; segundo, a de que um conceito de classe centrado na ideia de exploração dá instrumentos teoricamente poderosos para estudar uma gama de problemas na sociedade contemporânea. O objetivo deste capítulo é tornar as duas coisas inteligíveis e – espero – críveis. A Parte I expõe o ponto fundamental da análise de classe no marxismo, o que ela visa. Trata-se acima de tudo de esclarecer a agenda normativa à qual se liga a análise de classe. Na Parte II procederemos cuidadosamente a uma série de esclarecimentos necessários para emoldurar essa específica análise de classe e a ideia de exploração. Alguns podem achar a seção um tanto pedante, por vezes parecida com a leitura de um dicionário, mas acho necessária para mostrar em que se baseiam esses conceitos para serem transparentes. A Parte III especifica as pretensões explanatórias centrais da análise de classe que são comuns tanto à tradição marxista quanto à weberiana. O que será útil ao estabelecer a base para discussão na Parte IV do marco distintivo do conceito marxista que o diferencia dos primos weberianos e ancora as pretensões teóricas e a agenda mais amplas da análise de classe marxista. Isso envolverá, sobretudo, a elaboração do conceito de exploração, um dos mecanismos causais cruciais através dos quais o marxismo alega que as relações de classe geram efeitos sociais. Por fim, a Parte V mostra de forma sumária o que considero as recompensas da análise de classe de inspiração marxista.

---

2. Para discussão mais extensa do marxismo como análise de classe, cf. Burawoy e Wright (2001) e Wright, Levine e Sober (1993).

3. Há uma literatura bem vasta tanto de exegese da própria obra de Marx sobre classe quanto sobre variedades da análise de classe dentro da tradição marxista mais amplamente considerada. Para uma exegese do tratamento que Marx dá ao conceito de classe, cf. Cotreel (1984, cap. 2). Para uma resenha geral das abordagens marxistas alternativas, cf. Wright (1980b). Para exemplos da análise de classe marxista que diferem substancialmente da abordagem delineada neste capítulo, cf. Poulantzas (1975), Carchedi (1977), Resnick e Wolff (1987).

Quadro geral: o que é o conceito marxista de classe

Na sua essência, a análise de classe na tradição marxista está enraizada num conjunto de compromissos normativos com uma forma radical de igualitarismo. Historicamente, os marxistas têm sido no geral relutantes em defender de forma sistemática esses compromissos morais. O próprio Marx achava que falar sobre "justiça" e "moralidade" era desnecessário e talvez mesmo pernicioso, acreditando que ideias sobre moralidade na verdade apenas refletiam condições materiais e interesses dos atores em cena. Em vez de defender o socialismo com base na justiça social ou outros princípios normativos, Marx preferia simplesmente dizer que o socialismo interessava à classe operária e era, de qualquer forma, o destino histórico do capitalismo. No entanto, os textos de Marx estão repletos de juízo moral, visão e indignação morais. Mais importante para propósitos atuais, a tradição marxista da análise de classe deriva grande parte de seu ímpeto característico das ligações com uma agenda normativa igualitária radical. A fim de plenamente compreender os fundamentos teóricos do conceito de classe na tradição marxista, é necessário que se esclareça, ainda que de forma breve, essa dimensão normativa.

O igualitarismo radical subjacente à análise marxista de classe pode ser expresso a partir de três teses, as quais delinearei de forma sumária, sem elaborar qualificações e acréscimos, uma vez que o propósito aqui é esclarecer o caráter da agenda da análise marxista de classe e não fazer uma defesa da teoria mesma.

Tese do Igualitarismo Radical – O progresso humano seria amplamente favorecido por uma distribuição igualitária radical das condições materiais de vida[4]. A tese é expressa no lema distributivista clássico de Marx – "A cada um segundo sua necessidade, de cada um segundo sua capacidade" – e pelo ideal de uma sociedade "sem classes". Assim são distribuídos os recursos materiais nas famílias igualitárias: os filhos que mais precisam recebem mais recursos e todos devem contribuir como podem nas tarefas necessárias à família. É assim também que se distribuem os livros nas bibliotecas públicas: a pessoa procura o que precisa, não o que pode adquirir. O igualitarismo radical da tradição marxista afirma que o desenvolvimento humano em geral seria favorecido se esses princípios fossem generalizados a toda a sociedade[5].

---

4. A tese do igualitarismo radical tal como exposta aqui não é, em si mesma, uma tese de *justiça*. O argumento é de que os seres humanos terão em geral melhor florescimento sob tais condições igualitárias do que em condições de desigualdade e hierarquia, mas não estipula que promover tal florescimento seja um requisito de justiça. Eu acredito que se trata de uma questão de justiça social, mas tal crença não é necessária no contexto do aqui exposto.

5. O que precisamente se entende por "igualitarismo" e em que bases se justifica como princípio normativo têm sido tema de considerável discussão, em parte informada pela tradição marxista.

Tese da possibilidade histórica – Nas condições de uma economia altamente produtiva torna-se materialmente possível organizar a sociedade de tal modo que haja uma distribuição sustentável radicalmente igualitária das condições materiais de vida. Os princípios normativos igualitários são vistos na tradição marxista não apenas como reflexo de algum valor humano atemporal, embora possam sê-lo igualmente, mas como integrando também um projeto político prático. Central ao projeto teórico marxista é, pois, a tentativa de compreender as condições nas quais esses ideais morais podem ser traduzidos em prática social. Aqui a ideia básica é que o igualitarismo radical se torna cada vez mais factível como princípio prático da organização social à medida que aumenta a capacidade produtiva de uma sociedade e diminui a escassez absoluta. Na versão mais forte desta tese, os ideais igualitários são estritamente impossíveis de implantar e sustentar até que se supere amplamente a escassez material; as versões mais fracas afirmam apenas que a alta produtividade torna mais factível um igualitarismo básico das condições materiais de vida.

Tese anticapitalista – O capitalismo bloqueia a possibilidade de alcançar uma distribuição radicalmente igualitária das condições materiais de vida. Uma das grandes realizações do capitalismo é desenvolver a capacidade produtiva humana a tal ponto que torna o igualitarismo radical necessário para possibilitar materialmente o florescimento humano, embora o capitalismo também crie instituições e relações de poder que bloqueiam a conquista efetiva do igualitarismo. Isso cria o cenário do grande drama e tragédia do desenvolvimento capitalista: é um processo que continuamente aumenta as condições materiais para expandir o desenvolvimento humano, ao mesmo tempo em que bloqueia a criação das condições sociais para realizar tal potencial. Correntes sociais mais democráticas dentro da tradição marxista aceitam a ideia de que o capitalismo é inimigo da igualdade, mas rejeitam a visão de ruptura e mudança radicais: para elas o capitalismo pode ser transformado de dentro de maneiras que gradualmente levem na direção de uma ordem social mais profundamente igualitária. A realização plena do ideal igualitário radical pode, claro, ser uma fantasia utópica. Mas ainda que a "sociedade sem classes" seja inalcançável, uma "menor divisão de classes" pode ser um objetivo político central, o que também requer desafiar o capitalismo.

Cada uma dessas teses é controversa e necessita de extensa defesa, mas aqui vou tratá-las como pressupostos que definem o contexto mais amplo para pensar o conceito de classe[6]. Seja mais o que for que vise o conceito de classe, na

---

Para uma visão geral da questão, cf. Swift (2001). Para uma discussão a fundo de uma teoria igualitária de justiça com sensibilidade marxista, cf. Cohen (1995).

6. As objeções a essas teses são bem conhecidas. Contra a *tese do igualitarismo radical* são com frequência apresentados dois tipos de argumentos: primeiro, mesmo que seja verdade que a igualdade promova o desenvolvimento humano, a redistribuição de recursos necessária à

análise marxista ele pretende facilitar a compreensão das condições para a busca dessa agenda normativa. O que significa que o conceito precisa estar ligado a uma teoria do capitalismo, não apenas à noção de desigualdade, e que deve ser capaz de desempenhar um papel no esclarecimento de dilemas e possibilidades de alternativas igualitárias às instituições existentes.

Voltemo-nos agora à elaboração dos componentes conceituais com os quais possamos construir um conceito de classe adequado a essa agenda.

Componentes conceituais da análise de classe

A palavra "classe" é usada com conotações substantiva e adjetiva. Como substantivo é que figura, por exemplo, na pergunta: "Em que classe você acha que se inclui?" E na possível resposta: "Na classe operária". Com conotação adjetiva ela modifica uma série de conceitos: relações de classe, estrutura de classe, situação de classe, formação de classe, interesses de classe, conflito de classe, consciência de classe. Em geral, como ficará claro da análise que segue, eu acho que o termo "classe" é usado de forma muito mais produtiva com um sentido adjetivo. Com efeito, acho que em geral as pessoas falam elipticamente quando usam a palavra como substantivo. Uma expressão como "a classe operária", por exemplo, é com frequência apenas uma fórmula simplificada de expressão mais pesada como "situação operária nas relações capitalistas de classe" ou, talvez, "organizações coletivas da classe operária nos conflitos de classe". De qualquer forma, vou usar o termo sobretudo com conotação adjetiva e apenas o termo genérico "classe" quando me referir ao campo conceitual geral no qual se situam os termos mais específicos.

Para assentar os alicerces da análise marxista de classe, portanto, precisamos ter claro o que entendemos por esse "adjetivo". Aqui os conceitos nucleares são *relações* de classe e *estrutura* de classe. Outras expressões do menu conceitual da análise de classe – conflito de classe, interesses de classe, formação de classe e consciência de classe – derivam o seu significado das ligações com aqueles conceitos nucleares. O que não quer dizer que para todos os problemas da análise de classe o essencial sejam os conceitos de classe puramente estruturais. Pode

---

igualdade material é injusta, uma vez que priva algumas pessoas de vantagens materiais que elas conquistaram corretamente; e segundo, longe de criar condições para um florescimento do potencial humano, a igualdade material radical geraria passividade, preguiça e uniformidade. Contra a *tese da possibilidade histórica* muitas pessoas argumentam que altos níveis de produtividade econômica só podem ser mantidos se as pessoas tiverem estímulos materiais significativos para investir tanto em termos de capital quanto de capacidade. Qualquer passo importante rumo à igualdade material radical seria portanto insustentável, uma vez que levaria ao declínio da própria abundância material. Por fim, os críticos argumentam contra a *tese anticapitalista* que, embora possa ser verdade que o capitalismo bloqueia passos radicais rumo à igualdade das condições materiais de vida, não bloqueia de fato o desenvolvimento humano; ao contrário, o capitalismo oferece aos indivíduos a máxima oportunidade de fazer de suas vidas o que quiserem.

acontecer certamente, por exemplo, ao se tentar explicar variações de políticas de estado entre as sociedades capitalistas no tempo e no espaço, que as variações na formação e luta de classes se mostrem mais importantes que as diferenças propriamente na estrutura de classe. Mas ainda assim a compreensão das relações e estrutura de classe está na base conceitual da análise e é, portanto, a questão que enfocaremos aqui.

A seguir examinaremos oito conjuntos de questões conceituais: 1) o conceito de relações sociais de produção; 2) a ideia de relações de classe como forma específica das relações sociais de produção; 3) o significado de "variações" nas relações de classe; 4) o problema da complexidade das relações de classe; 5) o significado de uma "posição" dentro das relações de classe; 6) a complexidade de definir posições de classe; 7) a diferença entre micro e macroníveis da análise de classe; 8) "atuação" de classe. Embora, como um todo, esses problemas conceituais sejam especialmente relevantes na elaboração do conceito de classe dentro da tradição marxista, muitos serão igualmente importantes em outras agendas da análise de classe.

Relações sociais de produção

Qualquer sistema de produção requer o emprego de uma gama de bens, recursos ou fatores de produção: máquinas, ferramentas, terra, matérias-primas, mão de obra, capacitação, informação e assim por diante. Essa implementação pode ser descrita em termos *técnicos* como uma função de produção – tantos aportes de diferentes tipos são combinados num processo específico para uma produção específica. Essa é a maneira típica de um economista pensar os sistemas de produção. O uso de recursos pode também ser descrito em termos de *relações sociais*: as pessoas que participam na produção têm diferentes tipos de direitos e poderes sobre os recursos e os resultados de sua utilização[7]. A maneira efetiva como os fatores são combinados e usados na produção depende tanto de como esses direitos e poderes são exercidos quanto dos aspectos estritamente técnicos de uma função produtiva. A soma total desses direitos e poderes constitui as "relações sociais de produção".

É importante ter em mente que esses direitos e poderes sobre os recursos são atributos das relações sociais, não descrições propriamente do relacionamento

---

7. Por "poder" sobre os recursos produtivos entendo o *controle efetivo do uso e disposição* desses recursos. O termo "direitos" dá a ideia adicional de que os poderes são vistos como legítimos e impostos pelo Estado. A expressão "direitos de propriedade" significa, pois, "poder efetivo sobre o uso da propriedade garantido pelo Estado". Na maioria dos contextos em um sistema estável de relações de produção há íntima conexão entre direitos e poderes, mas as pessoas podem ter um controle efetivo e durável sobre recursos sem que esse controle seja reconhecido legalmente como direito de propriedade. De qualquer forma, para a maior parte da análise proposta aqui não será necessário enfatizar a distinção entre direitos e poderes, de modo que usarei em geral os termos num par.

das pessoas com as coisas: ter direitos e poderes quanto à terra, por exemplo, define os relacionamentos sociais de uma pessoa com outras quanto ao uso da terra e a apropriação dos frutos do seu uso produtivo. Isso significa que as relações de poder envolvidas nas relações sociais de produção dizem respeito às maneiras como as atividades das pessoas são reguladas e controladas, não apenas à distribuição de uma série de coisas valiosas.

Relações de classe como uma forma das relações de produção

Quando os direitos e poderes das pessoas sobre os recursos produtivos são distribuídos de forma desigual – quando algumas pessoas têm mais direitos/ poderes que outras sobre determinados recursos produtivos – essas relações podem ser descritas como relações de classe. O contraste fundamental nas sociedades capitalistas, por exemplo, é entre os proprietários dos meios de produção e os detentores da força de trabalho, "posse" que descreve direitos e poderes sobre um recurso empregado na produção.

Os direitos e poderes em questão não são definidos em função da propriedade ou controle de coisas em geral, mas apenas de recursos ou bens *enquanto empregados na produção*. Um capitalista não é simplesmente alguém que possui máquinas, mas alguém que possui máquinas e as utiliza num processo produtivo, contratando detentores da força de trabalho para usar essas máquinas e dirigindo o processo pelo qual elas são usadas para produzir coisas, apropriando-se por fim dos lucros gerados pelo seu uso. Um colecionador de máquinas não é, em virtude exclusivamente dessa posse, um capitalista. Para haver uma relação de classe não é portanto suficiente a existência de direitos e poderes desiguais em relação à simples propriedade de um recurso. Deve também haver direitos e poderes desiguais quanto à apropriação dos resultados do uso desse recurso. Em geral isso implica apropriar-se da renda gerada pelo emprego do recurso em questão.

Variações nas relações de classe

Em certos usos do termo "classe" faz pouco sentido falar de *tipos* qualitativamente diferentes de relações de classe. As classes são simplesmente identificadas a algumas categorias universais, genéricas, como "possuidores" e "despossuídos". Pode ainda haver, naturalmente, variação *quantitativa* – a defasagem entre ricos e pobres pode variar tanto quanto a distribuição da população nessas categorias. Mas não há espaço teórico para variação *qualitativa* na natureza das relações de classe.

Uma das ideias centrais na tradição marxista é de que há muitos tipos de relações de classe, e assinalar em que se assenta essa variação é de importância fundamental. A ideia básica é de que diferentes tipos de relações de classe são definidos pelos tipos de direitos e poderes incorporados nas relações de produção. Considerem, por exemplo, três tipos de relações de classe que são com frequência distinguidos na tradição marxista: *escravagismo*, *feudalismo* e *capitalismo*. Nas relações de escravidão, dizer que um escravo "pertence" a um dono é especificar uma gama de direitos e poderes que o senhor de escravos tem sobre um recurso específico usado na produção: as pessoas. Num caso extremo, o senhor tem virtualmente direitos absolutos de propriedade sobre o escravo. No capitalismo, ao contrário, a propriedade sobre pessoas é proibida. As pessoas têm permissão no capitalismo de possuir terra e capital, mas são proibidas de exercer posse sobre outras. Esta é uma das grandes realizações do capitalismo: o sistema alcançou uma distribuição radicalmente igualitária desse bem específico, cada um possuindo uma unidade da força de trabalho, ou seja, apenas a si mesmo.

Dessa maneira, o que é comumente chamado "feudalismo" pode ser visto como uma sociedade na qual os senhores feudais e os servos têm direitos de propriedade *conjuntos* sobre o trabalho do servo. A descrição convencional de feudalismo é uma sociedade na qual os camponeses (servos) são forçados a trabalhar parte da semana na terra do senhor e livres para trabalhar o resto da semana na terra sobre a qual têm algum título de uso. Essa obrigação de trabalhar parte da semana na terra do senhor significa, com efeito, que o senhor tem direitos de propriedade sobre o servo sob a forma de direito de usar o trabalho do servo certa parte do tempo. Tal propriedade é menos absoluta que a do senhor de escravos – daí a expressão "posse conjunta" do servo pelo senhor feudal e o próprio servo. Quando um servo foge das terras para a cidade tentando escapar a essas obrigações, o senhor tem o direito de ir buscá-lo e trazê-lo de volta à força. Com efeito, ao fugir o servo rouba algo que pertence ao senhor feudal: os direitos a parte do seu trabalho[8]. Assim como um dono de indústria no capitalismo teria o direito de acionar a polícia para recuperar máquinas roubadas da fábrica pelos operários, o senhor feudal tem o direito de usar a coerção para recuperar mão de obra roubada ao feudo pelo servo.

O problema da complexidade nas relações concretas de classe

Muito da retórica da análise de classe, especialmente na tradição marxista, caracteriza as relações de classe em termos bem fortes, simplificados, polarizados. As lutas de classe são retratadas como batalhas entre a burguesia e o proletariado, entre senhores feudais e servos, entre senhores e escravos. Essa imagem

---

8. A expressão comum para descrever o direito dos senhores de trazer à força os camponeses de volta ao feudo é de que o camponês está "amarrado à terra" por obrigações feudais. Uma vez que o eixo dessa ligação forçada à terra são os direitos do senhor sobre o trabalho do servo (ou pelo menos aos frutos do trabalho sob a forma de arrendamento), o conteúdo da relação de classe realmente está centrado nos direitos e poderes de propriedade sobre a mão de obra.

simplificada capta, num nível abstrato, algo fundamental sobre a natureza das relações de classe: elas de fato generalizam, como veremos, antagonismos de interesses subjacentes aos conflitos abertos. Mas a imagem polarizada é também equívoca, pois nas sociedades concretas situadas no tempo e no espaço as relações de classe nunca são tão simples. Uma das tarefas da análise de classe é dar precisão à complexidade e explorar suas ramificações.

Dois tipos de complexidade são especialmente importantes. Primeiro, na maioria das sociedades diferentes tipos de relações de classe coexistem e se interligam de várias maneiras[9]. No sul dos Estados Unidos antes da Guerra Civil, por exemplo, coexistiam relações de classe escravagistas e capitalistas. A dinâmica e as contradições específicas dessa sociedade decorriam da maneira como se combinavam distintos princípios de relações de classe. Certos tipos de lavoura de parceria nos Estados Unidos no início do século XX continham elementos surpreendentes de feudalismo, também combinados de forma complexa com relações capitalistas. Se quisermos descrever a propriedade burocrática de Estado sobre os meios de produção como um tipo distinto de relação de classe, então muitas sociedades capitalistas avançadas de hoje combinam o capitalismo com relações de classe estatais. Entender plenamente as relações de classe das sociedades efetivas requer, então, identificar as maneiras como se combinam diferentes formas de relações de classe.

Segundo, como já vimos em nossa breve discussão do feudalismo, os direitos e poderes que as pessoas podem ter sobre dado recurso são na verdade feixes complexos de direitos e poderes, não simples direitos de propriedade unidimensionais. Quando as pessoas pensam nas variedades de direitos e poderes sobre vários fatores de produção, é comum tratar esses direitos e poderes como tendo uma estrutura binária simples: ou você possui uma coisa ou não. No uso cotidiano e corriqueiro do termo, "posse" parece ter este caráter absoluto: se possuo um livro, posso fazer dele o que quiser, inclusive queimá-lo, usá-lo para escorar uma porta, desfazer-me dele, vendê-lo, e assim por diante. Na verdade, mesmo a posse de coisas comuns é muito mais complexa que isso. Alguns dos direitos e poderes são detidos pelo "dono" e alguns por outras pessoas ou agentes coletivos. Considere-se, por exemplo, as máquinas numa fábrica capitalista. Em linguagem convencional, elas "pertencem" aos capitalistas donos da empresa, uma vez que as adquiriram, podem vendê-las, usá-las para gerar lucro, e assim por diante. Mas isso não significa que os capitalistas têm direitos e poderes totais e absolutos sobre o uso dessas máquinas. Podem apenas colocá-las em funcio-

---

9. "Articulação dos modos de produção" é uma expressão técnica frequentemente usada para descrever uma situação em que formas distintas de relações de classe coexistem em diferentes unidades de produção. Tipicamente em tais situações a articulação toma a forma de relações de troca entre os distintos tipos de relações de classe. No sul dos Estados Unidos antes da Guerra Civil havia escravismo nas fazendas e capitalismo nas fábricas. As plantações forneciam o algodão às fábricas e as fábricas forneciam o maquinário agrícola às fazendas.

namento, por exemplo, se as máquinas se ajustarem a certos regulamentos de segurança e antipoluição impostos pelo Estado. Se a fábrica opera num cenário social altamente sindicalizado, pode ser que o capitalista seja forçado a contratar apenas trabalhadores sindicalizados para operar as máquinas. Com efeito, tanto os regulamentos estatais sobre as máquinas quanto as restrições sindicais do mercado de trabalho significam que algumas dimensões dos direitos de propriedade das máquinas foram transferidos do capitalista para um agente coletivo. Isso quer dizer que os direitos absolutos de propriedade capitalista dos meios de produção foram ao menos parcialmente "socializados"[10].

Os seguintes tipos de complexidade perpassam o capitalismo contemporâneo: restrições governamentais sobre práticas nos locais de trabalho, representações sindicais nos conselhos de administração, esquemas de decisão conjunta, opções acionárias para os empregados, delegação de poderes a hierarquias gerenciais etc. Tudo isso são maneiras variadas pelas quais se decompõem e redistribuem os poderes e direitos de propriedade incorporados na ideia de "posse sobre os meios de produção".

Tal redistribuição de direitos e poderes constitui uma forma de variação nas relações de classe. Esses sistemas de direitos e poderes redistribuídos mudam as relações de classe para modalidades consideravelmente afastadas da simples abstração de relações perfeitamente polarizadas. O que não quer dizer que as relações de classe deixam de ser *capitalistas* – pois o poder básico sobre a alocação de capital e o comando dos lucros permanecem, apesar dessas modificações, sob o controle privado dos capitalistas –, mas significa que as estruturas capitalistas de classe podem variar consideravelmente dependendo das formas específicas com que esses direitos e poderes são rompidos, distribuídos e recombinados.

Um dos objetivos da análise de classe é compreender as consequências dessas formas de variação das relações de classe. Tal complexidade, no entanto, é complexidade na forma das relações de classe, não algum outro tipo de relação social, uma vez que as relações sociais em questão continuam sendo constituídas pelos direitos e poderes desiguais das pessoas sobre bens economicamente relevantes.

Situações de classe

Grande parte do debate sociológico sobre classe vem a ser na prática um debate sobre o inventário optimal das *situações* de classe – ou expressões equivalentes,

---

10. Isso pode ser também descrito como uma situação na qual as relações capitalistas e socialistas de classe se *interpenetram*. Se a *articulação* de diferentes relações de classe se refere a uma situação na qual distintas relações de classe existem em diferentes unidades de produção e então interagem através de relações externas, a *interpenetração* de diferentes relações de classe é uma situação na qual a distribuição de direitos e poderes sobre os bens dentro de uma única unidade de produção combina aspectos de dois tipos distintos de relações de classe.

como "categorias de classe" – mais do que sobre *relações* de classe como tais. Em larga medida isso ocorre porque muito da pesquisa empírica, sobretudo quantitativa, gira em torno de dados aplicados a indivíduos, tornando-se assim importante a capacidade de situar os indivíduos dentro da estrutura social. No caso da análise de classe, isso implica atribuir-lhes um lugar dentro das relações de classe. Por uma questão prática, qualquer exercício desse tipo requer que se decida quais critérios vão ser empregados para distinguir as diferentes situações de classe e "quantas" categorias de classe serão geradas utilizando-se esses critérios.

Não há nada errado em usar dessa maneira o conceito de classe em pesquisa. Mas, ao menos na tradição marxista, é importante não perder de vista o fato de que as "situações de classe" designam as posições sociais ocupadas por indivíduos dentro de um tipo específico de relação social que são as relações de classe, não simplesmente um atributo pessoal atomizado. A premissa por trás da ideia de relações sociais é de que quando as pessoas cuidam de suas vidas no mundo, quando fazem opções e atuam de variadas maneiras, suas ações são sistematicamente estruturadas por suas relações com outras pessoas que estão também fazendo opções e agindo[11]. "Relação social" é uma forma de falar sobre a qualidade interativa inerentemente estruturada da ação humana. No caso específico das relações de classe, os direitos e poderes que as pessoas têm sobre recursos produtivos é que são importantes para a qualidade interativa estruturada da ação humana. Falar sobre uma "situação" dentro de uma relação de classe é, então, situar os indivíduos dentro desses padrões estruturados de interação.

Complexidade nas situações de classe

À primeira vista pode parecer que o problema de especificar situações de classe é bem simples. Primeiro você define o conceito de relações de classe e então você deduz dessas relações o inventário das situações de classe. No capitalismo, a relação fundamental de classe é a relação capital/trabalho, e isso determina duas situações de classe, a dos capitalistas e a dos trabalhadores.

Como na nossa discussão do problema da complexidade nas próprias relações de classe, para alguns problemas pode ser suficiente distinguir apenas duas situações de classe nas sociedades capitalistas. Mas para muitas perguntas que se possa fazer e em cujas respostas figura o problema das situações de classe,

---

11. Dizer que as pessoas fazem escolhas e agem em relações estruturadas com outros indivíduos que também optam e agem deixa aberta a melhor maneira de teorizar a escolha e a ação. Não há implicação, por exemplo, de que as escolhas são feitas com base em algum processo de maximização racional ou mesmo que todas as ações são opções conscientes. Também não está implicado, como gostariam de argumentar os individualistas metodológicos, que a explicação dos processos sociais possa ser reduzida a atributos dos indivíduos que optam e atuam. As próprias relações podem ser explicativas. O conceito de relação social usado aqui, portanto, não implica uma teoria da opção racional ou versões reducionistas do individualismo metodológico.

esse modelo binário simples pode ser lamentavelmente inadequado. Se queremos entender a formação da experiência subjetiva das pessoas no trabalho, os dilemas enfrentados pelos representantes sindicais nas fábricas, a tendência das pessoas de formar diversos tipos de coalizão nos conflitos políticos ou a perspectiva de se ter uma vida materialmente confortável, é improvável que definir cada um como capitalista ou trabalhador dentro de um modelo polarizado de relações de classe nos diga tudo o que queremos saber.

Dada essa inadequação explicativa do modelo binário de localização, enfrentamos dois tipos de opção básicos. Uma alternativa é manter o modelo simples de "duas classes" e então acrescentar à análise complexidades que não são tratadas como tais na mera localização de *classe*. Assim, por exemplo, para entender a formação da experiência subjetiva das pessoas no trabalho, podemos introduzir um conjunto de variáveis concretas relativas às condições de trabalho que são relevantes para entender essa experiência específica – graus de autonomia, proximidade das instâncias de supervisão, níveis de responsabilidade, complexidade cognitiva das tarefas, demandas físicas, perspectivas de promoção etc. Essas variáveis seriam então tratadas como fontes de variação na experiência de pessoas que ocupam posições da classe trabalhadora dentro das relações de classe, posições definidas nos termos binários simples do modelo. A outra opção é ver algumas dessas variáveis nas "condições de trabalho" como variações efetivas nas formas concretas de localização das pessoas dentro das relações de classe. O grau de autoridade que um empregado tem sobre outros, por exemplo, pode ser visto como reflexo de uma forma específica de distribuição de direitos e poderes no processo de produção.

No meu trabalho de análise optei pela segunda estratégia, tentando incorporar diretamente no relato das situações de classe uma considerável complexidade. E o faço, espero, não na teimosa crença de querer montar nossos conceitos de classe de tal forma que a pura situação de classe explique o máximo possível, mas porque acredito que muitas dessas complexidades o são da maneira concreta pela qual direitos e poderes sobre os recursos e atividades econômicos se distribuem nas situações dentro das relações de classe.

A técnica é introduzir a complexidade na análise das situações de classe de forma sistemática e rigorosa, em vez de encará-la como casual e caótica. O que significa tentar perceber os princípios pelos quais é gerada a complexidade e então especificar as implicações desses princípios para o problema da localização das pessoas dentro de relações de classe. Cinco fontes dessa complexidade parecem especialmente importantes na análise de classe:

1) A complexidade de situações derivada da complexidade *dentro* das próprias relações; desemaranhar direitos e poderes do feixe das relações de classe.

2) A complexidade de localização das pessoas individualmente em situações de classe; a ocupação de múltiplas posições de classe ao mesmo tempo.

3) A complexidade dos aspectos temporais das situações de classe: carreira *versus* posição.

4) Camadas ou estratos dentro das relações.

5) Famílias e relações de classe.

Desemaranhar direitos e poderes. Se os direitos e poderes ligados às relações de classe são realmente feixes complexos de direitos e poderes que se podem decompor, então eles são em potencial parcialmente desemaranháveis do feixe e reorganizáveis de maneiras complexas. Isso pode gerar situações de classe a que me referi como "posições contraditórias dentro das relações de classe"[12]. Os gerentes de empresas, por exemplo, podem ser vistos como funcionários que exercem alguns dos poderes do capital – contratar e demitir empregados, tomar decisões sobre novas tecnologias e mudanças nos processos de trabalho etc. – e nesse sentido ocupam a posição do capitalista nas relações de classe. Por outro lado, em geral não podem vender uma fábrica e reverter o valor de seus bens em benefício próprio, podendo também ser demitidos de seus cargos se os donos estiverem insatisfeitos com eles – e, nesse sentido, ocupam posição de trabalhadores dentro das relações de classe. O pressuposto por trás dessa estratégia analítica para entender o caráter de classe dos gerentes é, então, que o padrão específico de direitos e poderes sobre os recursos produtivos que se acham combinados em determinada posição define um conjunto de processos causais reais e significativos.

Outro candidato a uma espécie de "situação contraditória de classe" está na maneira como certas habilidades e credenciais conferem a seus possuidores direitos e poderes efetivos sobre muitos aspectos do seu trabalho[13]. Isso é particularmente verdadeiro no caso de profissionais empregados cujo controle das próprias condições de trabalho constitui uma forma distinta de relação com seus empregadores. Mas aspectos dessas relações de emprego dotadas de poder também caracterizam muitas funções profissionais altamente especializadas[14].

---

12. Para o desenvolvimento desse conceito, cf. Wright (1985, cap. 2) e Wright et al. (1989, cap. 1).

13. O controle sobre as condições de trabalho constitui uma redistribuição de direitos e poderes das relações capital-trabalho na medida em que os empregadores não têm mais a capacidade de dirigir efetivamente a atividade laboral desses empregados e são forçados a oferecer-lhes contratos de longo prazo razoavelmente seguros e com o que John Goldthorpe chamou de "perspectivas de prêmios". No caso extremo, como Philippe Van Parijs argumenta em Wright et al. (1989, cap. 6), isso praticamente equivale a dar aos empregados algo parecido com direitos de propriedade sobre seus empregos. John Goldthorpe descreve esse tipo de relação de trabalho como uma relação de *serviço*, para distingui-la da relação salarial comum de trabalho que caracteriza as pessoas em posições da classe trabalhadora.

14. Formulei de várias maneiras e em diversos momentos a qualidade dessas posições numa situação contraditória de classe. Num trabalho inicial (WRIGHT, 1978) chamei essas pessoas de "empregados semiautônomos", ressaltando o controle que tinham sobre as condições de trabalho.

Localização das pessoas em situações de classe. Os indivíduos podem ter dois trabalhos situados diferentemente dentro das relações sociais de produção: alguém pode ser um executivo ou operário numa empresa e trabalhar como autônomo em outra atividade. Essa pessoa na verdade encontra-se em duas situações de classe ao mesmo tempo. Um operário de fábrica que trabalha também como carpinteiro autônomo situa-se nas relações de classe de modo mais complexo que outro não o faz. Além disso, algumas pessoas em situação de classe operária numa empresa capitalista podem também possuir ações (seja da própria empresa em que trabalham, seja de outras) e assim ocupar, ainda que de forma limitada, também uma posição capitalista. Empregados de uma companhia que tenha um Plano de Participação Acionária efetivo não deixam por isso de "pertencer" à classe operária nas relações capitalistas, mas já não estão *meramente* nessa posição: ocupam simultaneamente duas situações de classe.

Temporalidade das situações. Alguns empregos são parte de trajetórias de carreira, sequências ordenadas de mudanças de trabalho ao longo do tempo, nas quais há uma razoável probabilidade de que o caráter de classe das ocupações vá mudando. Em algumas organizações de trabalho, por exemplo, a maioria dos que ocupam posições gerenciais começam em posições não diretivas, mas já com a expectativa de galgar cargos de comando após uma espécie de aprendizado de base, com subsequentes promoções pelas hierarquias de gestão. Ainda que possam por um tempo trabalhar lado a lado com os empregados comuns, suas "funções" são, desde o início, ligadas a carreiras gerenciais. Por que isso importa para compreender o caráter de classe de tais atividades? Importa porque tanto os interesses quanto a experiência das pessoas que as exercem são significativamente afetados pelo futuro provável associado ao seu tipo de trabalho. Isso significa que a localização de pessoas nessas condições dentro das relações de classe tem o que se poderia chamar de complexidade temporal. Além disso, uma vez que o futuro é sempre incerto, a dimensão temporal das situações de classe também significa que a posição de uma pessoa nas relações de classe pode ter certo grau de indeterminação ou incerteza temporal.

Estratos e situações de classe. Se as situações de classe são definidas pelos direitos e poderes que as pessoas têm sobre os recursos produtivos e as atividades econômicas, então outra fonte de complexidade dentro das situações de classe está na quantidade de recursos e no escopo das atividades que esses direitos e poderes controlam. Há capitalistas que possuem e controlam vasta quantidade de capital e empregam milhares de trabalhadores em todo o mundo, mas há capitalistas que empregam pequeno número de pessoas

---

Num texto posterior (WRIGHT, 1985, 1997) referi-me a elas como "especialistas", ressaltando seu controle do conhecimento e credenciais e a maneira como isso afetava sua relação com o problema da exploração.

num único lugar. Uns e outros são "capitalistas" em termos de relações de produção, mas há uma diferença enorme no poder que detêm. Entre pessoas situadas na classe trabalhadora variam as habilitações e a correspondente "capacidade de mercado", ou seja, de aspiração salarial pelo trabalho. Se suas habilitações são bastante escassas no mercado, elas podem até exigir um componente de "renda" no salário. Tanto os trabalhadores qualificados quanto os sem especialização ocupam posições na classe trabalhadora na medida em que não controlam meios de produção e têm que vender sua força de trabalho para obter os meios de subsistência, mas entre eles varia a quantidade de um recurso específico, que é a habilitação. Tais variações quantitativas entre pessoas numa situação de classe semelhante podem ser referidas como diferentes estratos.

Famílias e situações de classe. As pessoas estão ligadas a relações de classe não apenas por seu próprio envolvimento direto no controle e uso de recursos produtivos, mas também por vários outros tipos de relações sociais, especialmente as de família e parentesco. A razão pela qual nos interessa a "situação" de classe de uma pessoa é que acreditamos que através de vários mecanismos suas experiências, interesses e escolhas serão moldados pela maneira como suas vidas fazem interseção com as relações de classe. Se você é casada com um capitalista, independente do que você mesma faça na vida, seus interesses e opções serão ao menos parcialmente condicionados por esse fato. E tal fato é um fato de sua "situação". Essa dimensão particular do problema das situações de classe pode ser definida como "situações mediadas dentro das relações de classe"[15]. As situações mediadas são especialmente importantes para entender a situação de classe de crianças, aposentados, donas de casa e cônjuges que dividem o sustento da casa. As situações mediadas acrescentam interessantes complexidades à análise de classe em casos nos quais a situação direta de classe – o modo como a pessoa se insere nas relações de classe através do seu trabalho – difere de sua situação mediada de classe. É o caso, por exemplo, de uma digitadora que trabalha num escritório e é casada com um executivo de empresa. À medida que aumentam a proporção de mulheres casadas com empregos assalariados e o tempo que passam na força de trabalho, a existência desses "lares de classe mista", como são às vezes chamados, torna-se uma forma mais marcante de complexidade nas situações de classe[16].

Esses tipos de complexidade para definir as situações de classe tornam problemáticas certas formas corriqueiras de falar sobre classe. Com frequência as pessoas

---

15. Cf. Wright, 1997, cap. 10.

16. Na década de 1980, praticamente 1/3 dos lares mantidos pelos dois cônjuges nos Estados Unidos poderia ser classificado como de famílias de classe mista, o que quer dizer que 12% da população adulta vivia em tais domicílios.

perguntam quantas classes existem. O trabalho que fiz sobre estrutura de classe, por exemplo, foi descrito como um "modelo de doze classes", por ter construído em parte da pesquisa uma variável de classe em doze categorias para estudar coisas como consciência e mobilidade de classe. No modelo que proponho aqui acho esse tipo de questão deslocado. Uma "situação" de classe não é "*uma* classe", mas uma situação dentro de relações. O número dessas situações numa análise de estrutura de classe depende, pois, do nível de detalhamento necessário ao propósito que se tenha[17]. Para satisfazer algumas questões de pesquisa é desejável diferenciação relativamente detalhada de situações dentro das relações de classe, uma vez que as formas precisas de conexão a direitos e poderes sobre recursos podem ter importância explicativa. Na minha pesquisa sobre a relação entre situação e consciência de classe, por exemplo, senti que seria relevante um conjunto de categorias bem refinadas[18]. Para outros problemas pode ser mais reveladora uma descrição grosseira de situações dentro das relações. No meu trabalho sobre o problema do compromisso de classe achei que era apropriado um modelo mais simples de duas situações de classe consistindo apenas de trabalhadores e capitalistas[19].

Macro e microanálises de classe

A análise de classe ocupa-se tanto de níveis macro quanto micro. O conceito básico de macroanálise é a *estrutura de classe*. A soma total das relações de classe em dada unidade de análise pode ser chamada de "estrutura de classe" daquela unidade de análise. Pode-se falar assim de estrutura de classe de uma empresa, de uma cidade, de um país, talvez do mundo. Tradicionalmente, a nação-Estado tem sido a unidade privilegiada de análise para definição da estrutura de classe. O que se justifica, em parte, pela importância do Estado como instituição que impõe os direitos e poderes centrais sobre os bens que constituem a base das relações de classe. No entanto, dependendo do problema que se investiga, outras unidades de análise podem ser apropriadas.

A macroanálise de classe centra-se nos efeitos das estruturas de classe na unidade de análise em que se definem. A análise de como a mobilidade internacional do capital restringe as opções políticas dos estados, por exemplo, constitui uma macroinvestigação dos efeitos de um tipo específico de estrutura de classe sobre os estados. A análise de como a concentração ou dispersão da propriedade de capital num setor específico afeta as condições para a organização sindical seria uma macroinvestigação da formação de classe.

---

17. Minha opinião sobre o problema do "número" das situações de classe é muito semelhante às de Erickson e Goldthorpe, que escrevem que "a única resposta sensível [para a questão de quantas classes existem] é, acreditamos, 'tantas quantas seja empiricamente útil distinguir para um propósito analítico específico'" (ERICKSON & GOLDTHORPE, 1993, p. 46).

18. Cf. Wright, 1997, cap. 14.

19. Cf. Wright, 2000, p. 957-1.002.

A microanálise de classe tenta entender as maneiras como a classe exerce impacto sobre os indivíduos. Em essência é a análise dos efeitos das situações de classe sobre vários aspectos das vidas dos indivíduos. Análises das estratégias de mercado de trabalho adotadas por operários não qualificados ou dos efeitos das mudanças tecnológicas sobre a consciência de classe ou ainda das contribuições políticas de executivos de empresas seriam exemplos de microanálises de classe.

Macro e microanálises de classe estão ligadas de maneiras complexas. Por um lado, as estruturas de classe não são totalidades desincorporadas que geram microefeitos independentemente das ações e opções dos indivíduos: os macroprocessos têm microfundações. Por outro lado, os microprocessos através dos quais a posição de uma pessoa nas relações de classe molda suas oportunidades, consciência e ações ocorrem em macrocontextos que afetam profundamente as maneiras pelas quais operam esses microprocessos: ou seja, os microprocessos são mediados por macrocontextos. A análise de classe, como toda análise sociológica, procura entender tanto os níveis micro quanto macro e suas interações.

"Agência" de classe

As questões que abordamos até aqui foram quase inteiramente de caráter *estrutural*. Isto é, examinamos a natureza das relações sociais em que vivem e agem as pessoas e como podem ser entendidas em termos de classe, mas não dissemos muito sobre a própria ação. A análise marxista de classe é, em última instância, sobre as condições e processos de mudança social e, portanto, precisamos de um conjunto de categorias através das quais possamos entender as ações das pessoas que reproduzem e transformam essas relações sociais. Cinco conceitos são particularmente relevantes para esse propósito: interesses de classe, consciência de classe, práticas de classe, formações de classe e luta de classes.

• *Interesses de classe*: São os interesses materiais das pessoas decorrentes de sua situação dentro das relações de classe. "Interesses materiais" incluem uma série de questões – padrões de vida, condições de trabalho, nível de esforço, lazer, segurança material e outras coisas. Descrever os interesses que as pessoas têm nessas coisas como interesses "de classe" equivale a dizer que as oportunidades e intercâmbios que as pessoas têm ao perseguir esses interesses são estruturados por suas situações de classe. Uma descrição desses interesses fornece a ponte teórica crucial entre a descrição das relações de classe e as ações dos indivíduos dentro dessas relações.

• *Consciência de classe*: O conhecimento subjetivo que as pessoas têm dos seus interesses de classe e das condições para favorecê-los.

• *Práticas de classe*: As atividades em que se envolvem os indivíduos, tanto como pessoas separadas quanto como membros de coletividades, na busca dos seus interesses de classe.

• *Formações de classe*: As coletividades que as pessoas formam a fim de facilitar a busca dos interesses de classe. Tais grupos vão desde organizações altamente conscientizadas para favorecer seus interesses, tais como sindicatos, partidos políticos e associações de empregados, até formas mais frouxas de coletividade como as redes e comunidades sociais.

• *Luta de classes*: Conflitos entre práticas individuais ou coletivas na busca de interesses opostos de classe. Tais conflitos vão desde as estratégias individuais de trabalhadores no processo laboral para reduzir seu nível de labuta até conflitos entre coletivos altamente organizados de capitalistas e trabalhadores sobre a distribuição de direitos e poderes no processo de produção.

Alegações explicativas: metátese fundamental da análise de classe

A metátese fundamental da análise de classe é de que a classe (i. é, as relações de classe, as situações de classe e a estrutura de classe), entendida da maneira acima exposta, tem importantes e sistemáticas consequências não só para a vida dos indivíduos como para a dinâmica das instituições. Pode-se dizer que "a classe importa" é um lema. Num nível microcósmico, realmente têm consequências na vida das pessoas os fatos de elas venderem ou não a sua força de trabalho em um mercado de trabalho, terem ou não o poder de dizer aos outros o que fazer no processo de trabalho, possuírem ou não grande montante de capital ou credenciais de valor legalmente reconhecidas etc. No nível macrocósmico, há consequências para o funcionamento de várias instituições no fato de os direitos sobre o uso e alocação dos meios produtivos estarem ou não altamente concentrados nas mãos de uns poucos, assim como no fato de alguns desses direitos terem sido apropriados pela autoridade pública ou se encontrarem sob controle privado, no fato de existirem ou não barreiras significativas para a aquisição de diversos tipos de bens por pessoas que não os possuem, e assim por diante. Dizer que "a classe importa", portanto, é afirmar que a distribuição de direitos e poderes sobre os recursos produtivos básicos de uma sociedade tem consequências importantes e sistemáticas para a análise social tanto no nível macrocósmico quanto microcósmico.

No centro dessas alegações está um par relativamente simples de proposições sobre os efeitos das relações de classe no microcosmo das vidas individuais:

Proposição 1: O que você *tem* determina o que você *obtém*.

Proposição 2: O que você *tem* determina o que você *tem que fazer para obter o que obtém*.

A primeira proposição diz respeito, acima de tudo, à distribuição de *renda*. A alegação da análise de classe, portanto, é de que os direitos e poderes que as pessoas têm sobre os bens produtivos são um elemento determinante significativo e sistemático de seus padrões de vida: *o que você tem determina o que você obtém*. O segundo processo causal diz respeito, sobretudo, à distribuição das *atividades* econômicas. A tese da análise de classe, mais uma vez, é de que direitos e poderes sobre os bens produtivos são um elemento determinante sistemático e significativo das estratégias e práticas adotadas pelas pessoas para adquirir seus rendimentos, quer tenham que bater perna à procura de emprego, quer tomem decisões sobre investimentos mundo a fora, quer tenham que se preocupar em honrar pagamentos parcelados de dívida bancária para manter uma fazenda em atividade. *O que você tem determina o que você tem que fazer para obter o que obtém*. Outros tipos de consequências que estão ligados à classe – comportamentos eleitorais, atitudes, formação de amizades, saúde etc. – são efeitos secundários desses dois processos primários. Quando os analistas de classe argumentam, por exemplo, que a situação de classe ajuda a explicar o voto, é porque geralmente acreditam que a situação de classe afeta a experiência vivida das pessoas no trabalho (i. é, as experiências geradas pelas atividades de trabalho) e que isso, por sua vez, afeta as preferências.

Não são alegações triviais. Poderia acontecer, por exemplo, de a distribuição de direitos e poderes dos indivíduos sobre os recursos produtivos ter relativamente pouco a ver com sua renda ou atividades econômicas. Suponhamos que a previdência social garantisse uma renda básica universal para todos, o suficiente para manter um padrão de vida decente. Em tal sociedade, o que as pessoas obtivessem seria significativamente, embora não inteiramente, desligado do que possuíssem. De modo similar, se o mundo se tornasse uma espécie de loteria contínua na qual praticamente não houvesse estabilidade quer numa geração ou entre gerações no que diz respeito à distribuição de bens, então, mesmo que as relações com tais bens ainda tivessem uma importância *estática* para a renda, poderia fazer sentido dizer que a classe não importaria muito. Ora, suponhamos que o determinante central do que você tem que fazer para obter o que obtém fosse a raça, o sexo ou a religião e que a posse de bens economicamente relevantes fosse de importância marginal para explicar as condições ou atividades econômicas de uma pessoa. De novo, numa sociedade dessas, a classe poderia não ser muito explicativa (a não ser, claro, que a maneira principal de seu gênero ou raça afetar tais condições fosse a localização das pessoas em posições de classe com base em sua raça ou gênero). O simples fato de haver desigualdades de renda ou de dominação e subordinação no trabalho não é prova de que a classe importa; o que tem que ser mostrado é que os direitos e poderes das pessoas sobre os bens de produção tem consequências sistemáticas sobre esses fenômenos.

A análise marxista de classe[20]

Como dissemos acima, não há nada exclusivamente marxista nas alegações explicativas da análise de classe. "O que as pessoas obtêm" e "o que as pessoas

---

20. Partes desta seção são extraídas de Wright, 1997, p. 9-19.

têm que fazer para obter o que obtêm" são fórmulas que soam como "oportunidades de vida". Os analistas weberianos diriam praticamente a mesma coisa. É por essa razão que há uma íntima afinidade entre os conceitos marxista e weberiano de classe (embora menos afinidade nas molduras teóricas mais amplas dentro das quais esses conceitos figuram ou no alcance explanatório que se atribui à classe).

O que torna uma análise de classe distintamente marxista é o fato de mecanismos específicos serem vistos como geradores daqueles dois tipos de consequências. Nessa análise o conceito básico é o de *exploração*. Trata-se do elemento conceitual que ancora o conceito marxista de classe na agenda marxista diferenciada de análise de classe.

A exploração é um conceito complexo e desafiador. Pretende designar uma forma específica de interdependência dos interesses materiais das pessoas, a saber, uma situação que satisfaça três critérios:

1) *O princípio do bem-estar interdependente inverso*. O bem-estar material dos exploradores depende de forma causal das privações materiais dos explorados. Isso significa que os interesses dos atores nessas relações não são apenas *diferentes*, mas *antagônicos*: a realização dos interesses dos exploradores impõe danos aos explorados.

2) *O princípio da exclusão*. Essa interdependência inversa de bem-estar entre exploradores e explorados depende da exclusão de acesso dos explorados a certos recursos produtivos.

3) *O princípio da apropriação*. A exclusão gera vantagem material dos exploradores porque permite que se apropriem do esforço de trabalho dos explorados.

A exploração, portanto, é um diagnóstico do processo pelo qual as desigualdades são geradas pelas desigualdades de direitos e poderes sobre os recursos de produção: as desigualdades ocorrem, ao menos em parte, pela maneira como os exploradores, em virtude de seus direitos e poderes exclusivos sobre os recursos, são capazes de se apropriar do excedente gerado pelo esforço dos explorados.

Se os dois primeiros desses princípios estiverem presentes, mas não o terceiro, pode ocorrer o que se poderia chamar de *opressão econômica não exploratória*, mas não propriamente a exploração. Nessa hipótese, é ainda verdade que o bem-estar do grupo privilegiado se faz às custas dos desprivilegiados, relação invertida que se baseia na posse e controle dos recursos econômicos. Mas numa opressão não exploratória não há apropriação do esforço do trabalho, ou seja, a transferência dos frutos do trabalho de um grupo para outro.

A implicação crucial dessa diferença entre os dois tipos de desigualdade é que na opressão econômica não exploratória a categoria social privilegiada não *precisa* propriamente da categoria excluída. Embora o bem-estar de uma e de outra dependa do princípio da exclusão, não há interdependência contínua de suas atividades. No caso da exploração, os exploradores precisam ativamente dos explorados: os exploradores dependem do esforço dos explorados para desfrutar de seu próprio bem-estar. Considere-se, por exemplo, o contraste entre o tratamento dos povos indígenas pelos colonizadores europeus na América do Norte e na África do Sul. Em ambos os lugares o bem-estar dos colonizadores brancos foi garantido por um processo de exclusão de acesso dos povos indígenas à terra. O bem-estar dos colonizadores estava dessa forma ligado por uma relação causal às privações dos povos indígenas, e essa relação causal centrava-se no controle dos recursos. Mas os dois casos diferem acentuadamente no que concerne ao terceiro critério. Enquanto na África do Sul os colonizadores dependiam de modo significativo do esforço laboral dos povos indígenas, primeiro como meeiros e peões agrícolas e depois como trabalhadores nas minas, os europeus que colonizaram a América do Norte não dependiam do trabalho dos nativos. O que quer dizer que, quando encontraram resistência nativa à exclusão de posse territorial, os colonos brancos da América puderam adotar uma estratégia de genocídio. Uma terrível expressão popular americana surgida no século XIX reflete essa realidade da opressão econômica não exploratória sobre os povos nativos: "índio bom é índio morto". Não é casual que inexista expressão equivalente para os trabalhadores: "operário bom é operário morto". Pode-se dizer que "o bom trabalhador é o trabalhador obediente e consciencioso", mas não "o trabalhador morto". A exploração, em certo sentido, impõe obrigações ao explorador e o constrange, o que se pode ver na comparação entre o destino dos índios norte-americanos e o dos povos nativos sul-africanos[21].

Essa profunda interdependência torna a exploração uma forma particularmente explosiva de relação social por duas razões: primeiro, a exploração constitui uma relação social que simultaneamente opõe os interesses de um grupo aos de outro e requer sua contínua interação; e, segundo, confere ao grupo desprivilegiado uma forma real de poder com a qual desafiar os interesses dos exploradores. Este é um ponto importante. A exploração depende da

---

21. Uma das diferenças básicas entre o conceito de exploração apresentado aqui e o que Aage Sørensen sustenta em sua análise de classe (cap. 5 deste livro) está na distinção entre opressão com exploração e sem exploração. Sørensen rejeita essa distinção, argumentando em relação a minha análise sobre os colonos europeus na América do Norte, que estes "nitidamente criaram interesses antagônicos que geraram conflito, de modo que não fica claro o que se acrescenta pela exigência de transferir os frutos do trabalho". O princípio da apropriação não importaria se tudo o que focamos é a pura presença ou ausência de "interesses antagônicos", pois tanto na opressão com exploração quanto na opressão sem exploração há certamente um profundo antagonismo. Mas a dinâmica do antagonismo é bem diferente nos dois contextos: *os exploradores dependem e precisam dos explorados* de uma maneira que não ocorre com os opressores que não exploram. O tratamento que Sørensen dá à exploração não distingue entre uma situação na qual a exclusão de acesso aos recursos simplesmente impõe um prejuízo aos excluídos e uma situação na qual o bem-estar da camada privilegiada também depende de contínuas interações com os excluídos.

apropriação do esforço do trabalho. Por serem agentes conscientes e não robôs, os seres humanos sempre detêm níveis significativos de controle real sobre o seu dispêndio de esforço. A extração de esforço nas relações de exploração é, portanto, sempre problemática e precária em maior ou menor grau, requerendo instrumentos institucionais ativos para se reproduzir. Tais instrumentos podem se tornar bem dispendiosos para os exploradores sob a forma de custos de supervisão, vigilância, sanções etc. A capacidade de impor tais custos constitui uma forma de poder entre os explorados.

A exploração, tal como definida aqui, está intimamente ligada ao problema da *dominação*, isto é, às relações sociais nas quais as atividades de uma pessoa são dirigidas e controladas por outra. A dominação ocorre, primeiro, no princípio da exclusão: "possuir" um recurso dá à pessoa o poder de impedir outras de usá-lo. O poder exercido por empregadores de contratar e demitir trabalhadores é o exemplo mais claro dessa forma de dominação. Mas a dominação também ocorre, na maioria das vezes, em conjunto com o princípio da apropriação, uma vez que a apropriação do esforço do trabalho dos explorados geralmente requer formas diretas de subordinação, especialmente dentro do processo de trabalho, sob a forma de chefia, supervisão, vigilância, ameaças etc. A exploração combinada com a dominação definem, juntas, os aspectos centrais das interações estruturadas dentro das relações de classe.

Na análise de classe weberiana, tanto quanto na análise marxista de classe, os direitos e poderes que os indivíduos têm sobre os bens de produção definem a base material das relações de classe. Mas para a análise de inspiração weberiana esses direitos e poderes são primordialmente importantes pela maneira como moldam as *oportunidades de vida*, sobretudo as oportunidades dentro das trocas de mercado, mais do que o modo como estruturam padrões de exploração e dominação. O controle dos recursos afeta a capacidade de barganha nos processos de troca, e isso por sua vez afeta os resultados dessas trocas, em especial a renda. A exploração e a dominação não são peças centrais nessa argumentação.

Isso sugere os contrastes entre as molduras marxista e weberiana de análise de classe ilustrados na Figura 1.1. Tanto a análise marxista de classe quanto a weberiana diferem acentuadamente de simples descrições de classe em gradações nas quais a classe é identificada diretamente segundo desigualdades de renda, uma vez que ambas começam com o problema das relações sociais que determinam o acesso das pessoas aos recursos econômicos. Em certo sentido, portanto, as definições marxista e weberiana de relações de classe na sociedade capitalista partilham os mesmos critérios operacionais básicos. Onde diferem é na elaboração e especificação teóricas das implicações desse conjunto comum de critérios: o modelo marxista vê duas vias causais sendo sistematicamente geradas por essas relações – uma operando através das trocas de mercado e a outra através do próprio processo de produção –, ao passo que o modelo weberiano traça apenas uma via causal. E o modelo marxista elabora os mecanismos dessas vias causais em termos de exploração e dominação e também pela capacidade de barganha nas trocas; enquanto o modelo weberiano lida apenas com o poder de barganha nas trocas. Em certo sentido, portanto, a estratégia weberiana de análise de classe aninha-se no modelo marxista.

Figura 1.1 Três modelos de análise de classe

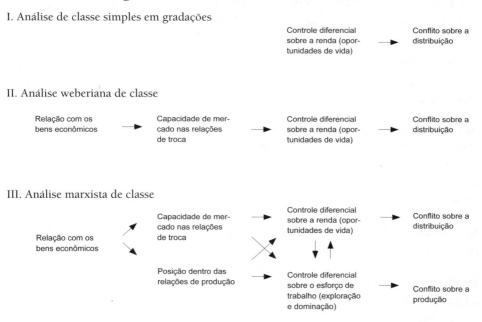

Esse aninhar do conceito weberiano de classe na concepção marxista significa que em certos tipos de questões haverá pouca diferença prática entre as análises marxista e weberiana. É especialmente o caso de microquestões acerca do impacto da situação de classe na vida dos indivíduos. Assim, por exemplo, se quisermos explicar como a situação de classe afeta os padrões de vida das pessoas, não há nenhuma razão para o conceito de situação de classe usado na análise diferir entre uma abordagem marxista e outra weberiana. Ambas tratam a relação social com os bens geradores de renda, especialmente o capital e as qualificações de trabalho, como essencial à definição das situações de classe[22].

---

22. Claro, os critérios operacionais adotados podem diferir entre dois analistas confrontados com as inevitáveis dificuldades de fazer opções pragmáticas. P. ex., tanto na abordagem da análise de classe de John Goldthorpe quanto na minha, os grandes capitalistas, os executivos de

Naturalmente, qualquer weberiano pode incluir uma análise da exploração e da dominação com base nas relações de classe em qualquer investigação sociológica específica. Um dos atrativos da moldura analítica weberiana é sua total permissividade quanto à inclusão de processos causais extras. Tal inclusão adicional, no entanto, representa importação de temas marxistas para o modelo weberiano, que por si mesmo não dá importância específica a essas questões. Frank Parkin fez em um de seus livros conhecida piada sobre a teoria das classes: "Dentro de cada neomarxista há um weberiano lutando para escapar". O argumento apresentado aqui sugere uma proposição complementar, qual seja: "Dentro de cada esquerdista neoweberiano há um marxista lutando para permanecer escondido".

A recompensa: Quais as vantagens da análise marxista de classe?

Exploração e dominação são termos normativos carregados. Descrever as relações de classe dessa maneira é afirmar a crítica igualitarista dessas relações. Isso é atraente para alguém comprometido com a visão radicalmente igualitária da tradição marxista, mas claro que nem todo mundo interessado no estudo das classes na sociedade capitalista aceita o igualitarismo radical da agenda normativa marxista. E se alguém acredita que as transformações emancipatórias do capitalismo, por mais atraentes que sejam do ponto de vista moral, não passam de fantasias utópicas? Ou, mais criticamente ainda, e se alguém acredita que o capitalismo não é especialmente opressivo? Se alguém rejeita a importância da agenda normativa marxista, isso necessariamente implica também uma completa rejeição da conceituação marxista de classe? Acho que não. Há uma série de razões pelas quais elaborar o conceito de classe em termos de exploração e dominação tem recompensas teóricas para além da agenda normativa específica da análise marxista de classe:

1) *Conexão entre troca e produção*. A lógica marxista da análise de classe afirma a íntima conexão entre a maneira pela qual as relações sociais são organizadas dentro do processo de troca e a maneira como o são dentro do processo de produção. Trata-se de um ponto substantivo, não de definição:

---

corporações e os profissionais de "alta graduação" ocupam diferentes posições nas relações de classe porque diferem quanto aos tipos de recursos que controlam e a natureza das relações de emprego em que se situam. Mas ele e eu diferimos nas nossas opções operacionais sobre como tratar essas categorias em nosso trabalho empírico: enquanto eu mantenho essas três categorias separadas como tipos distintos de situações de classe, Goldthorpe funde-as numa classe I mais heterogênea por razões essencialmente de caráter pragmático. Isso ocorre fundamentalmente não porque meu trabalho baseia-se na tradição marxista e o dele tem ligação mais próxima com a tradição weberiana, uma vez que ambas as tradições encaram professores e capitalistas como ocupando distintas situações de classe. Diferimos por um julgamento pragmático sobre onde é importante manter íntima congruência operacional com categorias abstratas e onde não é. Goldthorpe sente que para as questões que deseja abordar há de qualquer forma tão poucos capitalistas propriamente ditos em suas amostragens que não se perde grande coisa em fundi-los com profissionais numa única categoria de classe.

as relações sociais que organizam os direitos e poderes dos indivíduos sobre os recursos produtivos moldam sistematicamente a posição que ocupam tanto nas relações de troca quanto no próprio processo de produção. Isso não significa, é claro, que não haja variação independente de troca e produção, mas implica que tal variação seja estruturada pelas relações de classe.

2) *Conflito.* Uma das alegações padrão sobre a análise marxista de classe é que ela coloca o conflito em primeiro plano nas relações de classe. Com efeito, maneira convencional de descrever o marxismo nos manuais de sociologia é vê-lo como uma variedade da "Teoria do Conflito". Tal caracterização, no entanto, não é precisa o bastante, pois o conflito é também certamente um aspecto destacado da visão weberiana de classe. O aspecto diferencial da concepção marxista de relações de classe, nesses termos, não é simplesmente o fato de que dá proeminência ao conflito de classe, mas o de que compreende o conflito como sendo gerado por *características inerentes a essas relações* e não por simples fatores contingentes. A exploração define uma estrutura de interesses antagônicos interdependentes na qual a satisfação dos interesses dos exploradores depende da sua capacidade de impor prejuízos aos explorados. Trata-se de um antagonismo de interesses mais forte do que a simples competição e que subscreve a máxima marxista prevendo que todo sistema de classe será montado no conflito.

3) *Poder.* No próprio coração da construção marxista da análise de classe está não apenas o pressuposto de que relações de classe geram interesses profundamente antagônicos, mas o de que elas também dão às pessoas em posições de classe subordinadas formas de poder com as quais lutar por seus interesses. Como já observamos, uma vez que a exploração repousa na extração do esforço de trabalho e uma vez que as pessoas sempre detêm alguma medida de controle sobre seu próprio esforço, elas sempre confrontam os exploradores com a capacidade que têm de resistir à exploração[23]. Isso se reflete nas complexas contraestratégias que as classes exploradoras são forçadas a adotar com a elaboração de instrumentos de vigilância, supervisão, monitoramento e sanção. É apenas em função dessa capacidade inerente de resistência – forma de poder social fundada nas interdependências da exploração – que as classes exploradoras são forçadas a dedicar parte dos seus recursos a garantir a própria capacidade de se apropriar do esforço do trabalho.

4) *Coerção e consentimento.* A análise marxista de classe contém os rudimentos do que se poderia chamar uma teoria endógena da formação do

---

23. Importante notar que não é preciso aceitar as implicações normativas do conceito de "exploração" para reconhecer o problema da "extração do esforço de trabalho". É um dos temas centrais em discussões sobre problemas do agente principal em abordagens organizacionais de custos de transação. Para discussão específica de classe e exploração em questões de agente principal, cf. Bowles e Gintis, 1990.

consentimento. O argumento é basicamente o seguinte: a extração do esforço do trabalho em sistemas de exploração é dispendioso para as classes exploradoras devido à capacidade inerente das pessoas de resistir à própria exploração. Sistemas de exploração baseados puramente na coerção tendem com frequência a ser menos eficientes porque, sob muitas condições, é bem fácil para os trabalhadores evitar um desempenho diligente do esforço laboral. As classes exploradoras terão portanto a tendência de buscar maneiras de reduzir esses custos. Uma das maneiras de reduzir os custos fixos com a extração do esforço do trabalho é fazer coisas que provoquem o consentimento ativo dos explorados. Isso vai desde o desenvolvimento de mercados internos de trabalho que fortalecem a identificação e fidelidade dos trabalhadores às empresas em que trabalham até a defesa de ideologias que proclamam a conveniência prática e moral de instituições capitalistas. Tais práticas para produzir consentimento, no entanto, têm também custos ligados a elas, de forma que os sistemas de exploração podem ser vistos como envolvendo sempre compromissos entre coerção e consentimento como mecanismos para extrair o esforço de trabalho. Esse argumento implica uma previsão específica do tipo de ideologias que provavelmente emergirão sob condições de exploração de classe ou de opressão sem exploração. Nesta não há dependência do grupo opressor em relação à extração do esforço de trabalho dos oprimidos e, assim, há muito menos necessidade de provocar seu consentimento ativo; reações puramente repressivas à resistência – incluindo uma repressão genocida em certas situações históricas – são portanto factíveis. O problema ideológico central em tal situação será provavelmente o dos escrúpulos morais dentro do grupo opressor, de modo que é provável que surjam ideologias para justificar essa repressão *para o opressor*, mas não para o oprimido. "Índio bom é o índio morto" foi um lema fabricado para os ouvidos do colono branco, não do nativo americano. Nas relações de exploração, por outro lado, uma vez que aí se faz necessária a cooperação do explorado, é mais provável que as ideologias atentem ao problema de criar consentimento, sendo assim pressionadas a incorporar de uma maneira ou de outra os interesses do grupo explorado.

5) *Análise histórico-comparativa.* Na concepção original, a análise marxista de classe era parte integrante de uma teoria radical da trajetória histórica e da estrutura de época da mudança social. Mas, mesmo que se rejeite o materialismo histórico, a estratégia marxista de análise de classe com base na exploração fornece um rico cardápio de conceitos para a análise histórica e comparativa. Diferentes tipos de relações de classe são definidos pelos mecanismos específicos através dos quais se realiza a exploração e tais diferenças por sua vez implicam diferentes problemas enfrentados pelas classes exploradoras para a reprodução de seus privilégios de classe e diferentes

oportunidades para a resistência das classes exploradas. Variações nesses mecanismos e nas maneiras específicas em que são combinados em sociedades concretas fornecem um roteiro analiticamente poderoso para a pesquisa comparativa.

Tudo isso são razões pelas quais um conceito de classe baseado na ligação entre relações sociais de produção, de um lado, e exploração e dominação, de outro, deve ser de interesse sociológico. A recompensa mais fundamental desses fundamentos conceituais, no entanto, é a maneira como infundem uma crítica moral à análise de classe. A caracterização dos mecanismos subjacentes às relações de classe em termos de exploração e dominação focaliza a atenção nas implicações morais da análise de classe. Exploração e dominação identificam como essas relações são opressivas e produzem danos, não simplesmente desigualdades. A análise de classe pode, portanto, funcionar não apenas como parte de uma teoria científica sobre interesses e conflitos, mas também como parte de uma teoria emancipatória de alternativas e justiça social. Mesmo que o socialismo esteja fora da agenda histórica, a ideia de confrontar a lógica capitalista da exploração não está.

2
Fundamentos de uma análise de classe neoweberiana

Richard Breen

Introdução

No projeto geral da "análise de classe" grande parte do esforço destina-se à definição de classe e ao delineamento das fronteiras entre as classes. Assim é necessariamente porque a análise de classe é "a investigação empírica das consequências e corolários da existência de uma estrutura de classes definida *ex-ante*" (BREEN & ROTTMAN 1995b, p. 453). Começando com uma definição específica, os sociólogos podem avaliar em que medida questões como a desigualdade de oportunidades de vida entre indivíduos e famílias estruturam-se com base na classe. Essa abordagem difere de outra que conclui sobre uma estrutura de classe a partir da distribuição empírica da desigualdade social (que Sørensen (2000) rotula como abordagem de "classificações nominais"). Na análise de classe os fundamentos teóricos do conceito de classe utilizado têm que ficar claros desde o início, e o conceito operacionalizado de modo a permitir o teste empírico das afirmações que forem feitas sobre classe. Se examinarmos as duas principais variedades da análise contemporânea de classe – a saber, a marxista, especialmente ligada à obra de Erik Olin Wright e seus associados, e a neoweberiana, ligada ao uso do esquema de classe criado por John Goldthorpe – verificamos que aquelas duas necessidades são comuns a ambas.

Neste capítulo discutirei algumas das questões envolvidas na tentativa de fazer uma análise de classe dentro de uma ampla perspectiva weberiana. Começo delineando as próprias ideias de Weber sobre classe social, tais como apresentadas em *Economia e sociedade*. Isso servirá para estabelecer os parâmetros gerais em que opera a análise weberiana de classe e indicar os limites e extensão de suas ambições explanatórias. Prossigo discutindo, em termos bem genéricos, que tipo de operacionalização de classe é sugerida pela obra de Weber e traço, então, o esquema de classe de Goldthorpe, amplamente considerado weberiano em sua concepção (p. ex., MARSHALL et al. 1988, p. 14). O capítulo termina com uma discussão de algumas das objeções que considero fundamentais a uma abordagem neoweberiana da análise de classe e alguns esclarecimentos sobre o que podemos esperar que uma classificação neoweberiana explique.

Classe social na obra de Max Weber

No capitalismo o mercado é o principal determinante das oportunidades de vida. Oportunidades de vida podem ser entendidas, na definição de Giddens, como "as oportunidades que um indivíduo tem de desfrutar dos 'bens' econômicos ou culturais socialmente criados que são típicos de uma determinada sociedade" (1973, p. 130-131) ou, de maneira mais simples, as oportunidades de acesso dos indivíduos a resultados tidos como raros e valiosos. Weber (1978 [1922], p. 302) escreve que "uma situação de classe é aquela em que se compartilha uma probabilidade típica de conseguir bens, ter uma posição na vida e encontrar satisfação interior": em outras palavras, membros de determinada classe desfrutam de oportunidades de vida comuns a essa situação. Se é isso que os membros de uma classe têm em comum, o que os coloca nessa posição comum? A resposta de Weber é que o mercado distribui as oportunidades de vida de acordo com os recursos que os indivíduos trazem a esse mercado, reconhecendo que esses recursos podem variar de uma série de maneiras. Além da distinção entre donos de propriedades e despossuídos, há também variação segundo as qualificações particulares e outros bens. O importante, porém, é que todos esses bens têm valor no contexto de um mercado: daí identificar-se a situação de classe com a situação no mercado.

Uma consequência do reconhecimento de Weber da diversidade de bens que geram retornos de mercado é uma proliferação das classes possíveis, que ele chama de "classes econômicas". As classes sociais, no entanto, são em número muito menor, por se tratar de aglomerados de classes econômicas. São formadas não simplesmente com base no funcionamento do mercado: outros fatores intervêm e o que Weber destaca para especial atenção é a mobilidade social. "Uma classe social é formada pela totalidade das posições de classe, entre as quais a mobilidade individual e de gerações é fácil e típica" (WEBER, 1978 [1922], p. 302). Weber sugere que, por uma razão empírica, quatro grandes classes sociais podem ser identificadas no capitalismo, entre as quais a mobilidade social é rara e difícil, mas relativamente comum dentro delas. A primeira distinção é entre aqueles que detêm propriedade ou os meios de produção e aqueles que não os possuem. Esses dois grupos são internamente "diferenciados além disso [...] pelo tipo de propriedade [...] e o tipo de serviços que podem oferecer no mercado" (WEBER, 1978 [1922], p. 928), resultando quatro classes: os "grupos proprietários e empresariais dominantes"; a pequeno-burguesia; trabalhadores com qualificações formais (classe média); e os trabalhadores não qualificados, a classe operária, cujo único bem é sua força de trabalho.

É bem sabido que Weber via a classe apenas como um aspecto da distribuição do poder na sociedade. Numa famosa definição, poder é "a probabilidade de um ator dentro de uma relação social estar em condição de exercer sua própria vontade apesar da resistência, apesar da base em que repousa essa probabilidade" (WEBER, 1978 [1922], p. 53). E os partidos e grupos de *status*, junto com as classes, são para Weber os principais fenômenos da distribuição de poder na sociedade. A distinção entre eles tem a ver com os diferentes recursos que cada um pode trazer para influenciar a distribuição das oportunidades de vida. Embora a inclusão num e noutro grupo se sobreponha, nenhuma dessas dimensões pode ser inteiramente reduzida a outra. Cada uma pode ser base para a ação coletiva, mas, segundo Weber, é mais provável que esse papel seja preenchido pelos grupos de *status* e os partidos do que pelas classes. A ação coletiva é a razão de ser dos partidos, enquanto a inclusão em um grupo de *status* está presente na consciência dos indivíduos provavelmente mais que a inclusão em uma classe, agindo assim como base para a ação coletiva. A manifestação de "consciência de classe" pelos membros de uma classe depende de certos fatores contingentes: está "ligada a condições culturais em geral [...] e especialmente à transparência das relações entre causas e consequências da situação de classe" (WEBER, 1978 [1922], p. 928-932). Oportunidades diferentes de vida, associadas à inclusão numa classe social, não levam por si mesmas à "ação de classe": isso pode ocorrer apenas quando são reconhecidos as "reais condições e os resultados da situação de classe".

Esta resenha dos escritos de Weber sobre classe social serve, com não menos importância, para estabelecer certos limites às ambições de uma análise weberiana de classe. Talvez o mais importante seja não supor que padrões de mudança histórica possam ser explicados pela evolução das relações entre as classes, ao contrário do que postula o materialismo histórico marxista. Nem se supõe que as classes estejam necessariamente num conflito total em que os benefícios de uma ocorrem (ilegitimamente) às custas da outra. Com efeito, não há em Weber qualquer pressuposto de que a classe é a fonte principal de conflito na sociedade capitalista ou de que as classes necessariamente servem como fonte de ação coletiva. O foco, ao invés disso, é no mercado como fonte de desigualdades de oportunidades de vida, mas isso não quer dizer que uma abordagem weberiana considera os arranjos de mercado como coisa dada. Weber escreve que os próprios mercados são formas de ação social que dependem, para sua existência, de outros tipos de ação social, como uma certa ordem legal (WEBER, 1978 [1922], p. 930). Mas, para entender como os arranjos de mercado vêm a ser o que são, não se pode simplesmente focalizar as classes e as relações entre elas. A evolução das formas sociais é um processo complexo que pode ser conduzido por uma ampla variedade de fatores, como ilustra o próprio Weber em *Ética protestante e o espírito do capitalismo*, onde se dá às ideias papel central no desenvolvimento do capitalismo moderno.

Os comentários de Weber sobre classe são bem fragmentários: em sua obra muito pouco se refere, por exemplo, a questões de conflito de classe[1]. Assim, pode parecer por vezes mais fácil definir uma abordagem weberiana pelo que ela não é, em vez de por aquilo que é, e quase todo esquema de classes não reconhecidamente marxista pode ser considerado weberiano. Com efeito, as fronteiras entre as versões marxista e weberiana são elas próprias com frequência pouco nítidas. Mas, como espero mostrar, há um elemento que distingue um esquema weberiano de classe, o que determina tanto a maneira como devemos construí-lo quanto de que modo devemos avaliar seu desempenho como fator explicativo na análise de classe. Não vejo, porém, nenhum mérito em tentar seguir "ao pé da letra" os escritos de Weber (mesmo supondo que fosse possível fazê-lo), de forma que a abordagem que esboço aqui e que chamo de neoweberiana pode não ser a única que as próprias observações bastante assistemáticas de Weber sobre classe permitiriam gerar.

Os objetivos da análise de classe

Entendida como projeto geral, a análise de classe vê a classe como tendo potencial para explicar uma ampla gama de resultados e consequências. Um objetivo principal, claro, é examinar a relação entre situação de classe e oportunidades de vida, mas a análise de classe raramente se restringe a isso. Comumente a classe é vista como tendo várias consequências possíveis. Por compartilharem uma situação comum de classe, um conjunto de indivíduos tende a se comportar de maneiras similares: a situação de classe é um determinante das condições de ação do indivíduo, podendo-se esperar ações semelhantes entre aqueles que têm condições similares de ação (cf. WEBER, 1978 [1922], p. 929). Mas deve-se distinguir isso de um comportamento com consciência de classe, que pode ocorrer quando, como diz Weber, indivíduos se tornam conscientes das "ligações entre as causas e as consequências da situação de classe".

Em princípio, portanto, não apenas a variação nas oportunidades de vida, mas também em toda uma série de ações, comportamentos, atitudes, valores e assim por diante pode ser encarada como algo que a classe pode ajudar a explicar. Mas a relação entre as classes e suas implicações não pode simplesmente ser uma questão empírica: deve haver alguma teoria ou argumento que esclareça por que as classes, definidas de determinada maneira, são relevantes para explicar

---

1. Cf. Weber, 1978 (1922), p. 302-305. O desenvolvimento de ideias neoweberianas sobre "fechamento", exclusão e usurpação de classe, associadas à obra de Parkin (1979) e Murphy (1988), baseia-se muito mais na discussão de Weber sobre grupos de *status* do que sobre classes. Ele escreve que "não muito de forma geral pode ser dito sobre os tipos mais específicos de antagonismo entre classes" (1978 [1922], p. 930) – o que, para mim, quer dizer que, embora haja conflitos entre classes, eles não seguem uma forma geral e são, ao contrário, condicionados por circunstâncias históricas específicas.

essas consequências e, em especial, para explicar a variação nas oportunidades de vida. É um ponto ao qual voltaremos neste capítulo. Mas agora volto à questão de como podem ser operacionalizadas as ideias de Weber sobre classe social.

O desenvolvimento de um esquema de classe weberiano

Para um weberiano, a classe é importante porque liga a posição dos indivíduos nos mercados capitalistas à desigualdade na distribuição de oportunidades de vida. Como vimos, variações na posição de mercado surgem com base em diferenças na posse de bens relevantes para o mercado. Uma abordagem possível na construção de um esquema de classe de inspiração weberiana pode ser o de agrupar indivíduos que possuam os mesmos bens ou bens similares. Afinal, Weber define "situação de classe" como sendo a partilha de um "componente causal específico de... oportunidades de vida" (1978 [1922], p. 927) e por isso parece razoável definir as classes a partir desses componentes causais de oportunidades de vida. Nesse sentido, as variáveis explicativas numa função neoclássica de rendimentos serviriam para delinear ao menos algumas classes.

Na verdade, tal abordagem do estudo de classe não é geralmente adotada – porque o importante não é a posse de bens *per se*, mas sua implementação no mercado. Por muitas razões, não há uma relação determinística entre os recursos que os indivíduos trazem ao mercado e o que recebem em troca. O foco muda, portanto, para a situação de mercado e a identificação de um conjunto de posições estruturais que podem ser agrupadas como classes. Como coloca Sørensen (1991, p. 72), classes são "conjuntos de posições estruturais. As relações sociais em mercados, especialmente em mercados de trabalho, e nas empresas definem essas posições. As posições de classe existem independentemente dos ocupantes individuais dessas posições. São 'lugares vagos'". A questão em todas as formas de análise de classe é como – em que base – deveríamos distinguir essas posições.

Uma maneira de abordar a questão seria começar perguntando o que é que classe deve explicar. Se o objetivo primordial de um esquema de classe é captar como as relações sociais dentro dos mercados e empresas moldam as oportunidades de vida, então as classes poderiam ser definidas de modo a maximizar a relação estatística entre elas e a distribuição de oportunidades de vida. Tal abordagem pode ser vista como estando a meio-caminho entre as classificações puramente indutivas ("nominais", na terminologia de Sørensen) e aquela mais geralmente adotada na análise de classe. Não sei de qualquer esquema que siga essa prática, mas algo similar foi sugerido como método para construir escalas de distância ou domínio social (PRANDY, 1999; RYTINA, 2000). Alternativamente, o princípio sobre o qual se definem as classes pode ser visto como uma teoria de como as relações nos mercados e empresas estão ligadas à distribuição das oportunidades de vida. Seja como for, os limites que traçamos para categorizar posições nas empresas e nos mercados de trabalho deveriam se proclamar a classificação que melhor capta as distinções relevantes para explicar a variação, neste caso, das oportunidades de vida. Mas isso levanta a possibilidade de que, se nosso propósito é saber de que maneira a posição no sistema produtivo influencia, digamos, o comportamento eleitoral ou algum tipo de ação coletiva, então um princípio bem diferente possa ser apropriado.

A única característica definidora da análise de classe de inspiração weberiana é que as classes são de interesse na medida em que moldam as oportunidades de vida, de forma que a segunda estratégia é a que se segue na construção de um esquema neoweberiano. No entanto, como fato empírico, acontece que tais esquematizações mostram-se mesmo com frequência boas previsoras de uma ampla gama de comportamentos, ações, atitudes, preferências, e assim por diante. A análise de classe deveria, portanto, explicar não apenas por que certas distinções de posição nos mercados de trabalho e nas empresas levam a diferenças nas oportunidades de vida, mas também por que uma categorização de posições desenvolvida com esse propósito explica variações em uma série de consequências diferentes. Mas antes de levar adiante essa questão, pode ser útil colocar a discussão em base mais concreta examinando um esquema de classe geralmente considerado neoweberiano.

O esquema de classe de Goldthorpe

O esquema de classe desenvolvido por John Goldthorpe e colaboradores (GOLDTHORPE, 1980; ERIKSON; GOLDTHORPE & PORTOCARRERO, 1979; ERIKSON & GOLDTHORPE, 1992) foi extensamente usado na análise de classe nos últimos vinte anos[2]. Inicialmente, foi apresentado como um esquema que distingue as ocupações ou atividades com base nas suas situações de mercado e trabalho. Situação de mercado refere-se às fontes e níveis de renda de uma atividade ou ocupação, as condições de emprego a ela associadas, seu grau de segurança econômica e as chances de progresso econômico para os que a exercem. Situação de trabalho refere-se à localização de uma atividade dentro dos sistemas de autoridade e controle do processo de produção (GOLDTHORPE, 1980, p. 40). Ocupações que tipicamente partilham situações comuns de mercado e trabalho constituiriam classes, e os ocupantes de diferentes classes desfrutariam de oportunidades de vida diferentes.

Em seu trabalho posterior, no entanto, Goldthorpe apresentou um conjunto de princípios ligeiramente diferente no qual se baseia o mesmo esquema de classe. "O objetivo do esquema de classe é diferenciar posições dentro dos mer-

---

2. Há muitíssimas descrições do esquema de Goldthorpe, porém a mais clara e detalhada encontra-se em Erikson e Goldthorpe (1992, cap. 2), enquanto Goldthorpe (2000, cap. 10) traz extensa discussão das razões do esquema.

cados de trabalho e das unidades de produção ou, mais especificamente [...] diferenciar tais posições em termos das relações de emprego que implicam" (ERIKSON & GOLDTHORPE, 1992, p. 37). Agora, considera-se que as classes identificam dois tipos de distinções: de um lado, entre aqueles que possuem os meios de produção e aqueles que não os possuem e, de outro, entre estes últimos de acordo com a natureza de suas relações com o empregador. A importante dicotomia aqui é entre posições reguladas por um contrato de trabalho e aquelas reguladas por uma relação de "serviço" com o empregador. Um contrato de trabalho estabelece uma troca bem específica de salário por esforço e o trabalhador é relativamente vigiado de perto, enquanto a relação de serviço é mais a longo prazo e envolve uma troca mais difusa.

A base para essa distinção é o problema que os empregadores enfrentam de garantir que seus empregados ajam no melhor interesse da empresa. Os empregados sempre têm ao menos algum discernimento sobre a maneira como desempenham seu trabalho – seu nível de diligência, que grau de responsabilidade ou iniciativa exercem, e assim por diante (GOLDTHORPE, 2000, p. 212) –, e, portanto, a questão para o empregador é garantir que esse discernimento seja exercido a seu serviço. Como isso se faz depende do tipo de trabalho que o empregado executa, de modo que a solução do problema é firmar contratos de emprego moldados para diferentes tipos de trabalho.

As dimensões cruciais através das quais o trabalho é diferenciado, de acordo com Goldthorpe, são o grau de "especificidade do bem" envolvido e da dificuldade de monitoramento (GOLDTHORPE, 2000, p. 213). Especificidade do bem refere-se ao grau de qualificação, especialização ou conhecimento que um trabalho requer, em comparação com trabalhos cujos requisitos são habilidades gerais, não específicas. No primeiro caso, um empregado tem que ser persuadido a investir nessas qualificações, embora possam não ter valor algum para ele em uma outra firma ou ocupação. Mas também, uma vez adquiridas pelo empregado essas qualificações, o empregador precisa garantir ao máximo sua permanência na empresa, se tais qualificações não puderem ser adquiridas no mercado livre de trabalho. As dificuldades de monitoramento surgem quando o empregador não pode, com um grau de clareza razoável, avaliar em que medida o empregado trabalha no interesse da empresa. É o clássico "problema do agente e da direção". Em certos trabalhos o empregado tem apreciável autonomia e discernimento de como realizar exatamente as tarefas que o serviço exige e, assim, enquanto o agente (o empregado) sabe se está trabalhando no interesse da firma, quem o dirige (o empregador) não sabe. Essa assimetria na informação estimula o agente a agir em seu próprio interesse quando há conflito com a direção.

Problemas quanto a qualificação e monitoramento dos recursos de produção são enfrentados com a criação, nas relações de serviço, de incentivos para persuadir os empregados a agir nos interesses do empregador. Tais estímulos devem alinhar os interesses das duas partes, o que é feito estabelecendo-se uma ligação "entre, de um lado, o compromisso dos empregados com a busca efetiva de metas organizacionais e, de outro, seu sucesso na carreira e bem-estar material permanente" (GOLDTHORPE, 2000, p. 220). Para assegurar isso, elementos essenciais devem ser previstos no contrato de trabalho: "por exemplo, uma escala determinada de aumentos salariais, garantias previdenciárias [...] direitos de aposentadoria e pensão [...] e [...] oportunidades de carreira bem-definidas" (ERIKSON & GOLDTHORPE, 1992, p. 42). No que concerne às dificuldades de supervisão ou monitoramento, essa é uma solução comum na literatura sobre a teoria dos jogos: a tentação de abandonar quando se consegue um ganho a curto prazo é contornada pela perspectiva de recompensas maiores a longo prazo como fruto da cooperação.

Sempre se encontra o contrato de trabalho onde não há problemas quanto a monitoramento ou especificidade de recursos. Nesse caso, mesmo se o serviço exige qualificações específicas, elas são em geral prontamente disponíveis no mercado de trabalho. Os problemas de supervisão ou monitoramento estão em larga medida ausentes porque aquilo que o empregado faz a serviço do empregador e o que efetivamente produz é imediatamente observável. Não há portanto necessidade de qualquer tipo de incentivo à relação de serviço. De acordo com Goldthorpe, as duas características definidoras do contrato de trabalho são o pagamento por quantidades de trabalho específicas discerníveis e a ausência de quaisquer esforços para tentar garantir uma relação a longo prazo entre as partes.

Como fica o esquema de classe resultante? Há uma classe de autônomos e pequenos empregadores (pequeno-burguesia), rotulada de classe IV (a classificação usa numerais romanos). Esta é subdividida, primeiro, por setores, de modo que a IVc engloba os agricultores e "outros trabalhadores autônomos na produção primária", e depois entre empregadores fora da agricultura e os trabalhadores autônomos; a IVa compreende os pequenos proprietários que têm empregados[3] e a IVb os que não os têm. As classes restantes são as de empregados, de modo que o formato dessa parte da estrutura depende de quais ocupações são caracterizadas por qualificação específica ou dificuldades de monitoramento, ambas as coisas ou nem uma nem outra. As classes I e II são formadas por aquelas ocupações que mais claramente apresentam relações de serviço: a distinção entre elas é uma questão de grau. Assim, a classe I compreende os profissionais, trabalhadores administrativos e gerenciais de nível mais elevado, e a classe II os de nível inferior. Nessas ocupações surgem problemas tanto de monitoramento quanto de especialização de recursos ou qualificação. No outro extremo, membros das classes VI (trabalhadores manuais qualificados) e VII (trabalhadores manuais não especializados) têm bem claramente um contrato de trabalho com o empregador. A classe VII é ela mesma dividida também setorialmente: VIIb são os trabalhadores agrícolas não qualificados, VIIa são os

---

3. Aplicada ao Reino Unido, a classificação significa nesse aí menos de 25 empregados.

trabalhadores não qualificados fora do setor agrícola. O contrato de trabalho é também comum para trabalhadores em ocupações definidas como de "nível inferior", os serviços manuais rotineiros (classe IIIb). Tais ocupações incluem "os níveis inferiores de emprego em escritórios, lojas e outros serviços: operadores de máquinas, balconistas, atendentes etc." (ERIKSON & GOLDTHORPE 1992, p. 241). As classes restantes, IIIa (ocupações rotineiras não manuais de nível mais elevado) e V (ocupações técnicas e manuais inferiores de supervisão), "compreendem posições associadas a relações de emprego que parecem assumir tipicamente uma forma bastante mista" (ERIKSON & GOLDTHORPE, 1992, p. 43). Mas essa forma mista ocorre por diferentes razões em cada caso. As ocupações em IIIa (típicas de atendentes, secretárias e outras funções da rotina administrativa) de modo característico não exigem qualificação específica, mas apresentam algumas dificuldades de monitoramento, ao passo que as da classe V têm a combinação oposta. As ocupações da classe IIIa desfrutam de muitos elementos das relações de serviço, mas com frequência carecem de uma estrutura clara de carreira, ao passo que as da classe V dispõem dessa estrutura, mas são monitoradas de forma relativamente estreita e remuneradas de acordo com o número de horas de trabalho. As possíveis combinações de qualificação e dificuldades de monitoramento, com as classes que as caracterizam, são ilustradas na Figura 2.1, extraída de Goldthorpe (2000, p. 223). Para o desenvolvimento desse esquema Goldthorpe bebeu fundo na literatura sobre economia organizacional e, com efeito, há muitas semelhanças entre o "salário por eficiência" (AKERLOF, 1982) e o contrato de serviço. Os contratos de trabalho são vistos como um instrumento pelo qual as partes tentam garantir a viabilidade do empreendimento e aumentar o valor total do contrato em benefício de ambas (GOLDTHORPE, 2000, p. 210). Uma crítica que pode ser feita a essa abordagem é que ela dá peso demais aos argumentos de eficiência e despreza questões ligadas ao equilíbrio de poder entre empregadores e empregados. Colocada sob a forma de simples exemplo, uma ocupação específica ou um grupo de ocupações pode desfrutar de alguns elementos das relações de serviço não porque isso maximize a eficiência, mas porque a força de barganha dos trabalhadores permite que conquistem esses elementos sob a forma de rendimento. Parece bem plausível aventar que mudanças ocorridas nos últimos vinte anos nos termos e condições que regem muitos empregos – e, em alguns casos, a perda de certos aspectos da relação de serviço – podem ser atribuídas à posição de barganha geralmente mais fraca dos trabalhadores face aos empregadores tanto quanto, digamos, a mudanças nos requisitos de habilitação para esses trabalhos ou nas possibilidades de monitorá-los (BREEN, 1997). Se estes argumentos estão corretos, eles sugerem que a localização de classe de uma ocupação não decorre tão tranquilamente assim de uma consideração de eficiência e que, ao explicar qualquer estrutura de classe determinada, deve-se dar também atenção a outros fatores historicamente contingentes.

Na sua forma mais desagregada, o esquema Goldthorpe identifica onze classes. Na sua obra sobre a Inglaterra e Gales e em muitas outras aplicações, Goldthorpe emprega uma versão em sete categorias, ao passo que a versão mais agregada que mesmo assim parece preservar as distinções essenciais do esquema é provavelmente uma classificação em quatro categorias: as classes de serviços (I e II), intermediárias (IIIa e V), da pequeno-burguesia (IV) e com contrato de trabalho (IIIb, VI e VII). Os vários agregados do esquema são ilustrados na Tabela 2.1[4]. O que está surpreendentemente ausente no esquema é uma classe de grandes empregadores – a alta burguesia. Hoje em dia os grandes empregadores tendem a ser organizações e não indivíduos, mas os grandes empregadores individuais que existem são colocados na classe I. Erikson e Goldthorpe (1992, p. 40-41) justificam essa prática com base em dois argumentos. Primeiro, tais indivíduos são geralmente proprietários de empresas que diferem dos proprietários pequeno-burgueses mais do ponto de vista legal do que de modo substancial. Eles são colocados na classe I em vez da IV porque "na medida em que esses grandes proprietários tendem a estar extensamente envolvidos tanto em atividades empreendedoras quanto gerenciais, podem ser vistos como tendo afinidade ainda maior com os administradores assalariados que se encontram na classe I que possuem participação substancial na propriedade das empresas em que trabalham". Mas esse argumento é pouco convincente pela simples razão de que os grandes proprietários não têm a relação de serviço com um empregador que define essa classe. Com base nisso, seriam melhor posicionados na classe IV. Em segundo lugar, os grandes proprietários ou empregadores respondem por "cerca de 5% de todos os homens situados na classe de serviços (quais sejam as classes I e II) nas sociedades industriais do Ocidente e não podem [...] ser vistos realmente como membros de uma elite capitalista [...]. Em vez disso, um exame os revela bem tipicamente como donos de lojas, hotéis, restaurantes, postos e oficinas mecânicas, pequenas fábricas ou empresas de transporte" (GOLD-THORPE, 1990, p. 435). A parcela de proprietários na classe de serviços seria presumivelmente ainda menor, mas este argumento tende a reforçar o ponto de vista de que a classe IV, não a I, seria a localização adequada. É claro, aliás (e supondo que a proporção de grandes proprietários em dados de pesquisa reflita sua proporção na população), os grandes proprietários são tão escassos que sua inclusão na classe I ou na classe IV muito provavelmente não teria consequência

---

4. Pode parecer estranho que a versão do esquema em sete categorias coloque as classes IIIa e IIIb juntas. No entanto essa versão foi inicialmente usada por Goldthorpe na sua análise da mobilidade social entre os homens na Inglaterra e em Gales. A versão usada posteriormente por Erikson e Goldthorpe, embora diferisse ligeiramente das sete categorias exibidas na Tabela 2.1, também faziam amálgama das classes IIIa e IIIb, mas ela também foi desenvolvida para a análise da mobilidade masculina. Relativamente poucos homens ocupam posições em IIIb e as que ocupam são tipicamente mais próximas daquelas em IIIa do que as posições ocupadas por mulheres. Assim, no seu capítulo sobre a mobilidade feminina, Erikson e Goldthorpe (1992, cap. 7) colocam a classe IIIb junto com a classe VII.

para quaisquer conclusões que se possam tirar, por exemplo, sobre as desigualdades de chances de mobilidade social. Todavia, situá-los na classe I (em vez,
digamos, de uma nova subdivisão da classe IV) leva de fato a uma inconsistência
entre os postulados teóricos do esquema e sua aplicação.

Figura 2.1 Dimensões do trabalho como fontes de risco contratual, formas de contrato e localização das classes de empregados no esquema (DE GOLDTHORPE, 2000, p. 223, Figura 10.2).

Especificidade de
recursos humanos

Alta

I

II

V

Relação de serviço

mista

Dificuldade   Baixa ──────────────────────────── Alta
de
monitoramento

contrato de trabalho

mista

IIIa

VI   IIIb

VIIa   VIIb

Baixa

Tabela 2.1 Agregações possíveis do esquema de classe de Goldthorpe

Versão com 11 classes (máxima desa-gregação)	Versão com 7 classes	Versão com 4 classes
I Classe superior de serviços	I Classe superior de serviços	I + II Classe de serviços
II Classe inferior de serviços	II Classe inferior de serviços	
IIIa Empregados de rotinas não manuais de nível mais alto	III Rotinas não manuais	IIIa + V Classe intermediária
IIIb Empregados de rotinas não manuais de nível mais baixo		IIIb + VI + VII Classe manual
IVa Pequenos proprietários com empregados	IV Pequeno-burguesia	IV Pequeno-burguesia
IVb Pequenos proprietários sem empregados		
IVc Agricultores e outros trabalhadores autô-nomos do setor primário de produção		
V Supervisores de trabalhadores manuais e técnicos de nível inferior	V Técnicos e supervisores	IIIa + V Classe intermediária
VI Trabalhadores manuais qualificados	VI Trabalho manual qualificado	IIIb + VI + VII Classe manual
VIIa Trabalhadores manuais não qualificados ou semiqualificados fora do setor agrícola	VII Trabalho manual não quali-ficado	
VIIb Trabalhadores manuais não qualificados ou semiqualificados do setor agrícola		

A mudança da primeira formulação do esquema de classe de Goldthorpe para a posterior não tem quaisquer consequências operacionais: isto é, a distribuição das ocupações por classes permaneceu inalterada (abordamos isso a seguir). Além do mais, pode-se argumentar que é possível reconciliar as duas formulações no nível teórico, uma vez que são as diferenças de posições na natureza do contrato de emprego que dão origem às variações na situação de trabalho e de mercado que eram relevantes na primeira versão. Em ambos os casos, supõe-se que as distinções captadas no esquema produzem diferenças nas oportunidades de vida: a situação de classe é determinante de "experiências de afluência ou dificuldades, de segurança ou insegurança econômica, de perspectivas de progresso material contínuo ou de duras limitações materiais" (ERIKSON & GOLDTHORPE, 1992, p. 236).

Apesar dos protestos de Goldthorpe, há alguma razão em rotular o seu esquema de "neoweberiano", uma vez que compartilha o foco weberiano nas oportunidades de vida e a modéstia weberiana quanto ao alcance da análise de classe[5]. O propósito do esquema é permitir a investigação das "interconexões definidas pelas relações de emprego nos mercados de trabalho e nas unidades de produção [...] os processos pelos quais os indivíduos e as famílias são distribuídos e redistribuídos entre essas posições ao longo do tempo; e as consequências disso para suas oportunidades de vida" (GOLDTHORPE & MARSHALL, 1992, p. 382). Além do mais, o esquema de classes não reivindica a identificação de grupos que agem como "o motor da mudança social" nem supõe que as classes tenham relações de exploração umas com as outras, nem que os seus membros desenvolvam automaticamente uma consciência de classe e se engajem na ação coletiva (GOLDTHORPE & MARSHALL, 1992, p. 383-384).

O problema da fronteira na análise de classe neoweberiana

Um esquema de classe neoweberiano *é um conjunto de princípios que atribui posições às classes*, de modo a captar as dimensões mais amplas de diferenciação nos mercados de trabalho e unidades de produção que têm consequências na distribuição de oportunidades de vida. Ao avaliar um esquema de classe neoweberiano ou qualquer outro, é importante traçar uma distinção entre as críticas às suas bases conceituais ou teóricas, de um lado, e a sua aplicação específica, de outro, ainda que objeções em ambos os níveis possam em última análise ser feitas empiricamente. Uma objeção frequente a essas classificações é a se-

---

5. A relutância de Goldthorpe em identificar seu esquema de classe como weberiano é bem conhecida. Embora reconhecendo que os princípios do esquema foram largamente baseados em Marx e Weber, ele escreve que "nossa abordagem tem sido com frequência mencionada e discutida como 'weberiana', mas não consideramos isso particularmente informativo ou de outra forma útil: [...] são as consequências, não os antecedentes, que importam" (ERIKSON & GOLDTHORPE, 1992, p. 37, nota p. 10).

guinte: dada a diversidade aparentemente enorme de posições nos mercados de trabalho e nas organizações econômicas, como pode um esquema de classe tal como o de Goldthorpe, especialmente um com número relativamente pequeno de classes, reivindicar que dá conta das distinções importantes entre as posições que têm consequências na distribuição das oportunidades de vida entre os que as ocupam?[6]

Uma resposta a isso é dizer que a variação nas oportunidades de vida entre os indivíduos ou famílias de uma mesma classe não é em si mesma objeção teórica a um esquema neoweberiano de classe, uma vez que as oportunidades de vida de uma pessoa dependem de uma série de fatores além da situação de classe. As diferenças de oportunidades de vida entre integrantes da mesma classe deveriam ser vistas, portanto, não como diferenças de classe *per se*, mas como diferenças baseadas em outros fatores. Mas pode-se fazer também a objeção de que o conjunto de princípios escolhido não é otimal, ou seja, há outro conjunto de princípios que faz melhor o serviço (e que pode levar, embora não necessariamente, a uma classificação de ocupações mais refinada). Pode-se argumentar, por exemplo, que uma escala de prestígio ocupacional capta melhor as diferenças de posições que são importantes para as oportunidades de vida. Ou as próprias ocupações poderiam ser vistas como grupos cujas oportunidades de vida são mais nitidamente distinguíveis do que ocorre com as classes. Confrontar essa objeção exigiria tanto esclarecimento conceitual quanto análise empírica. Primeiro, poderiam arguir que mecanismos explicam a variação nas oportunidades de vida com base nessas fontes. No caso do esquema de Goldthorpe, a forma da relação de trabalho tem consequências para as oportunidades de vida em função de diferentes recompensas e estímulos ligados a cada tipo de contrato. Segundo, poderiam questionar como as posições se distinguem dessa maneira. No esquema de Goldthorpe, os dois tipos de contrato de trabalho são tentativas de solução dos problemas de qualificação e monitoramento do empregado. Princípios alternativos para a construção de classes deveriam então ter mecanismos subjacentes de ambos os tipos com pelo menos o mesmo grau de plausibilidade. Por fim, passaríamos a testes empíricos. Dada a opção entre duas classificações teoricamente fundamentadas, uma análise empírica perguntaria qual delas teria melhor previsão das oportunidades de vida, levando em conta ao mesmo tempo o equilíbrio entre abrangência e parcimônia explicativas.

Objeções desse tipo são fundamentais e diferentes das que se poderia fazer contra uma operacionalização específica de um conjunto de princípios subja-

---

6. Weber transpõe essa objeção empregando dois conjuntos de critérios. Os membros de uma classe compartilham oportunidades de vida comuns, mas as classes sociais são feitas de classes entre as quais é comum haver mobilidade. Breiger (1982) aplica essa ideia para analisar uma tabela de mobilidade num grupo de dezessete ocupações, no qual tanto o padrão de mobilidade quanto a estrutura subjacente de classe (um agregado das dezessete categorias originais) são testados por sua adequação aos dados originais. Essa abordagem, no entanto, não foi amplamente seguida.

centes sobre os quais tanto críticos quanto defensores poderiam estar de acordo. Com efeito, na sua obra, Erikson e Goldthorpe (1992) oscilam entre as versões de sete, cinco e três classes[7] do esquema Goldthorpe e na verdade nunca empregam plenamente as onze categorias. Eles observam que "ao mesmo tempo em que se preserva a ideia subjacente do esquema de que as classes são definidas pelas relações de trabalho [...] a diferenciação [das classes] [...] poderia obviamente ser muito estendida se houver boa razão para tal" (ERIKSON & GOLDTHORPE, 1992, p. 46, nota p. 18). Isso é consistente com a afirmação deles de que o esquema de classe é um instrumento de trabalho e não um mapa definitivo *da* estrutura de classe.

Apesar do fato de que as posições são distribuídas pelas classes segundo sua relação com os meios de produção e, depois, o tipo de relação de trabalho que apresentam, o esquema Goldthorpe nunca foi na verdade operacionalizado com a mensuração dessas características e a distribuição das posições por classes a partir daí. Em vez disso, as ocupações são distribuídas por classes com base no conhecimento de suas típicas relações de trabalho. O que obedece a razões pragmáticas. Um benefício importante é que os dados já coletados podem ser codificados no esquema. Foi o que ocorreu com os conjuntos de dados nacionais do Projeto Casmin (sigla em inglês para Análise Comparativa da Mobilidade Social em Nações Industriais), que gerou a obra *The Constant Flux* (ERIKSON & GOLDTHORPE, 1992). O que não quer dizer que as mesmas ocupações têm que ser sempre atribuídas às mesmas classes. As ocupações podem mudar sua distribuição pelas classes com o tempo, podendo ainda a mesma ocupação corresponder a diferentes classes em países diferentes (algo que parece ter sido reconhecido no Projeto Casmin; cf. ERIKSON & GOLDTHORPE, 1992, p. 50-51).

Mas como o tipo de relação de trabalho é definido por uma série de aspectos diversos (aumentos salariais, direitos previdenciários, garantias e segurança estão entre os listados por Erikson e Goldthorpe), surge a questão de saber em que medida eles de fato ocorrem juntos nas ocupações. Se, por exemplo, essas dimensões das relações de trabalho se interligarem de maneira apenas frágil, isso colocaria em questão a operacionalização dos conceitos subjacentes sob a forma de classes. Evans e Mills (1998) abordam a questão usando dados de pesquisa britânica coletados em 1984 para analisar a relação entre nove indicadores das relações de emprego. Entre esses indicadores estão a exigência ou não de bater ponto em hora estabelecida, a forma de pagamento (por peça produzida, por hora de trabalho, segundo o desempenho etc.), a existência ou não de plano de

---

7. A versão de cinco agrupa as classes I, II e III numa única, a classe dos colarinhos brancos; a IVa e a IVb na pequeno-burguesia; a IVc e a VIIb na classe dos trabalhadores agrícolas; a V e a VI na dos trabalhadores qualificados; e deixa a VIIa isolada como a classe dos trabalhadores não qualificados. A versão de três classes junta a IVa e a IVb com a I, II e III para formar uma classe de trabalhadores não manuais; a V, VI e a VII numa classe de trabalhadores manuais; e preserva a dos trabalhadores agrícolas (IVc e VIIb).

carreira e a possibilidade de o trabalhador decidir sobre o seu ritmo de trabalho. Eles aplicam a análise de classe latente a esses indicadores e descobrem quatro classes latentes. É indicação razoavelmente boa, então, de que esses diversos aspectos da relação de emprego não variam de forma independente: ao contrário, eles sobretudo ocorrem juntos em quatro combinações. Além disso, o exame do padrão das probabilidades de resposta para cada item em cada classe latente sugere a Evans e Mills que essas quatro classes correspondem aproximadamente a: assalariados de colarinho branco; gerentes e supervisores de nível inferior; pessoal de rotinas não manuais; e assalariados manuais. A primeira classe e a última podem ser vistas em posições polarizadas pelos tipos de serviço e relações de trabalho assalariado, com as duas outras em posições intermediárias. E, com efeito, Evans e Mills descobrem que há muita semelhança entre essas classes latentes e as dos que responderam à pesquisa de Goldthorpe: "78% do tipo latente I podem ser encontrados no I e II de Goldthorpe, com 95% correspondendo a I, II e IIIa. De forma similar, não menos que 89% do tipo latente 4 são encontrados no VI e VIIab de Goldthorpe e 96% no VI, VIIab e V" (EVANS & MILLS, 1998, p. 95). Eles argumentam que esses resultados indicam uma alta validade de critério do esquema, isto é, uma medida do sucesso em dividir "a estrutura ocupacional de modo a identificar importantes clivagens nas características de emprego que são consideradas teoricamente significativas por Goldthorpe e seus colegas" (EVANS, 1992, p. 213).

Numa análise posterior, Evans e Mills (2000) usam um conjunto muito maior e mais recente (1996) de dados britânicos e outro semelhante, mas não idêntico, de oito indicadores de relações de trabalho. Os resultados de sua análise latente revelam desta vez

> Uma pequena classe latente (1), reunindo 8% a 13% da população, predominantemente remunerada com um salário e mais alguma outra forma de bonificação ou pagamento adicional, com probabilidades muito altas de não receber horas extras, tendo que dar aviso prévio de pelo menos um mês para demissão e com controle sobre os horários de entrada e saída do trabalho. Na outra ponta do espectro encontramos uma classe (3) de 35% a 45% da população e com as características opostas... Entre esses dois grupos há uma classe (2) de 45% a 52%, predominantemente assalariada, que em geral recebe hora extra, tem que dar mais de um mês de aviso prévio para demissão e com certa mescla de situações no que diz respeito ao controle do horário de trabalho (EVANS & MILLS, 2000, p. 653).

Não surpreende que identifiquem as classes latentes 1, 2 e 3, respectivamente, com prestadores de serviço, um grupo intermediário e trabalhadores contratados. Mas, neste caso, quando se voltam para a questão da validade de critério do esquema, Evans e Mills (2000, p. 657) concluem que há alguns problemas de operacionalização.

A maior parte da classe II de Goldthorpe não tem um contrato de trabalho típico de prestação de "serviço". A linha divisória entre os prestadores de serviço e o grupo intermediário parece correr antes na classe II do que entre esta e a classe IIIa. Também estimamos que cerca de um terço dos empregados da classe I não tem um contrato de "serviço".

Isso lança dúvida sobre a sustentabilidade da prática de continuar se baseando inteiramente nos nomes das ocupações para fazer uma classificação empírica, ao menos no caso britânico e pelo menos com o propósito de situar a classe prestadora de serviços[8]. O intervalo de doze anos entre as coletas de informações dos dois conjuntos de dados usados por Evans e Mills sugere que houve um certo deslizamento recente entre os nomes das ocupações e a classe prestadora de serviços do esquema Goldthorpe. Uma suposição plausível é que uma inflação de títulos ocupacionais pode ter empobrecido seu papel de indicadores da natureza da relação de trabalho, por exemplo aumentando o uso de títulos como "gerente" para uma crescente diversidade de ocupações. Usar medidas diretas da relação de trabalho pode, de qualquer forma, trazer benefícios. Isso permitiria aos pesquisadores determinar quais dos elementos da relação estariam mais fortemente ligados a resultados de classe específicos, o que seria de óbvio interesse na tentativa de especificar os mecanismos que ligam a situação de classe a tais consequências. Com efeito, a ausência de qualquer explicação precisa sobre quais mecanismos ligam os tipos de relação de trabalho a variações nas oportunidades de vida é uma fragilidade notável do esquema. A obra de Evans e Mills mostrou em que medida o esquema capta distinções nas relações de emprego e muita pesquisa já evidenciou que a situação de classe está ligada a diferenças nas oportunidades de vida (e outras consequências). Mas o que geralmente tem faltado é uma explicação teórica de como tais diferenças podem ser consequência daquelas distinções e, a partir daí, submetê-las a teste empírico. O problema foi reconhecido por Goldthorpe e outros (ERIKSON & GOLDTHORPE, 1992, cap. 11; BREEN & ROTTMAN, 1995b) e recentemente ele tentou abordá-lo (GOLDTHORPE, 2000, cap. 11). Para que esses mecanismos explicativos deem suporte a uma teoria específica de classe que esteja sendo construída, eles precisam, porém, discriminar teorias alternativas. Em outras palavras, os mecanismos que se pressupõem não devem ser de generalidade tal que sirvam tanto para explicar a ligação entre consequências quanto mais de uma teoria de classe. Esse, digamos, "requisito de especificidade" pode se revelar a condição mais difícil de satisfazer no desenvolvimento de uma convincente teoria de classe neoweberiana.

---

8. Uma dificuldade que se deve mencionar sobre essas análises, no entanto, é que elas obtêm informação dos empregados, cujas respostas podem muito bem ter a ver mais com suas próprias experiências e funções do que com as características da posição que ocupam (p. ex., em perguntas sobre a probabilidade de promoção). Informação sobre posições é melhor obtida com os empregadores.

A unidade na análise de classe

Até agora discutimos as classes como agregados de posições, mais do que de indivíduos. O mecanismo implícito que liga posição de classe a oportunidades de vida é então, simplesmente, o seguinte: as oportunidades de vida do indivíduo derivam da específica posição de classe que ele ocupe (ou, tomando como perspectiva a vida toda, da sequência de posições que ocupe). Mas nem todos os indivíduos ocupam uma dessas posições e, nesse caso, as oportunidades de vida derivariam da relação entre o indivíduo e outros que ocupem uma posição na estrutura de classe. A situação de classe de uma criança deriva então de seus pais, e a situação de classe de uma mulher casada deriva convencionalmente da posição ocupada pelo marido. Mas as oportunidades de vida de alguém que não ocupa uma posição na estrutura de classe, por exemplo uma criança ou uma mulher casada que não trabalhe fora do lar, vão depender não apenas da posição ocupada pelos pais ou o marido, mas também da natureza da relação entre ela e os pais ou o marido. Em outras palavras, as relações intrafamiliares e domésticas interferem entre o mercado e as oportunidades de vida do indivíduo. Essa questão, claro, é exatamente como a que surge em estudos sobre desigualdade de renda em que considerações sobre a distribuição doméstica da renda raramente são abordadas de modo empírico.

Apesar desses argumentos, tratar todos os membros de um domicílio como integrantes da mesma classe é velha prática dos teóricos. Isso apresenta relativamente pouco problema quando apenas um membro do domicílio ocupa uma posição no mercado de trabalho, no típico arranjo em que o homem é responsável pelo ganha-pão da família, mas as dificuldades começam quando ambos os cônjuges trabalham fora. Alguns autores (como HEATH & BRITTEN, 1984) querem preservar a ideia de que cada domicílio se inclui numa única classe, mas uma classe definida pela situação de ambos os cônjuges. Outros (p. ex., STANWORTH, 1984) argumentam que se deve considerar a situação de classe de cada cônjuge e que, em vez de considerar uma posição única da família na estrutura de classes, a situação domiciliar deveria ser tratada como uma função de ambas. Goldthorpe e seus colaboradores questionaram os dois pontos de vista. Eles argumentam que, como as mulheres têm carreiras tipicamente descontínuas no mercado de trabalho, as análises da mobilidade feminina tendem a registrar muita mobilidade de classe, em grande parte artificial. A unidade adequada para a análise de classe, é, portanto, o domicílio. E a classe a que o domicílio e seus membros pertencem deve ser determinada pela posição de qualquer dos cônjuges que tenha a ligação mais duradoura com o mercado de trabalho. Uma maneira de medir essa posição é a chamada abordagem de "dominância" (ERIKSON, 1984). Ocorre na prática que em geral o homem tenha essa ligação mais duradoura. "Entretanto, não se presume que seja sempre assim [...] não é difícil imaginar circunstâncias [...] em que a aplicação da abordagem de dominância pode levar a que muito mais famílias sejam identificadas como pertencentes a uma classe com base na ocupação da mulher" (BREEN & ROTTMAN, 1995a, p. 166-167).

Uma maneira de conceitualizar essas abordagens divergentes é moldá-las de modo ligeiramente mais formal. Suponhamos que nosso objetivo seja explicar a variação de algum resultado Y, medido no nível individual ou da família (p. ex., o nível educacional alcançado por uma pessoa ou o padrão de vida de uma família) nos termos da classe social X, tendo duas possíveis medidas (uma para cada cônjuge de um domicílio), rotuladas X_m e X_w. Então os pontos discutidos acima se reduzem à questão da forma funcional da relação entre Y e X_m e X_w. Essa função pode ser expressa de forma bem geral como $Y = f(g(X_m, X_w))$, onde f especifica a forma da relação entre Y e $g(X_m, X_w)$ e g determina como X_m e X_w são tratadas na análise. A abordagem individual da inclusão em uma classe defende um modelo que estabelece $g(X_m, X_w)$ igual a X_m e X_w, enquanto as chamadas abordagens convencionais especificariam g como um mapeamento dois para um de (X_m, X_w) para X. Na abordagem de dominância, por exemplo, $g(X_m, X_w)$ é a função que determina qual é o dominante, X_m ou X_w. Expressas dessa maneira, fica claro que muitas funções serviriam para g, que poderia, por exemplo, especificar uma relação entre uma classe latente X e dois indicadores, X_m e X_w. Essa pequena formalização oferece uma maneira de resolver esses problemas empiricamente. Considerando que uma análise neoweberiana de classe está preocupada com a distribuição das oportunidades de vida, pode-se querer determinar, dependendo da opção f, qual das possíveis formas funcionais de g daria mais conta da variação de oportunidades de vida dos indivíduos.

Conclusão

Uma abordagem neoweberiana da análise de classe assenta-se na construção de um esquema baseado em princípios que captam as dimensões principais da diferenciação de posições nos mercados de trabalho e nas unidades de produção, relevantes para a distribuição das oportunidades de vida. O princípio escolhido é a base teórica e o esquema de classe correspondente é sua operacionalização. Dado isso, pode-se seguir pelo menos duas linhas importantes de investigação empírica. Por um lado, podemos querer saber a que ponto a classe é de importância substantiva para explicar a variação de oportunidades de vida, particularmente em comparação com outras bases da desigualdade social, tais como grupo étnico, gênero, e assim por diante. E, claro, tal investigação pode ser ampliada para comparação da força dos efeitos de classe entre países e épocas. Por outro lado, a existência e força da relação entre classe e outros aspectos são também objetos para investigação empírica. Mas se é nas classes que se captam diferenças primordiais para a distribuição de oportunidades de vida, os membros de uma classe podem ter ou não comportamentos e atitudes semelhantes, participar ou não de ações coletivas etc. Na medida em que a variação desses e outros aspectos pode ser atribuída à variação de oportunidades de vida ou ser determinada por fatores dos mercados de trabalho e do processo de produção que moldam tais oportunidades, encontraremos uma relação entre eles e as classes. Com muita frequência os laços causais entre oportunidades de vida e resultados como a ação coletiva são contingentes de outras circunstâncias e, nesse caso, como reconheceu Weber, pode haver ou não uma relação com a classe. Mas em muitos casos há um laço consistente entre oportunidades de vida e outros resultados. Voltando a um ponto que ressaltei antes: se as oportunidades de vida determinam as condições em que certas coisas ocorrem – incluindo os interesses que as pessoas têm (e que podem expressar, digamos, através do voto) e os recursos de que dispõem (e que podem ser importantes, digamos, em moldar a realização educacional dos filhos) –, então as variações dessas coisas são estruturadas de acordo com a situação de classe. Mas suponha-se que em determinado caso não encontremos qualquer relação, como quando as classes não são consideradas base de nenhuma identidade comum, coletiva. Deveremos então concluir que a classe não é importante ou que a divisão de classes específica nesse caso é inadequada? Minha resposta é que as diferenças que levam a oportunidades de vida distintas não servem como base para a identidade coletiva. Mas o ponto importante é que esses últimos resultados não são constitutivos de um esquema neoweberiano de classe. Por exemplo, as chamadas ideias de classe *gemeinschaftlich* * – ou seja, as classes como comunidades subjetivamente reais – não são necessariamente parte da abordagem neoweberiana[9].

Mas mesmo se esses outros resultados não são constitutivos da classe entendida no sentido neoweberiano, a importância da classe como conceito sociológico certamente depende da intensidade com que é relacionada a eles, assim como às oportunidades de vida. Se a classe não permitisse prever consequências relevantes, seria de pouco interesse. O que é claro, no entanto, é que em muitas áreas fundamentais ao esforço e busca sociológicos há pouca evidência de que esteja declinando a influência do conceito de classe: na verdade, há certa evidência de que sua influência cresce. A coletânea editada de Shavit e Blossfeld (1993) mostra que a influência das origens de classe na realização educacional das crianças não havia declinado ao longo do século XX em treze países desenvolvidos. Os ensaios publicados por Evans (1997) demonstram que o decantado "declínio geral do voto de classe" é uma descrição imprecisa das tendências desse fenômeno bem complexo e variável conforme o país. O voto de classe parece ter perdido força na Escandinávia, mas não há evidência temporal semelhante

---

* Comunitárias, em alemão no original [N.T.].

9. Com efeito, na própria obra de Goldthorpe e na dos que usam seu esquema de classe, dá-se hoje relativamente pouca atenção a questões de formação demográfica da classe e suas consequências (em contraste, p. ex., com a obra anterior de Goldthorpe [1980] sobre a mobilidade na Inglaterra e Gales). Em vez disso, o esquema de classe é agora empregado sobretudo como um meio para captar as desigualdades de oportunidades de vida.

na Alemanha, França e outros lugares. Por fim, no que se refere à mobilidade social, Breen e Goldthorpe (2001) mostram que na Grã-Bretanha, nas últimas duas décadas e meia do século XX, não houve mudanças quanto a que ponto as origens de classe ajudam a moldar os destinos. Essa influência era verdadeira até na definição da realização educacional e das habilidades individuais. Pode-se então adicionar esse resultado à evidência de estabilidade temporal a mais longo prazo nos padrões de mobilidade de classe na Europa relatada por Erikson e Goldthorpe (1992).

3
Fundamentos de uma análise de classe neodurkheimiana*

David Grusky em colaboração com Gabriela Galescu

A tradição da análise de classe tem sofrido ataque crescente de pós-modernistas, antimarxistas e outros, sob o argumento de que o conceito de classe é uma construção antiquada de utilidade em declínio para entender a desigualdade moderna e pós-moderna[1]. Em grande parte, pode-se culpar por esse estado de coisas os próprios analistas, que invariavelmente têm representado a estrutura de classe com categorias muito agregadas, jamais plenamente institucionalizadas fora do mundo acadêmico, onde gozam de grande aceitação, e por isso falhas no teste da realidade. Por desprezo ao nominalismo, a tradição analítica torna-se especialmente vulnerável à crítica. Os pós-modernistas, em especial, argumentam que os acadêmicos têm recorrido a representações cada vez mais obscuras e complicadas da estrutura de classes porque os locais de produção não geram mais classes bem organizadas que eles e outros possam facilmente discernir.

O propósito deste capítulo é delinear uma alternativa neodurkheimiana que aponte para a persistência de uma estruturação de classes, mas num nível mais desagregado do que o modelo que tem atraído os analistas acadêmicos. Cremos, por conseguinte, que vale a pena salvar a análise de classe; isto é, em vez de abandonar os locais de produção e nos concentrarmos exclusivamente em ou-

---

* Somos gratos a Erik Wright e seus alunos no seminário de graduação pelas detalhadas e perspicazes observações sobre um esboço preliminar deste capítulo. Também recebemos comentários úteis sobre um ensaio relacionado ao tema, feitos por Julia Adams, Jeffrey Alexander, Vivek Chibber, Dalton Conley, Paul DiMaggio, Kathleen Gerson, Guillermina Jasso, Michèle Lamont, Jeffery Page, Philip Smith, Margaret Somers, George Steinmetz, Kim Weeden, Bruce Western e Yu Xie. Na preparação deste capítulo bebemos em material anteriormente publicado em Grusky e Sørensen (1998), Grusky e Weeden (2001) e Grusky, Weeden e Sørensen, 2000. A pesquisa relatada aqui foi em parte financiada pela National Science Foundation (SBS-9906419).

1. Para exemplos, cf. Hall, 2001; Pakulsi e Waters, 1996a, 1996b, 1996c, 1996d; Lee e Turner, 1996; Clark, 1996; Joyce, 1995; Kingston, 2000, 1994; Clark e Lipset, 2001, 1991; Pahl, 1989.

tras fontes de atitudes e comportamentos (p. ex., raça, origem étnica, gênero), devemos reconhecer que o mercado de trabalho é de fato organizado em classes, embora com mais detalhes divisórios do que convencionalmente se admite. A grande virtude da desagregação é que as categorias nominais da análise de classe convencional podem ser substituídas por "microclasses" *gemeinschaftlich** incrustadas no próprio tecido social e, portanto, com sentido não apenas para os sociólogos, mas também para os leigos.

Como ficará evidente, nossa abordagem neodurkheimiana nos motiva a defender inteiramente as classificações realistas, definidas como esquemas nos quais as categorias constituintes são institucionalizadas no mercado de trabalho[2]. Em contraste, acadêmicos de uma tradição nominalista buscam construir categorias de classe que reflitam processos, forças ou diferenças sociais consideradas *analiticamente* fundamentais, ainda que tais abordagens impliquem categorias que podem ser apenas superficialmente institucionalizadas. Em alguns casos, uma teoria da história foi enxertada em tais modelos nominalistas, gerando assim o argumento colateral de que categorias de classe hoje "latentes" (mas analiticamente fundamentais) podem um dia vir a ser apreciadas por atores sociais, servir de base para a ação coletiva ou se tornar agrupamentos institucionalizados que barganham coletivamente em prol de seus membros. Os acadêmicos naturalmente têm visões variadas sobre os processos e forças específicos que seriam fundamentais (p. ex., a exploração, as relações de autoridade, as condições de emprego, as oportunidades de vida) e, portanto, geradores de classes que podem no futuro se institucionalizar de forma mais profunda. Como bem sabemos, pode ser extremamente difícil pronunciar-se por um desses modelos concorrentes, especialmente quando se baseiam numa teoria da história que exige dos acadêmicos suspender seu juízo até um futuro (potencialmente) distante. Já passa da hora, achamos, de encarar a tarefa mais viável empiricamente de caracterizar as estruturas hoje encontradas nos locais de produção[3].

---

* Coletivas, comunitárias – em alemão no original [N.T.].

2. Esta definição dissimula uma série de complicações, incluindo (a) a dificuldade operacional que os analistas enfrentam para distinguir categorias institucionalizadas e a consequente inevitabilidade de "construções" impostas pelo analista (mesmo quando o objetivo é melhor representar categorias institucionalizadas) e (b) a típica insistência dos acadêmicos que trabalham dentro da tradição nominalista de que suas categorias preferidas se baseiem em forças ou processos causais (p. ex., a exploração) totalmente "reais", independente de tais categorias estarem efetivamente institucionalizadas no mercado de trabalho. Voltaremos a essas complicações nas seções subsequentes do nosso capítulo.

3. As categorias de um esquema realista tendem, em virtude de sua institucionalização, a ser reconhecidas pelo público leigo e consideradas significativas. No entanto, nossa definição formal de abordagens realistas baseia-se inteiramente no critério de institucionalização e, portanto, a tendência das categorias realistas de se tornarem subjetivamente salientes vem a ser um resultado empírico (possível) que extrapola a definição *per se*.

Esta linha de argumentação tem raízes nitidamente durkheimianas que não expusemos de forma adequada em nossos trabalhos anteriores[4]. Em parte foi devidamente reconhecida nossa dívida intelectual com Durkheim (esp. GRUSKY & SØRENSEN 1998, p. 1.192, 1.196 e 1.219), mas a relação entre nossa abordagem de microclasse e os argumentos de Durkheim sobre desenvolvimento das classes pode ser proveitosamente mais elaborada. Há boa razão para empreender essa tarefa agora. Afinal, poucos acadêmicos se apressaram até agora em apresentar uma readaptação da abordagem durkheimiana da análise de classe, ainda que muitos modelos marxistas tenham caído em desgraça e os modelos durkheimianos possivelmente ofereçam uma alternativa que capta muito da realidade institucional dos sistemas contemporâneos de classe (cf. PARKIN, 1992, p. 1; PEARCE, 1989, p. 1; MÜLLER, 1993, p. 106; LEE, 1995; FENTON, 1980; LEHMANN, 1995). É claro, isso não quer dizer que os teóricos têm ignorado Durkheim completamente; porém, a exegese contemporânea focaliza cada vez mais *As formas elementares da vida religiosa* por fornecer a fonte clássica requerida para a virada cultural em sociologia (cf. SMITH & ALEXANDER, 1996; MEŠTROVIĆ, 1992). Além disso, *quando* a análise contemporânea de classe se voltou para *A divisão do trabalho na sociedade*, foi com frequência no intuito negativo de refutar os modelos de classe durkheimianos ou neomarxistas e não para oferecer um estudo positivo[5].

Esse estado de coisas pode parecer intrigante, dada a longa e venerável tradição acadêmica estratificante que trata as ocupações como "espinha dorsal" do sistema de classes (em esp., PARKIN, 1971; FEATHERMAN; JONES & HAUSER, 1975; DUNCAN, 1968, p. 689-690; PARSONS, 1954, p. 326-329). Para entender por que Durkheim foi mesmo assim ignorado, vale a pena notar que os acadêmicos estratificantes sempre preferiram escalonar as ocupações por um gradiente socioeconômico, ao passo que a obra de Durkheim não dá nenhuma justificativa óbvia para esse procedimento. Então, se a menção a Durkheim está manifestamente ausente das análises de classe atuais, em grande parte é porque seu projeto não pode ser visto como antecipação de quaisquer abordagens convencionais da análise de classe, incluindo as que mapeiam as ocupações ou empregos em classes agregadas, tanto quanto as que os situam em escalas socioeconômicas.

---

4. Cf., p. ex., Grusky e Sørensen (1998, 2001), Grusky e Weeden (2002, 2001), Grusky, Weeden e Sørensen (2000).

5. Cf., p. ex., Mouzelis (1993), Bottomore (1981), Tiryakian (1975), Dahrendorf (1959, p. 48-51), Zeitlin (1968). Cf. Pope e Johnson (1983), Hawkins (1994), Müller (1993), Thompson (1982), Lukes (1973), Nisbet (1952), Giddens (1971, 1972, 1978), Watts Miller (1996), Filloux (1993). A obra de Lockwood (1992) é uma notável exceção. Em seu livro desbravador, Lockwood mostra que o modelo durkheimiano trata a ação instrumental como um resíduo não analisado, ao passo que o modelo marxista trata como tal, inversamente, a ação normativa. Esses modelos podem ser vistos, portanto, como incompletos e complementares.

Desenvolveremos uma abordagem analítica das classes explicitamente com base na divisão técnica do trabalho, portanto mais nitidamente de herança durkheimiana. É surpreendente, aliás, que os analistas de classe tenham não apenas ignorado a *Divisão do trabalho*, mas refugado de modo geral *toda* análise da divisão técnica do trabalho, mesmo que não durkheimiana. Com efeito, Wright (1979) referiu-se há mais de 25 anos às "relativamente poucas reflexões teóricas fundamentadas sobre a lógica de ligar as classes às posições ocupadas dentro da divisão técnica do trabalho" (p. 12) e a mesma conclusão provavelmente retém a mesma força hoje. Procuraremos reparar esse estado de coisas discutindo (a) como Durkheim desenvolveu, meio involuntariamente, uma análise de classe baseada na divisão técnica do trabalho, (b) como essa abordagem analítica pode ser modificada para dar conta de evoluções e situações que Durkheim não previu plenamente e (c) como a abordagem resultante, embora sem dúvida um avanço em relação às formas convencionais de análise, ainda assim deixa sem solução problemas importantes.

Durkheim e a estrutura de classe: uma exegese seletiva

Começamos então por examinar como Durkheim abordou questões de classe e ocupação, baseando-nos não apenas no seu famoso prefácio à *Divisão do trabalho*, mas também em comentários relacionados tanto em *Suicídio* como em outras obras (cf., esp., HAWKINS, 1994 para um tratamento abrangente). Na literatura secundária sobre esses assuntos observa-se frequentemente com certa desaprovação que Durkheim tratou o conflito de classes como um aspecto puramente transitório da primeira fase do industrialismo, assim "ignorando [...] as [duradouras] implicações dos choques de classe" (ZEITLIN, 1968, p. 235; cf. tb. LOCKWOOD, 1992, p. 78; BOTTOMORE, 1981). Como é bem-sabido, Durkheim com efeito afirmou que o conflito de classes do primeiro período industrial finalmente iria dissipar-se porque (a) o crescimento do estado e da regulação ocupacional imporia um controle moral sobre o conflito de interesses (i. é, a "institucionalização" do conflito) e (b) o surgimento da mobilidade com base nas realizações legitimaria as desigualdades de resultado, tornando-as cada vez mais atribuíveis a diferenças pessoais de talento, capacidades e investimento, em vez de oportunidades diferentes (i. é, o surgimento da "oportunidade igual"). À luz do panorama atual, não fica totalmente claro se tais ênfases na obra de Durkheim deveriam ainda ser encaradas simplesmente como defeitos, uma vez que prenunciam importantes desdobramentos na transição às sociedades industriais avançadas. As forças gêmeas da regulação normativa e da conquista de posição por mérito estiveram presentes com efeito em muita discussão subsequente sobre a "institucionalização" do conflito de classe (ex., DAHREN-DORF, 1959), ainda que a obra inicial de Durkheim nem sempre tenha recebido a devida deferência neste comentário.

Essa institucionalização do conflito motivou os teóricos contemporâneos a reduzir a ênfase nas macroteorias da história e narrativas de desenvolvimento a elas ligadas (cf. HOLTON & TURNER, 1989), preferindo em vez disso reservar as categorias de classe à tarefa acadêmica mais modesta de explicar microcomportamentos atuais (p. ex., comportamentos eleitorais, estilos de vida etc.). A questão óbvia que surge então é saber se as categorias de classe imaginadas por Marx e outros com propósitos macroteóricos são boas também para a agenda explicativa mais limitada de um microuniverso (GRUSKY & WEEDEN, 2001). Para a maioria dos acadêmicos contemporâneos que estudam as relações de classe a resposta é não, o que leva a todo tipo de tentativa de aumentar o poder explicativo dos modelos classistas pela introdução de novas distinções dentro de uma categoria laboral. A principal falha de tais esforços, porém, é que as categorias postuladas têm apenas uma institucionalização superficial, de modo que os acadêmicos tentam defender seus esquemas concorrentes com todo tipo de critérios imagináveis, exceto o aparentemente óbvio de que as categorias postuladas deveriam ter algum tipo de veracidade institucional.

Nesse contexto, a obra acadêmica de Durkheim é mais uma vez instrutiva, uma vez que redireciona a atenção para os tipos de grupos intermediários que surgiram nos mercados de trabalho do passado e provavelmente vão caracterizar os futuros. O que equivale a sugerir, pois, que Durkheim contribuiu para a análise de classe em duas frentes, fornecendo simultaneamente (a) uma macro-história negativa sobre as forças sociais (p. ex., a institucionalização do conflito) que tornam as grandes classes inviáveis a longo prazo e (b) uma micro-história positiva sobre as "classes menores" (i. é, as ocupações *gemeinschaftlich*) fadadas a surgir nos locais de produção e a moldar os papéis individuais, as oportunidades e estilos de vida. A micro-história posterior, tipicamente desprezada como irrelevante para a análise de classe, é aqui o foco do nosso comentário. Apresentamos essa história porque pode mostrar que pequenas classes são capazes de assumir propriedades que os analistas convencionalmente (mas de forma equivocada) atribuem às grandes classes.

Ao traçar esse micronível histórico, devemos admitir que Durkheim faz (sabidamente) silêncio sobre os mecanismos precisos pelos quais se formam associações ocupacionais, uma vez que simplesmente presume que, por força funcional, os resultados supostamente favoráveis aos objetivos do sistema acabam em última instância por se impor. Tal abordagem o leva a igualar "o normal, o ideal e o que está prestes a acontecer" (LUKES, 1973, p. 177). Marx e a maioria dos neomarxistas, ao contrário, fazem análises ricas na descrição de mecanismos, baseando-se em forças tais como a exploração, os interesses opostos e os conflitos como fontes geradoras dos estados finais postulados. Em alguns dos seus textos Durkheim chega a aflorar tais mecanismos, mas no geral ele é corretamente acusado de não "proceder a uma investigação das causas" (BOTTOMORE, 1981, p. 911). Ainda assim vale a pena indagar se o estado final descrito por Durkheim capta algumas das tendências evolutivas dos sistemas de desigualdade contemporâneos.

Como então caracterizar sua visão sobre o "normal, o ideal e o que está prestes a acontecer"? (LUKES, 1973, p. 177). Abordamos a seguir essa questão descrevendo as três formas de micro-organização que, segundo Durkheim, estão fadadas a surgir nos locais de produção.

O surgimento das associações ocupacionais

É mais proveitoso e instrutivo ler as *Divisões do trabalho* como uma extensão do discurso sobre o nível (i. é, de classe ou "microclasse") em que o local de produção é organizado[6]. Quando os analistas resumem essa obra, costumam enfatizar o argumento de que as grandes classes são puramente transitórias e desaparecerão à medida que emerjam formas "normais" de adaptação (a "macro-história negativa"), desprezando ou tratando como irrelevante o surgimento previsto de uma organização social no nível ocupacional localizado (a "micro-história positiva"). Achamos, ao contrário, que vale a pena examinar a micro-história em Durkheim de maneira mais cuidadosa, não apenas porque a organização local pode assumir características semelhantes às de classe (como argumentamos adiante), mas também porque pode superar ou substituir a formação de classe de modo mais agregado. Com efeito, Durkheim argumentou que as associações ocupacionais estão destinadas a se tornar a principal forma organizacional "intermediária entre o Estado e o indivíduo" (1960 [1893], p. 28), suplantando tanto as classes do marxismo quanto outras formas de organização intermediárias (p. ex., a família). Embora Durkheim enfatizasse os vínculos e laços informais cultivados nas associações ocupacionais, ele também descreveu uma variedade de funções formais que era provável tais associações assumirem, incluindo (a) o estabelecimento e supervisão de uma ética ocupacional, (b) a resolução de conflitos entre seus membros e com outras associações e (c) o funcionamento como corpos representativos de base no sistema político governamental (cf. DURKHEIM, 1960 [1893], p. 26-27; cf. tb. DURKHEIM, 1970a [1897], p. 372-382). As funções descritas são melhor desempenhadas no nível local porque uma "atividade só pode ser regulada de modo eficaz por um grupo suficientemente familiarizado com ela para conhecer seu funcionamento [e] sentir suas necessidades" (DURKHEIM, 1960 [1893], p. 5).

---

6. A visão de Durkheim sobre as associações ocupacionais evoluiu e mudou ao longo da carreira (cf. excelente exegese em HAWKINS, 1994). No início da década de 1890, Durkheim começou a traçar as funções positivas das associações ocupacionais, mas naquela época ele as considerava em larga medida como um "antídoto temporário para os problemas sociais contemporâneos" (HAWKINS, 1994, p. 473). Só no final da década foi plenamente formulada a sua "teoria" das associações ocupacionais.

Essas associações tiveram como precursoras históricas as guildas medievais, que guardam alguma semelhança com as associações profissionais e de ofícios hoje tão comuns. Para Durkheim, é revelador que as associações ocupacionais tenham uma longa história que se estende até os tempos antigos, com as primeiras formas surgindo evidentemente "tão logo surgem as trocas" (DURKHEIM, 1960 [1893], p. 7). Se apareceram associações ocupacionais em toda a história recente, raciocinou Durkheim, é porque devem ter uma "autenticidade atemporal" (PARKIN, 1992, p. 77) que sugere importantes funções subjacentes. Entre essas funções, Durkheim particularmente ressalta que elas podem refrear ambições desmedidas, quando nada por induzir os trabalhadores a calibrar suas aspirações de remuneração pela norma ocupacional e não segundo algum padrão menos alcançável. O egoísmo desencadeado pela ruptura da ordem social tradicional pode assim ser contido pela sujeição dos trabalhadores a uma nova forma de autoridade acima do indivíduo no nível ocupacional (DURKHEIM, 1960 [1893], p. 10). A implicação é que a macro e a micro-histórias estão intimamente ligadas na *Divisão do trabalho*, com a sorte em declínio das grandes classes refletindo em parte a institucionalização das ocupações e a consequente legitimação das desigualdades que ao mesmo tempo (a) minam a unidade da classe trabalhadora e (b) convencem os trabalhadores a encarar as diferenças ocupacionais de remuneração (inclusive entre as grandes classes) como adequadas e aceitáveis. Se há em Durkheim uma teoria da história na análise de classes, é claramente uma que enfatiza o papel das ocupações na justificação da desigualdade, tornando-a palatável, e com isso minando as teorias da história mais espetaculares propostas por Marx e vários neomarxistas.

A "localização" da consciência coletiva

O surgimento das associações ocupacionais é também relevante para o "problema da ordem" e a suposta solução de Durkheim para ele[7]. À medida que formas tradicionais de organização desaparecem, tem havido muita preocupação em sociologia (cf. PARSONS, 1967, 1968 [1937]) de que as forças da diferenciação e da especialização se revelem pouco adaptativas, levando a um egoísmo excessivo, a uma atitude individualista sem limites e a um comprometimento menor com os objetivos coletivos. Tal preocupação desencadeou, por sua vez, uma busca de processos compensatórios que possam conter ou ao menos contrabalançar essas forças individualizantes. Quando Durkheim é invocado nessa literatura, creditam-lhe com frequência o reconhecimento de que a consciência coletiva moderna se transformou para abranger sentimentos cada vez mais abs-

---

7. É bem-sabido que Parsons (1949, 1967) procurou interpretar toda a sociologia clássica, incluindo a *Divisão do trabalho*, como envolvida diretamente nas questões da ordem social. Outros estudiosos (esp. GIDDENS, 1983), argumentaram, ao contrário, que Parsons impôs sua própria problemática idiossincrática ao trabalho dos outros, especialmente o de Durkheim.

tratos e generalizados, especialmente os que enfatizam a dignidade do indivíduo (ou seja, o "culto do individual") e seu direito a buscar livremente oportunidades não limitadas pelas circunstâncias de nascimento (ou seja, "oportunidades iguais"). No conteúdo, essas crenças formam uma "religião" profundamente individualista (DURKHEIM, 1960 [1893], p. 172), mas ainda assim são partilhadas de maneira geral pelos indivíduos e, assim, constituem a consciência coletiva dos tempos modernos.

Essa história fica, no entanto, parcial e incompleta sem uma discussão paralela do surgimento das crenças específicas de cada ocupação e de como elas também operam para suprimir o egoísmo, ligar o indivíduo a uma comunidade para além dele e assim contrabalançar as forças da individualização[8]. Claro, Durkheim apreciava que as modernas ocupações não pudessem desenvolver a moralidade total e abrangente dos sistemas sociais tradicionais (cf. POPE & JOHNSON, 1983, p. 684; HAWKINS, 1994, p. 464), mas ainda assim se impressionava com o "imperativo" (1960 [1893]) que as regras de moralidade ocupacional exerceram no passado e provavelmente exerceriam no futuro. Essa nova forma de solidariedade liga os indivíduos a subgrupos locais (i. é, ocupações) em vez de à sociedade mais ampla; e, consequentemente, a tendência moderna é um movimento rumo ao "polimorfismo moral" (DURKHEIM, 1958, p. 7), entendido como o surgimento de múltiplos "centros de vida moral" específicos das diferentes ocupações. No nível dos valores, a solução de Durkheim refere não apenas os efeitos integradores de amplos sentimentos sistêmicos altamente abstratos, mas também a "solidariedade mecânica" que persiste à medida que sentimentos mais concretos e especializados são direcionados para baixo e se reexpressam através dos agrupamentos ocupacionais (cf. PARSONS, 1968 [1937], p. 339)[9].

Essa linha de argumentação foi adotada naturalmente pelas gerações subsequentes de sociólogos franceses. Por exemplo, Bouglé (1971 [1927]) tratou o sistema de castas indiano como um caso extremo de "polimorfismo moral" no qual as comunidades ocupacionais se organizam de modo profundamente hierárquico, são bem protegidas especialmente contra a interação "poluidora" (ou seja, o casamento entre castas) e se autorreproduzem num nível incomum (através do fechamento hereditário). Embora o caso indiano represente, para Bouglé, a forma mais pura do sistema de castas, é apenas uma "ampliação única de tendências universais" (BOUGLÉ, 1971 [1927], p. 28) que geram profun-

---

8. Cf. DURKHEIM, (1960 [1893], p. 2, 4-5, 10), Pope e Johnson (1983, p. 682-684). Cf. tb. Hawkins (1994) para uma revisão de outros aspectos relevantes.

9. Se aplicarmos estritamente a terminologia de Durkheim, é inadequado falar neste contexto em "solidariedade mecânica", uma vez que tal expressão é reservada às sociedades tradicionais nas quais a consciência coletiva consiste de crenças e sentimentos partilhados por todos. Aqui nos apropriamos do termo apenas porque ele esclarece que a solidariedade intraocupacional nasce de similaridades entre os indivíduos (cf. POPE & JOHNSON, 1983).

da diferenciação ocupacional em todas as sociedades. De modo semelhante, Halbwachs (p. ex., 1992 [1945]) argumentou que as ocupações tendem a gerar tradições e formas de consciência bem distintas, com seus exemplos desse polimorfismo com frequência se inspirando em ocupações específicas (como general, parlamentar, juiz) assim como nas grandes classes (cf. tb. HALBWACHS, 1958; COSER, 1992, p. 18-20). A imagem do "polimorfismo moral" durkheimiano emerge ainda mais clara na obra (relativamente) recente de Bourdieu (1984 [1979]). Em *Distinção: uma crítica social do juízo de gosto*, Bourdieu (1984 [1979]) caracterizou o hábito e os estilos de vida diferenciados que gera em termos de ocupações bem específicas (p. ex., professores, enfermeiros), embora com a ressalva de que tais ocupações fornecem apenas sinais imperfeitos de "condições homogêneas de existência" (1984, p. 101).

Para os analistas de classes, a implicação prática dessa formulação durkheimiana é que as ocupações específicas se tornam, mais do que as classes consideradas em linhas gerais ou grandes classes, o lugar principal onde se geram atitudes e estilos de vida distintos. Como diz Durkheim, as ocupações têm suas próprias culturas, incluindo "certas ideias, certos usos, certas maneiras de ver as coisas" (1956 [1911], p. 68), e os trabalhadores participam delas de forma tão natural e inevitável como "respiram o ar" à sua volta (1970b [1905], p. 286, traduzido para o inglês em Watts Miller 1996, p. 125). Essas culturas específicas surgem porque (a) as forças da autosseleção operam para levar trabalhadores semelhantes à mesma ocupação (DURKHEIM, 1960 [1893], p. 229), (b) porque a interação social resultante entre os companheiros tende a reforçar e elaborar gostos e sentimentos compartilhados (DURKHEIM, 1960 [1893], p. 228-229, 361) e (c) porque os que exercem uma ocupação têm interesses comuns que podem ser perseguidos, em parte, pelo alinhamento a essa ocupação e a busca de finalidades coletivas (DURKHEIM, 1960 [1893], p. 212-213). Se as comunidades práticas se tornam de fato localizadas dessa forma, então o objetivo convencional de explicar em nível micro resultantes de classe de todo tipo (p. ex., atitudes, comportamentos, estilos de vida) é melhor alcançado no nível ocupacional local. Com efeito, Durkheim descreve uma unificação de classe e *Posição* que, de acordo com Weber (1968b [1922]), ocorre apenas raramente no contexto das classes agregadas convencionais.

Ocupações e solidariedade orgânica

A solução durkheimiana para o problema da ordem apresenta-se em duas partes: a primeira envolvendo a emergência de sentimentos específicos de uma ocupação que geram uma solidariedade mecânica (descrita acima) e a segunda envolvendo o surgimento de interdependências ocupacionais que geram uma solidariedade orgânica. Passamos ao exame da segunda parte, com suas implicações para a análise de classe. Assim como antes, descobriremos que ocupações específicas desempenham um papel central na visão de Durkheim, mas agora como unidades elementares da interdependência (i. é, da "solidariedade orgânica") mais do que repositórios de sentimentos morais compartilhados (i. é, da "solidariedade mecânica").

O ponto de partida natural aqui é a antiga e persistente preocupação (p. ex., SMITH, 1991 [1776]; COMTE, 1988 [1830]) de que as forças da especialização e diferenciação ocupacionais podem ser alienantes porque tornam o trabalho cada vez mais rotineiro e repetitivo. A título de resposta, Durkheim sugere (1960 [1893]) que esses efeitos alienantes podem ser neutralizados quando os trabalhadores estão em "relação constante com funções vizinhas" (p. 372), o que os sensibiliza para seu papel mais amplo dentro da divisão geral do trabalho e os convence de que suas "ações têm um objetivo para além deles mesmos" (p. 372-373). Nesse sentido, a extrema especialização não precisa ser necessariamente alienante, uma vez que os indivíduos virão a reconhecer e apreciar sua contribuição ao empreendimento coletivo, não importa quão modesta, repetitiva ou corriqueira seja a sua contribuição[10]. Importa ressaltar mais uma vez que para Durkheim a organização local opera para minar a formação de classe agregada; isto é, o constante contato com as "funções vizinhas" (p. 372) permite aos trabalhadores apreciar as interdependências e dar ao seu próprio trabalho um significado maior, assim sabotando qualquer interpretação marxista do trabalho como uma exploração alienante. Na linguagem da análise de classe, os trabalhadores claramente atendem, para Durkheim, às "características relacionais" dos agrupamentos intermediários, embora as relações de interesse sejam antes as de cooperação e coordenação visíveis no nível micro do que as da exploração oculta no nível macro.

Para Durkheim, a solidariedade orgânica é também normativamente expressa no surgimento da regulação ocupacional que institucionaliza o conflito industrial, sobretudo entre capital e trabalho. Como antes, a alegação aqui é de que os grupos ocupacionais dão o impulso e suporte centrais à regulação normativa, por estarem bastante próximos da atividade administrada para "saber como funciona, sentir todas as suas necessidades e [compreender suas] variações" (DURKHEIM, 1960 [1893], p. 5). Segue-se que as associações ocupacionais vão cada vez mais elaborar códigos de conduta e especificar as condições da divisão do trabalho. Nos primeiros sistemas industriais tal regulação está totalmente ausente ("divisão anômica do trabalho") ou é imposta sem pleno consentimento de todas as partes ("divisão forçada do trabalho"), de modo que o conflito não

---

10. Embora o cético possa com razão arguir se as finalidades coletivas banais da vida cotidiana são inspiradoras o bastante para dar um sentido maior às tarefas mais rotineiras, a posição de Durkheim torna-se mais fácil de apreciar quando as coletividades estão voltadas para objetivos especialmente dramáticos ou empolgantes (p. ex., a participação em uma guerra ou a construção do socialismo) que podem tornar até mesmo a menor contribuição algo compensador e moralmente significativo.

é observado ou controlado e as ideologias revolucionárias se tornam atraentes. À medida que avance a divisão do trabalho, a expectativa de Durkheim é que a regulação se desenvolva espontaneamente através da interação social e seja incorporada à legislação industrial, minando-se consequentemente o apelo inicial do socialismo e de outros programas revolucionários. A regulação normativa resultante pode de novo ser vista como uma forma de organização em nível micro que trabalha para impedir o desenvolvimento da classe no nível macro.

Durkheim estava certo?

É útil a esta altura examinar se a versão de Durkheim sobre o surgimento da organização local tem alguma relevância contemporânea. Embora os analistas de classe geralmente indaguem se as formulações de Marx e Weber foram "confirmadas", é habitual os argumentos de Durkheim não serem submetidos ao mesmo teste. Ao contrário, a *Divisão do trabalho* é normalmente encarada como uma curiosa peça da "pré-história" da sociologia (BARNES, 1995, p. 170) e os analistas de classe não sentem uma real necessidade de comprometer-se com ela.

Essa fixação em Marx, Weber e seus seguidores não demonstra grande sensibilidade, dado o curso recente da história. Por muitos anos o mercado de trabalho se tornou cada vez mais "durkheimizado", não apenas porque o conflito industrial em nível de macroclasse veio a ser regulado e contido, mas também porque os agrupamentos ocupacionais emergiram como os blocos construtivos fundamentais dos mercados de trabalho moderno e pós-moderno. Como observa Treiman (1977), os trabalhadores contemporâneos normalmente manifestam suas aspirações de carreira em termos ocupacionais, uma vez que as escolas profissionais e vocacionais são organizadas para treinar e formar trabalhadores em habilidades ocupacionais definidas e os empregadores criam e anunciam empregos para as correspondentes especialidades laborais (cf. tb. PARSONS, 1954; WILENSKY, 1966). Essa "especialização" do mercado de trabalho tem sido alimentada (a) por um crescimento a longo prazo do setor profissional (com as fortes associações ocupacionais que lhe são características), (b) pelo surgimento de novas ocupações e associações quase profissionais construídas em torno das especializações abstratas emergentes na divisão do trabalho, (c) pela crescente exigência de licenças, registros, certificados e outros instrumentos para fechar (parcialmente) as fronteiras ocupacionais e (d) pelo fortalecimento dos sindicatos profissionais (p. ex., a Federação Americana dos Professores) à medida que se desfazem visões mais abrangentes do movimento laboral e o "interesse próprio setorial [...] se torna a ordem do dia" (MARSHALL et al., 1988, p. 7; cf. tb. VISSER, 1988, p. 167)[11]. Tais considerações levaram Krause (1971) a concluir

---

11. Há, mesmo, uma literatura contemporânea sobre o "pós-ocupacionalismo" que descreve o gradual desaparecimento de posições funcionalmente definidas. Ela repousa no argumento de que as empresas contemporâneas dependem cada vez mais do trabalho de equipe, do treinamento

há muito tempo que "historicamente houve mais consciência e ação específicas das profissões do que um acordo generalizado" (p. 87; cf. tb. FREIDSON, 1994, p. 75-91; VAN MAANEN & BARLEY, 1984, p. 331-333; DAHRENDORF, 1959). Com efeito, quando a história das guildas, sindicatos e outras associações semelhantes baseadas na produção é reavaliada em perspectiva ampla, fica claro que as organizações com verdadeira abrangência de classe existiram apenas por um breve momento histórico e que as formas pós-modernas estão revertendo ao localismo e ao setorialismo. Essa interpretação é consistente com a fórmula durkheimiana, segundo a qual a organização em nível local exclui e substitui a formação de classes de um tipo mais agregado.

O que não implica sugerir, claro, que os locais de produção evoluíram inteiramente como Durkheim previu. Na nossa opinião, ele teve notável presciência em discernir as forças atuantes em prol das ocupações, mas com certeza superestimou o poder dessas forças e a consequente velocidade com que poderiam influir. A fórmula durkheimiana é especialmente vulnerável nos três aspectos abordados a seguir.

Multifuncionalismo e formas associativas concorrentes

Na maioria dos seus relevantes ensaios, Émile Durkheim vê as associações profissionais desempenhando uma grande variedade de funções, tais como (a) regular o mercado de trabalho através de normas de pagamento, sobre condições laborais e relações interprofissionais, (b) propiciar um ambiente *gemeinschaftlich**, no qual os trabalhadores podem "levar juntos a mesma vida moral" (DURKHEIM, 1960 [1893], p. 15) e (c) servir como "órgão essencial da vida pública" encarregado de eleger delegados parlamentares (DURKHEIM, 1960 [1893], p. 27). Confrontadas a essas expectativas, as associações profissionais contemporâneas podem parecer pouco desenvolvidas, especialmente com relação às funções políticas antes desempenhadas. Há, naturalmente, muita ação política no nível ocupacional localizado (cf. tb. ABBOTT, 1988), mas em nenhuma parte as associações profissionais alcançaram o papel central, direto e formal previsto por Durkheim na administração política. Em vez disso, as associações dedicam-se claramente a pressionar o Estado por benefícios altamente especializados, sobretudo o direito de treinar e formar os membros da profissão e estabelecer o controle da oferta de mão de obra. Mesmo nesse domínio limitado, as associa-

---

cruzado e empregos multifuncionais que rompem as distinções convencionais baseadas nas funções específicas (p. ex., CASEY, 1995). Essas mudanças, se de fato estão em curso, devem ser encaradas como um recente e modesto recuo das forças funcionalizantes que dominaram o período pós-durkheimiano. Além disso, tal visão pós-ocupacionalista não está livre de críticas, algumas das quais argumentam mesmo que as "pressões por uma lógica ocupacional da empresa podem na verdade estar aumentando" (BARLEY, 1995, p. 40).

* Comunitário – em alemão no original [N.T.].

ções profissionais continuam a competir com formas alternativas de associação, incluindo, obviamente, os sindicatos. Como previu Durkheim, o conflito entre trabalho e capital foi de fato domado e contido, mas isso ocorreu tanto pela institucionalização de grandes sindicatos quanto sua substituição por associações profissionais ou sindicatos locais de artes e ofícios. A rede de formas associativas resultantes é inconsistente com a imagem construída por Durkheim de associações de finalidade geral que dividem a força de trabalho em grupos mutuamente excludentes, eliminando qualquer organização concorrente e tornando-se por conseguinte os únicos intermediários entre o indivíduo e o Estado[12].

Funcionalização incompleta

Em alguns setores da estrutura de classe, as associações profissionais simplesmente não surgiram, seja porque foram suplantadas por formas concorrentes de organização (p. ex., os sindicatos), seja porque qualquer forma de organização social se mostrou inviável. Por exemplo, o associacionismo profissional ainda não vingou nos setores mais baixos do trabalho braçal, presumivelmente devido aos baixos níveis de especialização, ao investimento limitado no treinamento e formação, assim como às mudanças relativamente rápidas no processo fabril. Não está claro se esses setores mal-organizados assim permanecerão, se acabarão por desenvolver estratégias que permitam alguma forma de fechamento e especialização funcionais ou se continuarão a diminuir de tamanho até por fim desaparecer. Embora o aprimoramento de qualificações leve a diminuir a proporção da força de trabalho em setores mal-organizados, esse processo tem operado, é claro, apenas de modo intermitente e pode ter atingido seu limite (p. ex., SPENNER, 1995)[13]. A estrutura contemporânea de classes é melhor vista, então, como um mosaico complexo, uma colcha de retalhos de comunidades morais e ocupações reais intercaladas com largas áreas de categorias puramente nominais em que a ênfase ocupacional ainda tem que operar, se é que vai operar algum dia[14].

Variação entre os países

Há também muita variação entre os países quanto à extensão da ênfase ocupacional no mercado de trabalho (cf. Tabela 3.1; cf. tb. GRUSKY & WEEDEN,

---

12. Ao contrário de Tocqueville (2000 [1835]), Durkheim encarava a proliferação de agrupamentos intermediários múltiplos e superpostos como má adaptação que indicava "a ausência ou fragilidade de autoridade central" (cf. HAWKINS, 1994, p. 476).

13. Além do mais, mesmo em setores bem-organizados da estrutura ocupacional, vemos com frequência complexas combinações de associações imbricadas e superpostas que desmentem a estrutura mais simples que Durkheim pareceu antecipar.

14. Na análise convencional de classe, os locais de produção são representados *quer* em termos nominalistas, *quer* realistas, e, portanto, não é examinado o caráter fundamentalmente híbrido dos modernos sistemas de classe.

2001, p. 210; GRUSKY & SØRENSEN, 1998, p. 1.220-1.222). O mercado de trabalho alemão, por exemplo, é construído diretamente sobre agrupamentos profissionais institucionalizados e pode, portanto, ser visto como uma realização especialmente bem-sucedida da fórmula de Durkheim[15]. Como os estudiosos vêm de há muito ressaltando, a Alemanha tem sistemas bem desenvolvidos de treinamento e aprendizado vocacionais, ambos servindo para estimular investimentos em ocupações específicas e para promover a dedicação e qualificação profissionais (p. ex., BLOSSFELD, 1992). Em sistemas desse tipo, os trabalhadores devem investir num único ofício desde cedo na carreira, com os altos custos correspondentes de treinamento de atualização produzindo agrupamentos ocupacionais relativamente fechados. O caso do Japão revela, ao contrário, até que ponto a estruturação local pode ser institucionalmente suprimida. A descrição típica do Japão enfatiza aspectos característicos como um currículo educacional generalista em sua orientação em vez de funcionalmente diferenciado, um sistema de treinamento vocacional que cultiva as "qualificações nenko" ligadas à empresa (DORE, 1973) através do trabalho de equipe e a contínua rotatividade de funções, um compromisso organizacional vitalício com o emprego que fortalece ainda mais os laços com a empresa, às expensas de laços mais puramente ocupacionais, e um sistema de sindicatos empresariais pouco desenvolvidos que faz corte transversal das especializações funcionais e assim elimina quaisquer lealdades residuais baseadas no ofício (cf. ISHIDA, 1993; COLE, 1979; DORE, 1973). Essa conjunção de forças produz assim um "sistema pós-funcional" que alguns comentaristas (p. ex., CASEY, 1995) podem bem considerar como protótipo pós-moderno. Por fim, o caso sueco é igualmente problemático para Durkheim, não meramente porque as solidariedades ocupacionais foram suprimidas através de programas de "mercado de trabalho ativo" (ESPING-ANDERSEN, 1988, p. 47-53), mas também porque as classes agregadas tornaram-se atores corporativos de maneiras que Durkheim explicitamente descartou como evoluções anormais. A Suécia fornece provavelmente o caso padrão de manual de sociologia para formação de classes do tipo agregado, uma vez que o sindicalismo de ofícios e as associações estilo guilda de há muito foram suplantadas por formas de negociação coletiva de classe. Segue-se que formas organizativas "anormais" têm tido, ao menos na Suécia, um poder mais duradouro do que Durkheim admitiu.

As forças pró-funcionais enfatizadas por Durkheim foram portanto suprimidas em alguns países e em setores laborais. A principal questão que surge é saber se essas áreas de resistência (a) serão por fim superadas pelas forças da especialização, (b) se prosseguirão da forma atual como testemunho da diversidade de

---

15. No entanto, dado que as classes agregadas persistem na Alemanha como agrupamentos bem desenvolvidos e profundamente institucionalizados, a correspondência com a formulação de Durkheim é, na melhor das hipóteses, imperfeita (cf. Tabela 3.1).

soluções para os problemas organizativos contemporâneos ou (c) se devem ser encaradas mais como sinalizadoras de alguma falha fundamental na fórmula de Durkheim que afinal se revelará de modo mais amplo e reverterá as tendências previamente dominantes do setorialismo, localismo e ênfase ocupacional. Embora haja aqui com certeza muito espaço para o debate e especulação, estamos naturalmente inclinados a ver (a) e (b) como interpretações mais plausíveis, tanto mais que os arranjos institucionais diferenciados da Suécia e do Japão passam por crescente ameaça e já não são tidos com tanta frequência pelos analistas de classe como alternativas a imitar.

Tabela 3.1 Países classificados segundo o tipo e o nível de estruturação de classes

| | Estruturação desagregada | |
Estruturação agregada	Alta	Baixa
Alta	Alemanha	Suécia
Baixa	Estados Unidos	Japão

Análise contemporânea de classe

Até aqui argumentamos que Durkheim merece algum crédito por prever tanto o fim das classes agregadas (a história negativa em nível macro) quanto a ascensão da organização local nos sítios de produção (a história positiva em nível micro). Se essa interpretação durkheimiana do curso recente da história for aceita, ela levanta a questão de como deve ser feita a análise de classe hoje. Sugerimos duas mudanças na prática contemporânea: (a) a investigação de grandes classes e dos princípios sociológicos a elas subjacentes não deve mais ser considerada o *sine qua non* do empreendimento analítico e (b) o foco deve mudar para o nível local até aqui desprezado como irrelevante para a pesquisa e teoria das classes sociais. Desenvolvemos abaixo argumentação sobre esses dois pontos.

As virtudes de uma descrição realista

Quanto ao primeiro, nossa preocupação é que a análise de classe se desligou das realidades institucionais dos mercados de trabalho contemporâneos, com os estudiosos postulando mapeamentos apresentados como *analiticamente* significativos ainda que não tenham base legal ou institucional e não sejam relevantes para empregadores, trabalhadores ou quem quer que seja (salvo um punhado de acadêmicos). Essa crítica aplica-se, por exemplo, a certas categorias sociológicas padrão como a dos "supervisores semicredenciados" (WRIGHT, 1997), a dos "agentes" (FEATHERMAN & HAUSER, 1978), a dos "profissionais e gestores" (EHRENREICH & EHRENREICH, 1977) e a das "rotinas não manuais" (ERIKSON & GOLDTHORPE, 1992). Embora categorias desse tipo convencional estejam apenas superficialmente institucionalizadas no mercado de trabalho, o analista tenta mesmo assim construir uma classe para elas (a) alegando que são consistentes com a "lógica" analítica de algum teórico renomado (justificativa "exegética"), (b) que tais categorias, embora latentes hoje, vão revelar-se no futuro e se tornar classes *für sich** (argumento da "latência") ou (c) que elas captam muito as importantes variações de oportunidades de vida, atitudes políticas ou outras características interessantes (justificativa da "variabilidade explicada"). O último argumento tem ao menos a vantagem de ser testável, ainda que na prática as provas apresentadas sejam pouco mais do que demonstrar *algum* valor explicativo do mapeamento de classes preferido, deixando em aberto a possibilidade de que outros mapas possam ter ainda melhor desempenho (p. ex., EVANS & MILLS, 1998; MARSHALL et al., 1988; HOUT; BROOKS & MANZA, 1993; cf. HALABY & WEAKLIEM, 1993).

Essa abordagem "analítica" convencional apoia-se em geral na lógica de que os estudiosos devem investigar além das aparências superficiais e de algum modo discernir forças atuantes mais fundamentais. Não foi por acaso, suspeitamos, que as aparências superficiais vieram a ser tidas como enganosas justo quando as categorias de classe agregadas começaram a desaparecer. Afinal, o analista moderno que continua a oferecer esquemas agregados no contexto moderno não tem escolha senão justificá-los com alguma lógica mais profunda, assim convertendo em virtude o que pareceria um defeito (ou seja, a institucionalização superficial). Claro, embora dominante hoje, tal abordagem é peculiarmente moderna. Ao caracterizar os sistemas de estratificação do passado, os sociólogos baseavam-se em categorias profundamente institucionalizadas (como os estados e as castas), dessa forma tornando-as significativas e visíveis tanto para os intelectuais quanto para os leigos.

Se os sociólogos de hoje voltassem a tal prática, isso os levaria diretamente ao nível local de produção, onde previa Durkheim se encontrarão essas categorias profundamente institucionalizadas. O ponto de partida de uma análise durkheimiana moderna, por conseguinte, é a "ocupação unitária", que pode ser definida como um agrupamento de funções tecnicamente semelhantes institucionalizado no mercado de trabalho através de mecanismos como (a) uma associação ou sindicato, (b) um licenciamento ou certificação ou (c) acordos e entendimentos amplos (entre empregadores, trabalhadores e outros) sobre as melhores ou mais eficientes formas de organização da produção e divisão do trabalho. As ocupações unitárias assim definidas são com frequência estabelecidas por meio de lutas entre grupos concorrentes quanto à jurisdição sobre nichos funcionais na divisão do trabalho (p. ex., ABBOTT, 1988). Como observam Granovetter e Tilly (1988), "[o] senso enraizado e material que temos de que uma tarefa é para os auxiliares de enfermagem, outra para os enfermeiros e uma outra ainda para os médicos [...] é resultado de batalhas legais, políticas e econômicas, como os próprios nomes das profissões" (p. 190). Definimos assim a unidade

---

* Por si – em alemão no original [N.T.].

ocupacional em termos das fronteiras sociais construídas através de diversos mecanismos para fechar a atividade. Os estatísticos, ao contrário, com frequência descrevem a tarefa de construir as classificações ocupacionais em termos estritamente técnicos, como se as categorias definidas nesses esquemas fossem meramente agregados de posições que partilhassem "funções gerais e tarefas e deveres principais" (BIRÔ INTERNACIONAL DO TRABALHO, 1990 [1968], p. 5; cf. tb. HAUSER & WARREN, 1997, p. 180). Embora todas as unidades de ocupação compreendam de fato tarefas tecnicamente similares, tal limitação não basta por si mesma para explicar as decisões classificatórias incorporadas em esquemas ocupacionais convencionalmente adotados, dado que o critério da similaridade técnica poderia justificar uma infinidade de combinações e agregados possíveis de empregos e funções. Isso não quer dizer, claro, que fronteiras socialmente construídas sejam sempre encontradas entre as ocupações; ao contrário, a divisão técnica do trabalho é nitidamente "funcionalizada" em graus variados, com alguns setores permanecendo desorganizados devido a barreiras mínimas de qualificação ou outros impedimentos (cf., acima, *Funcionalização incompleta*). Nesses setores, a tarefa de definir as unidades ocupacionais é forçosamente difícil, envolvendo a identificação de fronteiras sociais que são, na melhor das hipóteses, incipientes e podem jamais vir a ser bem defendidas[16].

Os analistas de classe devem se ocupar da organização local?

O que foi dito anteriormente equivale a dizer que os acadêmicos têm investido demais na busca de classes agregadas e de menos no estudo de agrupamentos mais profundamente institucionalizados no nível não agregado. O crítico pode bem argumentar, no entanto, que o estudo da organização local é perfeitamente adequado para estudiosos de ocupações e profissões, mas dificilmente mereceria atenção maior dos analistas de classe propriamente ditos (cf. GOLDTHORPE, 2002; KINGSTON, 2000). É uma reação compreensível, mas que deixa de considerar o comportamento semelhante ao de classe que emerge no nível local. Argumentamos em outro trabalho (GRUSKY & SØRENSEN, 1998, p. 1, 196-212) que as ocupações agem coletivamente em prol de seus membros, extraem renda e exploram não membros, moldam as oportunidades e estilos de vida e no geral se comportam precisamente como os teóricos de há muito pensam que deveriam se comportar as classes agregadas. Se os analistas querem demonstrar que as economias avançadas são amálgamas irregulares de grupos concorrentes (e não

16. O conceito de "ocupação unitária" ou unidade ocupacional é mais um artifício, pois comumente o que encontramos é uma complexa rede de fronteiras imbricadas ou superpostas não facilmente redutíveis a um conjunto exaustivo de ocupações mutuamente excludentes. Segue-se que os sociólogos violentam os dados ao supor que cada trabalhador deve ser mapeado dentro de uma e apenas uma ocupação. Entretanto, na medida em que se continua a confiar em tais pressupostos simplificadores, nossa abordagem requer que os analistas de classe identifiquem os arranjos de jurisdição dominantes no nível não agregado.

mercados neoclássicos desconjuntados), fariam bem em se voltar para o nível local e analisar as associações ocupacionais que surgem ao redor dos nichos funcionais na divisão do trabalho. O propósito desta seção é elaborar tal argumento para cada um dos processos de organização social (ou seja, identificação, fechamento, ação coletiva, estruturação proximal) que os analistas de classe tentaram desvendar, em larga medida sem sucesso, no nível agregado.

Identificação e consciência. É natural começar examinando o domínio subjetivo dos sistemas de classe. Embora Marx e Durkheim tenham ambos previsto uma grande operação de limpeza em que desapareceriam as solidariedades fora do reino produtivo (p. ex., laços étnicos ou regionais), eles divergiram quanto aos maiores beneficiários desse processo, se os grupos agregados ou os desagregados. A visão pró-agregados parece, naturalmente, ter sido derrotada. Na verdade, alguns sociólogos continuam convencidos de que as identidades contemporâneas são fortemente moldadas por filiações agregadas (p. ex., MARSHALL et al., 1988), embora a posição pós-marxista predominante é de que as grandes classes têm agora apenas um frágil poder sobre os trabalhadores. Por exemplo, Emmison e Western (1990) informam que apenas 7% de todos os australianos apontam uma grande classe como identidade "muito importante", enquanto outros (p. ex., SAUNDERS, 1989) ressaltam que pesquisas sobre identificação de classe com opções em aberto tendem a gerar resultados confusos, recusas em responder e até a negação explícita da existência de classes. Isso levou muitos sociólogos a concluir que classe agora é uma "identidade passiva" (BRADLEY, 1996, p. 72) e que a produção não é mais o reino dominante ou principal para formação da identidade (p. ex., HALL, 1988; PAKULSKI & WATERS, 1996a). Na nossa opinião, essa última conclusão é exagerada e falha ao desconsiderar o poder persistente da análise de classe, ao menos na forma expandida que estamos propondo aqui. Os resultados de Emmison e Western são de novo reveladores neste ponto, uma vez que indicam que os agrupamentos ocupacionais localizados continuam a ser uma das principais identidades sociais para os trabalhadores contemporâneos (EMMISON & WESTERN, 1990, p. 247-248). De forma semelhante, há muita pesquisa qualitativa indicando que as identidades e autodefinições individuais são fortemente afetadas pelas filiações ocupacionais, quase a ponto de levar a uma visão "essencialista" durkheimiana de que tais laços fornecem uma identidade mestra[17]. Tais resultados não surpreendem, dada a solicitação rotineira às filiações ocupacionais nas interações cotidianas. Por exemplo, as empresas com frequência requerem informação ocupacional sobre os clientes e consumidores, com os indivíduos procedendo de maneira semelhante nas apresentações pessoais em festas, reuniões de negócio e outras ocasiões sociais. O Estado também requer informação profissional detalhada quando

17. Cf., p. ex., Zabusky e Barley (1996), Mortimer e Lorence (1995) e Freidson (1994, p. 89-91).

celebra casamentos ou registra nascimentos e óbitos, quando cobra taxas e coleta impostos, quando realiza censos e sondagens sobre mão de obra, quando recebe imigrantes, alista cidadãos ou seleciona jurados. A "linguagem funcional" desagregada ou jargão profissional é também muito desenvolvida e amplamente difundida, ao passo que a linguagem agregada da classe é falada quase exclusivamente nas instituições acadêmicas. Tal situação, embora talvez óbvia demais para interessar os analistas de classe que buscam verdades mais fundas, é também importante demais para ser ignorada ao voltarmos a atenção para a organização social do mercado de trabalho e as percepções subjetivas dessa organização.

Fechamento social. Se os modelos subjetivistas de classe foram outrora dominantes em sociologia (p. ex., WARNER; MEEKER & BELLS, 1949), agora são superados por abordagens que focam os processos sociais através dos quais a participação em uma classe é restrita a membros qualificados[18]. Tais modelos enfatizam não apenas os meios institucionalizados pelos quais é garantido o fechamento ocupacional (p. ex., a propriedade privada, credenciais, licenças), mas também os esforços dos excluídos para desafiar essas instituições e a desigualdade que mantêm. Enquanto a Teoria do Fechamento fornece, então, uma nova linguagem sociológica para entender as relações entre as classes, os mapeamentos efetivos postulados pelos teóricos do fechamento provaram ser moeda corrente no nível agregado. O modelo de duas classes proposto, por exemplo, por Parkin (1979, p. 58), apresenta uma classe excludente que abrange os que controlam o capital produtivo ou os serviços profissionais e uma classe subordinada que compreende todos os excluídos dessas posições de controle. Essa tendência padrão para o mapeamento de agregados revela a hegemonia das formulações de grande classe e a consequente incapacidade dos analistas, mesmo os que se armam da Teoria do Fechamento, para imaginar alternativas. Na verdade, se a Teoria do Fechamento fosse de algum modo reinventada sem a coloração da análise convencional de classe, seus autores provavelmente enfatizariam que as instituições que realmente operam o fechamento (p. ex., as associações profissionais, os sindicatos de ofícios) são em grande parte associações locais que "representam os próprios detentores das credenciais" ocupacionais (MURPHY, 1988, p. 174). Na maioria dos casos, os mecanismos subjacentes do fechamento (licenças, credenciais, cursos de aprendizagem) não governam a entrada nas grandes classes agregadas, servindo apenas para controlar a entrada em (e a saída de) profissões e ocupações. Mas não há organizações análogas que representem as grandes classes agregadas, nem arranjos de jurisdição ou instrumentos de fechamento com finalidade realmente agregada[19].

---

18. Cf. Freidson (1994, p. 80-84), Murphy (1988), Collins (1979), Parkin (1979) e Weber (1968 [1922]).

19. As forças para o fechamento de classes em nível aglomerado são provavelmente mais bem desenvolvidas fora dos locais de trabalho. P. ex., as escolas de nível superior operam um

Ação coletiva. Para a maioria dos neomarxistas, o fechamento social merece atenção não porque propicia um meio para perseguir interesses puramente locais (p. ex., a "consciência sindical"), mas sim porque supostamente facilita o desenvolvimento de interesses mais amplos de classe e formas mais gerais de conflito entre as classes. As classes agregadas identificadas pelos sociólogos contemporâneos mostraram até aqui uma firme relutância em agir de acordo com essa teorização. Essa quiescência no nível agregado inicialmente levou a variados esforços neomarxistas de salvação (p. ex., POULANTZAS, 1974; WRIGHT, 1985; KORPI, 1983) e depois provocou uma reação pós-moderna mais radical que via os interesses como sendo cada vez mais definidos e estabelecidos fora do âmbito da produção (p. ex., LARAÑA; JOHNSTON & GUSFIELD, 1994). O pensamento pós-moderno, popular como é, descura o simples fato de que grande parte da ação coletiva flui suavemente de agrupamentos estruturalmente definidos, embora apenas quando esses agrupamentos são definidos em termos menos agregados do que acontece normalmente. Os três principais tipos de ação coletiva no nível das unidades ocupacionais são (a) estratégias de fechamento dirigidas para baixo com a finalidade de restringir o acesso profissional, (b) competição lateral entre associações profissionais em disputa de nichos funcionais na divisão do trabalho e (c) ação coletiva dirigida para cima com a finalidade de proteger do Estado e dos empregadores benefícios profissionais específicos (p. ex., proteção de monopólio). Essa ênfase na ação instrumental no nível micro não é inconsistente com uma formulação durkheimiana. Na verdade, Durkheim passou em silêncio toda a discussão sobre as atividades instrumentais das associações profissionais, mas isso em grande parte porque as tinha como dadas e procurava lançar luz sobre funções extraeconômicas mais complicadas e sutis (DURKHEIM, 1960 [1893], p. 15). Para ele, a ação puramente instrumental das associações ocupacionais não tinha efeitos complexos nem profundos, uma vez que era orientada por simples interesses setoriais (p. ex., pagamento, condições de trabalho) e não por objetivos revolucionários ou de transformação[20]. Embora possamos concluir, portanto, que a análise desagregada de classe é um projeto intelectualmente modesto, cabe notar que do mesmo modo a análise

---

fechamento da classe de profissionais e gestores definida de forma ampla, tanto em virtude (a) das graduações gerais universitárias "resgatáveis" por posições dentro dessa classe como (b) pelas restrições de classe na interação que ocorre nos *campi*. De forma semelhante, a segregação habitacional pode ser vista como uma força de fechamento dos agregados de classe, uma vez que os bairros são normalmente segregados por raça, etnia e renda e não por atividade ocupacional. Estamos simplesmente argumentando aqui que tal fechamento no nível agregado produz fronteiras mais fluidas, menos nítidas e de institucionalização mais superficial do que os limites que definem e controlam o acesso às profissões.

20. Embora as associações profissionais busquem caracteristicamente objetivos setoriais, sua difusão produz no entanto efeitos sistêmicos não intencionais, de modo mais notável a "expulsão" de solidariedades alternativas a nível mais amplo, de classe. Procuramos em todo o nosso ensaio enfatizar essa ligação dos níveis micro, durkheimiano e macro.

agregada reduziu suas ambições e efetivamente descartou as teorias históricas abrangentes com base em classes (p. ex., GOLDTHORPE & MARSHALL, 1992, p. 385). Como notaram Holton e Turner (1989), tais teorias foram em grande parte abandonadas a esta altura e a típica posição de recuo é uma "reconceituação de classe com base em relações *gemeinschaftlich** não orgânicas ou uma historicização da análise de classe em torno dos poucos momentos contingentes em que classe econômica pareceu corresponder a classe social" (p. 175; cf. tb. HOLTON, 1996; GOLDTHORPE & MARSHALL, 1992, p. 383-385).

Estruturação proximal. O projeto de análise de classe tornou-se mais limitado nos seus objetivos, com a maioria dos estudiosos contemporâneos satisfeitos agora em meramente documentar que a inclusão em uma classe condiciona todo tipo de resultados no nível individual (p. ex., atitudes, comportamento eleitoral, estilo de vida). As análises resultantes da "estruturação proximal" (GIDDENS, 1973) procedem ao exame quer dos efeitos categoriais das classes agregadas quer dos efeitos de gradação em variáveis que representam as várias dimensões subjacentes aos empregos (p. ex., sua "complexidade substancial") ou às ocupações específicas (p. ex., o *status* socioeconômico). Embora tais abordagens tenham produzido importantes resultados, é no entanto perturbador que ignorem o caráter *gemeinschaftlich* de (algumas) ocupações desagregadas. Como argumentamos acima, o fechamento moderno é garantido principalmente no nível ocupacional, do detalhe, com a consequente restrição da interação social gerando subculturas ocupacionais correspondentemente desagregadas. Essas restrições à interação servem para preservar e elaborar culturas profissionais específicas do tipo que Durkheim (1960 [1893]) descreveu há muito tempo (cf. tb. CAPLOW, 1954). As classes agregadas, ao contrário, não têm uma influência ou autoridade comparáveis sobre a socialização secundária, de modo que as culturas agregadas que surgem são mais difusas e abstratas[21]. A grande falha, portanto, das análises convencionais de estilos de vida, disposições e atitudes é que as ocupações *gemeinschaftlich* são encaradas como categorias nominais e, portanto, agregadas ou dimensionadas de forma descuidada. Com efeito, quando os críticos da análise de classe reclamam que os "efeitos de classe" tendem a ser fracos (em especial KINGSTON, 2000), esse argumento provavelmente capitaliza sobre a operacionalização cega e altamente agregada de classe, mais do que sobre uma verdadeira fragilidade dos efeitos nos locais de produção (cf. WEEDEN & GRUSKY [2002] para evidências substanciais).

Com isso, onde ficamos? Procuramos estabelecer que os processos de organização social que, com frequência, se atribui às grandes classes, na verdade

---

* Comunitárias [N.T.].

21. Cf., p. ex., Lamont (1992, 2000), Bourdieu (1984 [1979]), Bernstein (1971), Kohn e Slomczynski (1990).

emergem mais claramente num nível analítico mais baixo. Enfatizamos, por exemplo, a tendência dos agrupamentos ocupacionais de agir coletivamente em prol de seus interesses, defender suas fronteiras e assim garantir (parcial) fechamento, definir estilos de vida e práticas de consumo que são impositivas e vinculantes para os membros, tornando-se categorias subjetivamente significativas através das quais os trabalhadores percebem a si mesmos e aos outros. Na verdade, os analistas de classe são livres para alegar que tais processos interessam apenas quando revelados em níveis agregados, mas fazê-lo importa em bloquear uma importante rota de revitalização da análise de classe e protegê-la dos pós-modernos que exploraram a fraqueza característica das grandes classes para lançar (enganosamente) argumentos mais amplos sobre a irrelevância dos locais de produção. Se os analistas de classe forem capazes de ver além de sua obsessão pelos grandes agrupamentos, poderá ser possível desenvolver descrições mais poderosas do comportamento social (p. ex., WEEDEN & GRUSKY, 2002), construir modelos mais realistas da mobilidade e do fechamento sociais (p. ex., SØRENSEN & GRUSKY, 1996) e, de outro modo, partir para a análise de classe em nível micro de formas muito mais persuasivas (cf. detalhes em GRUSKY & WEEDEN, 2001).

Há um modelo durkheimiano de exploração e renda?

A discussão precedente sugere que as ocupações desagregadas podem ser comunidades sociopolíticas significativas do tipo precisamente que os analistas de classe sempre buscaram. Ao contrário, tem sido difícil descobrir comunidades sociopolíticas igualmente bem desenvolvidas no nível agregado, com os analistas de classe adotando consequentemente o objetivo mais limitado de mapear as "locações estruturais" agregadas que supostamente teriam potencial para se tornar tais comunidades no futuro. Sob essa formulação, dá-se convencionalmente muita atenção em identificar os eixos subjacentes de exploração, uma vez que se supõe constituam eles as "bases objetivas de interesses antagônicos" (cf. WRIGHT, 1985) que podem em última instância ser reconhecidos e perseguidos por comunidades sociopolíticas mais estabelecidas. Os dois alvos desta seção são investigar se Durkheim previu tais modelos de exploração e examinar como eles podem ser adaptados ou modificados de modo útil à luz da sua obra.

Uma origem durkheimiana?

Para avançar nesses objetivos é especialmente relevante a substancial literatura sobre exploração com base na qualificação, que passaremos, pois, a enfocar. No contexto dessa literatura, Wright (1985) e outros (SØRENSEN, 1994, 2000) equipararam a exploração com base na qualificação à extração de renda, esta última referindo-se à remuneração da qualificação que é garantida pela limitação das oportunidades de treinamento e a consequente restrição artificial da oferta de mão de obra qualificada. Se for adotada essa definição, pode-se fazer um teste sobre exploração calculando se os ganhos acumulados de uma vida de trabalho qualificado excedem os do trabalho não qualificado em um montante maior do que os custos do treinamento implicado (p. ex., educação escolar, benefícios). Num mercado perfeitamente competitivo, a mão de obra provavelmente vai fluir para as ocupações mais compensadoras, assim igualando a remuneração dos trabalhadores ao longo da vida e eliminando ganhos com base na exploração (após correção dos custos de formação)[22]. No entanto, quando as chances de mobilidade são limitadas pelo erguimento de barreiras que impedem os trabalhadores de livremente assumir empregos altamente remunerados ou por alguma razão desejáveis, o fluxo equilibrante da mão de obra é rompido e surge um potencial para extração e exploração da renda. A remuneração relativamente alta dos médicos, por exemplo, pode ser entendida como decorrente de restrições "artificiais" do número de vagas oferecidas para treinamento profissional através das escolas de medicina.

Embora a exploração desse tipo, baseada na qualificação, seja às vezes representada como uma forma genérica da clássica exploração definida por Marx, o conceito também tem uma origem durkheimiana que acabou em grande parte desconsiderada. Isso fica visível, por exemplo, quando Durkheim (1960 [1893], p. 374-388) se insurge contra as restrições à livre mobilidade que surgem, seja por causa de (a) normas ou leis que impõem limites às ocupações que certos indivíduos podem exercer (p. ex., sistemas de casta, exclusões de gênero), seja por causa de (b) barreiras econômicas ou custos de ingresso que impedem trabalhadores das classes mais baixas de pensar em empregos que envolvem um tempo extenso de pesquisa e treinamento. O efeito dos dois tipos de "mobilidade forçada" é reduzir o poder de barganha dos trabalhadores, eliminando ou enfraquecendo sua ameaça de abandono. Como coloca Durkheim (1960 [1893]), "[s]e uma classe da sociedade é obrigada a aceitar qualquer preço por seus serviços para poder viver enquanto outra pode se abster disso graças aos recursos a seu dispor [...], esta segunda tem uma vantagem injusta sobre a primeira" (p. 384). O resultante potencial para exploração pode ser atacado pela abertura de chances de mobilidade através de intervenções diretas ou indiretas no mercado de trabalho. Isto é, Durkheim propõe igualar as oportunidades de mercado não apenas pela remoção direta de restrições normativas e legais ao livre fluxo da mão de obra (p. ex., eliminando proibições à mobilidade de castas), mas também proibindo os pais de transferir riqueza e bens que indiretamente beneficiem os filhos na competição por empregos desejáveis (DURKHEIM, 1960 [1893], p. 30-31, 374-388)[23].

---

22. Estamos ignorando aqui desigualdades que surgem em virtude do esforço, de habilidade inata e diferenciais compensatórios.

23. É comum nesse ponto se criticar Durkheim por não considerar como os pais das classes mais altas transferem também recursos sociais e culturais aos filhos. É uma crítica de mérito

Essa formulação antecipa uma compreensão contemporânea da exploração na medida em que reconhece que o poder de barganha dos trabalhadores é função da oferta e procura de mão de obra em suas ocupações. Ao mesmo tempo, a concepção moderna de renda é apenas parcial e imperfeitamente antecipada, não apenas porque Durkheim enfatizou a injustiça e ineficácia da "mobilidade forçada" mais do que as condições salariais de exploração que ela permitia, mas também porque enfocou as perdas salariais de trabalhadores aprisionados na armadilha de ocupações indesejadas mais do que a renda extraída por trabalhadores privilegiados que agem para restringir a oferta de competidores.

Aprimorando os modelos contemporâneos de exploração com base na qualificação

Embora Durkheim tenha ficado longe, portanto, de antecipar um modelo sistemático de renda, a ênfase que deu à organização local é ainda assim instrutiva quando examinamos como podem ser aprimorados os modelos de exploração com base na qualificação. Com efeito, dado que as instituições modernas de fechamento dos grupos (p. ex., associações e sindicatos profissionais) geram antes restrições locais à oferta de mão de obra e não limitações amplas de classe, a lógica da posição de Durkheim sugere que a renda é extraída principalmente em nível local. Como ressaltamos, Durkheim estava interessado especialmente nas funções extraeconômicas das associações ocupacionais, mas percebeu que elas também davam a seus membros a "força necessária para salvaguardar interesses comuns" (DURKHEIM, 1960 [1893], p. 11). Essa força pode ser usada para restringir o número dos que ingressam na profissão, para proibir que profissões concorrentes exerçam funções semelhantes e, de outro modo, para gerar bolsões de controle monopolista dentro da divisão do trabalho. Já a maioria dos neomarxistas tem insistido nas grandes "classes exploradoras" que englobam e atravessam muitas atividades ocupacionais, com a justificativa dessa agregação sendo a usual lógica analítica de que trabalhadores em posições estruturalmente similares são explorados de maneira semelhante, têm por isso interesses comuns e podem enfim criar grupos transversais de solidariedade para pressionar por tais interesses. Trata-se de uma abordagem problemática porque caracteristicamente as classes postuladas não têm organização social ou institucional; isto é, as instituições de fechamento atuantes são organizadas em grande parte no nível ocupacional (cf. *Fechamento social*, acima) e o potencial para extrair renda surge, portanto, nesse nível. Por conseguinte, as unidades elementares da exploração com base na qualificação são as próprias ocupações, ao passo que as classes postuladas pelos neomarxistas são agregados heterogêneos de empregos

---

claro, mas também não deve ser excessiva. Embora Durkheim não enfatize desigualdades não econômicas na mesma medida que o fariam sociólogos de hoje, ele não deixa de considerar que algumas desigualdades "ilegítimas" forçosamente persistiriam, mesmo se a herança econômica fosse eliminada (cf. LEHMANN [1995], para uma relevante discussão a respeito).

e ocupações que têm estruturalmente potencial semelhante para a exploração. É sempre possível, claro, os exploradores que extraem renda e têm capacidades "estruturalmente similares" se agruparem para proteger as instituições credenciadoras que possibilitam o fechamento e a renda (cf. GRUSKY & SØRENSEN, 1998, p. 1.211-1.212). Nesse sentido, os mapeamentos desagregados de classe servem para caracterizar a estrutura contemporânea de extração de renda, enquanto os mapeamentos convencionais de grandes classes servem de hipóteses sobre como essa estrutura pode ser simplificada no futuro.

A questão mais fundamental, naturalmente, é saber se a estrutura subjacente à extração de renda irá moldar a maneira como os interesses são entendidos e perseguidos. De uma perspectiva neodurkheimiana, a definição convencional de renda com base na qualificação pode bem ser criticada como arcaica e acadêmica demais para se tornar amplamente difundida, dada em especial a larga aceitação de interpretações opostas sobre a adequação e legitimidade das diferenças salariais entre as ocupações. Na visão de Durkheim, crenças consensuais sobre os "níveis de remuneração [...] adequados aos diversos grupos ocupacionais" (PARKIN, 1992, p. 62) inevitavelmente surgirão em todas as sociedades e resistirão mesmo quando a mobilidade forçada e a exploração forem responsáveis pelas diferenças existentes (cf., em esp., DURKHEIM, 1951 [1897], p. 126). A estrutura ocupacional deve ser encarada, então, como uma faca de dois gumes que opera simultaneamente para fechar os grupos e extrair renda (o lado da "extração de renda") e para legitimar essa renda e nos convencer de que ela é adequada e sem inconvenientes (o lado da "legitimação da renda"). Os esforços de legitimação podem repousar em crenças sobre a importância de preencher as ocupações mais importantes com os melhores trabalhadores (visão "funcionalista"), sobre o lado sagrado ou inviolável das recompensas ditadas pelo mercado ("legitimação de mercado") ou sobre a justa retribuição aos trabalhadores por tarefas difíceis ou desagradáveis ("diferenciais compensatórios").

Seja qual for o caso, o resultado é que as diferenças de ganho entre as ocupações são encaradas normalmente como aceitáveis, ao passo que diferenças internas em uma ocupação são esmiuçadas e às vezes tidas como evidência de discriminação (especialmente quando ligadas a raça, gênero ou etnia). Não é casual, por exemplo, que tenham prosperado leis contra a discriminação enquanto outras de valor comparável se enfraqueceram. Para explicar isso precisamos apenas considerar que a legislação antidiscriminatória busca impedir disparidades salariais dentro das ocupações, enquanto leis de valor comparável buscam proibir disparidades resistentes entre as ocupações que são legitimadas por uma visão cultural sobre a importância funcional, as forças de mercado e diferenciais compensatórios (cf. NELSON & BRIDGES, 1999). A institucionalização de um esquema de classificação ocupacional treina, portanto, as pessoas a encarar como adequadas e legítimas as disparidades entre as categorias. Com efeito, há muita retórica em Durkheim 1951 [1897] sobre a importância de desenvolver "esquemas de classificação" bem legitimados, precisamente porque controlam aspirações potencialmente perturbadoras e previnem os "protestos intermináveis" dos mais fracos (p. 383; cf. tb. ZEITLIN, 1968, p. 275). Para muitos sociólogos, uma posição mais palatável e sem juízo de valor é simplesmente a de que essas forças legitimadoras são excessivamente bem desenvolvidas, assim colocando em questão qualquer teoria que insinue que a extração de renda será por fim exposta e assim ativará interesses antagônicos até então latentes.

De nosso comentário resulta, então, que as formulações de grandes classes não podem ser salvas por uma simples passagem às definições de classe com base na renda. Quando são aplicadas as definições convencionais de renda com base na qualificação, um neodurkheimiano deve imediatamente observar que (a) essa renda é extraída em nível mais local do que admite a maioria dos analistas de classe e que (b) a própria institucionalização dos esquemas de classificação ocupacional funciona para legitimar as diferenças salariais entre as ocupações e para suprimir o desenvolvimento de interesses antagônicos. Segue-se que as categorias de um esquema de microclasses podem não ser jamais investidas das propriedades antagônicas que os analistas de há muito buscam.

É sempre melhor uma maior desagregação?

Argumentando por nossa abordagem neodurkheimiana, referimos todos os modelos analíticos concorrentes de maneira bem genérica, rotulando-os de forma variada como abordagens de "grande classe", agregada ou de gradações. Embora tenha sido conveniente tratar as abordagens convencionais como um todo, vale a pena examinar a esta altura se todos os modelos de classe são igualmente vulneráveis às críticas que temos feito. Como indicado na Tabela 3.2, pode ser útil distinguir seis tipos gerais de esquemas e escalas de categorização, cada um combinando um nível específico de mensuração (contínua ou categorial) com uma unidade de análise preferida (ocupação unitária, agregado ocupacional, agregado de emprego). Nas seções anteriores focalizamos principalmente modelos que ou escalonam ocupações (p. ex., os tipos A e C) ou as agregam (Tipo D), o que permite centrar a nossa crítica na supressão da heterogeneidade quando unidades ocupacionais "similares" são codificadas dentro de uma única classe ou em níveis semelhantes de uma escala de gradação. Tal ênfase é justificável dado que a maioria dos sociólogos adota esses modelos gerais de classe (tipos A, C e D)[24]. Ao mesmo tempo, alguns analistas têm naturalmente buscado entender a organização social da produção tratando os empregos (e não as ocupações) como unidade elementar de análise, assim levantando a questão de saber se nossas preocupações e argumentos se aplicam igualmente a essas abordagens alternativas.

---

24. Em sua obra recente, Erikson e Goldthorpe (1992) buscaram justificar seu esquema de classe com referências a características de emprego (condições de trabalho), ainda que o próprio esquema tenha sido sempre operacionalizado em termos ocupacionais.

Tabela 3.2 Modelos de organização social nos locais de produção

Nível de mensuração	Tipo de agregação ou desagregação		
	Unidades ocupacionais	Agregados ocupacionais	Agregados de emprego
Contínua	Modelos Tipo A: Escalas de prestígio, socioeconômica e cultural (p. ex., HAUSER & WARREN, 1997; BOURDIEU, 1984 [1979]).	Modelos Tipo C: Escala ocupacional de Hollingshead (p. ex., HOLLINGSHEAD & REDLICH 1958).	Modelos Tipo E: Escalas de condições de trabalho e de desejabilidade do emprego (p. ex., KOHN & SLOMCZYNSKI, 1990; JENCKS; PERMAN & RAINWATER, 1988).
Categorial	Modelos Tipo B: Microclasses neodurkheimianas (GRUSKY & SØRENSEN, 1998).	Modelos Tipo D: Classes neoweberianas (p. ex., ERIKSON & GOLDTHORPE, 1992; FEATHERMAN & HAUSER, 1978).	Modelos Tipo F: Neomarxismo, "classes exploradas e exploradoras" (p. ex., WRIGHT, 1985).

Podemos definir um emprego como o "feixe específico e por vezes único de atividades desempenhadas por uma pessoa na expectativa de remuneração econômica" (HAUSER & WARREN, 1997, p. 180). Nos mercados de trabalho convencionais há pelo menos tantos empregos quanto o número de trabalhadores, de modo que os analistas de dados de emprego podem optar por uma desagregação ainda mais radical do que a temos defendido. É útil, porém, indagar se um neodurkheimiano deve se deixar atrair pela possibilidade de uma desagregação extrema. Para atacar a questão devemo-nos lembrar que as unidades ocupacionais são socialmente construídas por meio de vários mecanismos que geram fechamento do grupo, tais como associações, sindicatos, licenças e certificados. É essa "roupagem social" usada em empregos funcionalmente similares que faz das unidades ocupacionais categorias relativamente homogêneas. As fontes dessa homogeneidade são de três tipos: (a) as unidades ocupacionais selecionam trabalhadores que preencham "estereótipos" ocupacionais preexistentes (p. ex., a sociologia atrai gente de esquerda); (b) regimes explícitos de treinamento introduzem mais homogeneidade nas atitudes, comportamentos e visões de mundo dos candidatos (cursos de graduação, treinamento vocacional, estágios de aprendizagem); e (c) a interação social ocorre intensa e desproporcionalmente dentro das fronteiras ocupacionais e reforça assim as atitudes específicas, os valores e estilo de vida dos que exercem cada atividade. Em algum ponto devem então diminuir as vantagens explanatórias da desagregação, quando o excesso divisório desagrega para além das fronteiras ocupacionais institucionalizadas no mercado de trabalho e geradoras de homogeneidade.

Os analistas de classe que advogam os modelos Tipo E ou F admitirão a necessidade de alguma agregação ou dimensionalização dos empregos, mas naturalmente optam por não agregar sobre fronteiras ocupacionais socialmente construídas. Em vez disso, preferem ainda uma abordagem "analítica", tendo, portanto, o objetivo de identificar as condições técnicas de trabalho (p. ex., complexidade substancial, autonomia) que estruturam os interesses, afetam os processos de interação social ou de outro modo condicionam os resultados que interessam ao grupo. Essa abordagem tem obviamente gerado importantes conclusões. No entanto, como empregos que têm as mesmas condições técnicas abstratas (p. ex., complexidade substancial) não são socialmente organizados em grupos significativos, a homogeneidade que porventura manifestem decorre antes dos efeitos diretos daquelas condições do que dos efeitos adicionais socialmente induzidos dos processos de seleção, treinamento comum e fechamento interativo. As desvantagens explicativas implicadas por esses efeitos sociais preexistentes podem ser substanciais.

As limitações das abordagens analíticas podem ser examinadas mais de perto ao considerarmos o conhecido caso dos sociólogos e sua aparente característica distintiva ou *"habitus"* (BOURDIEU, 1984 [1979]). Buscando explicar, por exemplo, a cultura e estilo de vida humanistas, antimaterialistas e esquerdistas dos sociólogos, um neodurkheimiano enfatizaria (a) a reputação de esquerda da própria sociologia e a consequente seleção de novos integrantes entre pessoas com essa tendência, (b) os efeitos liberalizantes do extenso treinamento e socialização profissionais dentro da visão de mundo da disciplina e (c) o efeito de reforço exercido pela interação social com colegas de mentalidade semelhante. Na verdade, os sociólogos também trabalham sob condições bem específicas (p. ex., grande autonomia, alta complexidade), mas os efeitos dessas condições técnicas abstratas parecem submergidos pelas forças sociais precedentes. O caso dos economistas fornece aqui um contraste instrutivo; afinal, os economistas trabalham sob condições técnicas bem semelhantes (i. é, grande autonomia, alta complexidade), mas no entanto são em comparação conservadores em matéria de política e estilos de vida. Seria difícil explicar esse conservadorismo sem reconhecer que os economistas se autosselecionam por essa tendência, que sua formação de abordagem neoclássica só reforça a afinidade conservadora preexistente e que a subsequente interação com colegas economistas fortalece ainda mais o bloqueio contra "desvios" ideológicos. O conservadorismo dos economistas, então, parece ser mais socialmente produzido do que explicado pelas condições técnicas do seu trabalho.

A abordagem puramente analítica dos modelos Tipo E e F, portanto, é enfraquecida porque as categorias de classe postuladas não se mantêm juntas pelos efeitos homogeneizantes de seleção, socialização e fechamento à interação. Essa linha de argumentação é naturalmente idêntica à formulada anteriormente contra os modelos de Tipo A, C e D. Embora as microclasses que preferimos não estejam imbricadas em categorias no nível do emprego (não podendo, pois, ser estritamente aplicada a retórica da "desagregação"), isso de modo algum altera ou afeta nosso argumento mais geral sobre as vantagens do realismo sociológico.

Conclusão

No seu celebrado prefácio às *Divisões do trabalho*, Durkheim (1960 [1893], p. 28) previu que as ocupações corporativas iriam gradualmente ser "intercaladas entre o Estado e o indivíduo", assim resolvendo o problema da ordem através da regulação e institucionalização do conflito industrial e da criação de novas formas de solidariedade no nível ocupacional específico. Essa visão é ritualmente ensaiada por estudiosos de Durkheim, mas nunca foi tratada pelos analistas de classe como um modelo de evolução digno de crédito. À medida que os modelos de classe neomarxistas são submetidos a crescente ataque, os analistas de classe tipicamente recuam para alguma versão neoweberiana ou pós-moderna, nenhuma das quais dá muita atenção à estruturação no nível ocupacional enfatizada por Durkheim. Há, pois, bastante espaço para explorar uma terceira via neodurkheimiana que redirecione o foco para a organização local na divisão do trabalho.

Essa "terceira via" envolve mais o levantamento de novas questões para pesquisa do que a apresentação de respostas prontas. Como amostra dessa nova pesquisa listamos abaixo cinco questões empíricas, cada uma de interesse para áreas investigativas padrão da tradição analítica (cf. GRUSKY & WEEDEN (2001) para mais detalhes).

Os efeitos da classe social são bem captados com as categorias de grande classe? Embora tenhamos argumentado que o conceito de classes convencionais não consegue aproveitar o poder explanatório que se encontra nos locais de produção, não fornecemos nenhuma evidência empírica disso; e o ônus da prova necessariamente cabe àqueles que buscam aprimorar as abordagens existentes. Em muitos esquemas convencionais de classe as categorias postuladas são meramente agregados de ocupações específicas (cf. Tabela 3.2) e é possível testar tais agregados examinando se perdemos muito poder explicativo ao impor essas categorias (cf. WEEDEN & GRUSKY, 2002). Tais testes deveriam naturalmente ser realizados para todo tipo de "correlatos de classe" (p. ex., atitudes, práticas de consumo, oportunidades e estilos de vida).

A agregação é mais defensável em certos setores da estrutura de classe do que em outros? Os custos da agregação podem ser especialmente altos em algumas classes. Por exemplo, os estilos de vida dos trabalhadores não manuais tendem a ser bastante heterogêneos, uma vez que as ocupações no setor não manual são bem-formadas e seus integrantes são por conseguinte expostos a culturas e experiências de socialização distintas. O setor manual mais baixo, ao contrário, é tipicamente representado como zona relativamente homogênea na qual as especificidades ocupacionais são pouco desenvolvidas. Plausível como é, essa perspectiva padrão não tem sido confrontada a quaisquer alternativas, em especial a hipótese de que os acadêmicos são simplesmente mais sensíveis às diferenças ocupacionais em setores da estrutura de classe com os quais estão mais familiarizados.

Algumas ocupações são especialmente bem-formadas? Os contornos da estruturação desagregada são igualmente de interesse. A questão convencional aqui é que as ocupações artesanais são paradigmáticas na sua fusão de trabalho e estilo de vida (MILLS, 1956, p. 223), mas suspeitamos que estilos de vida bem-definidos também existem em outros pontos da estrutura ocupacional. A evidência disponível, tal como se apresenta, sugere que a estruturação desagregada será mais acentuada (a) quando o treinamento é duro ou prolongado (p. ex., médicos, professores), (b) quando os trabalhadores são isolados ou estigmatizados (p. ex., coletores de lixo, madeireiros, carnavalescos) ou (c) quando o recrutamento é altamente seletivo em virtude de redes sociais (p. ex., atores), barreiras econômicas de ingresso (p. ex., capitalistas) ou inclinações e habilidades específicas exigidas por uma atividade (p. ex., agentes funerários). Essas hipóteses podem ser examinadas de acordo com a heterogeneidade dos estilos de vida e comportamentos em cada ocupação.

As classes sociais estão se decompondo como alegam os pós-modernos? Nos círculos pós-modernos, os principais debates de interesse envolvem implicitamente questões de tendência, com as abordagens mais extremadas levando a supor que todas as formas de estrutura nos locais de produção estão desaparecendo. As evidências reunidas em apoio dessa visão são, no entanto, bastante limitadas. Com efeito, virtualmente toda pesquisa relevante diz respeito a tendências na estruturação agregada e mesmo aqui as evidências disponíveis referem-se principalmente a comportamento eleitoral (p. ex., EVANS, 1997), oportunidades de vida (p. ex., ERIKSON & GOLDTHORPE, 1992) e alguns outros aspectos padrão (cf. GRUSKY & WEEDEN, 2001). As evidências, assim, estão longe de fundamentar uma tese sobre "desestruturação de classe" em sentido amplo e de envolver as características que tal desestruturação no geral assume.

A estrutura subjacente à mobilidade social não é bem representada nos modelos de grande classe? Se o fechamento social é garantido principalmente no nível ocupacional, então as análises agregadas convencionais podem subestimar a extensão da rigidez e persistência nos regimes de mobilidade (SØRENSEN & GRUSKY, 1996; RYTINA, 2000). Além disso, como a variabilidade de estruturação local de país para país é ocultada pela agregação, podemos achar que as hipóteses de convergência padrão já não são plausíveis uma vez desagregados os dados da mobilidade. A literatura existente sobre mobilidade social, embora muito extensa, tem sido especialmente apegada às formulações de grande classe, e por conseguinte, quando consultada, é vulnerável no nível de microclasse.

Estamos afirmando, portanto, que a pesquisa convencional sobre "efeitos de classe" pode ser consultada com proveito. Embora as formulações de grande classe continuem provavelmente predominantes, a disciplina deve pelo menos considerar a possibilidade de ter tomado um caminho errado e de que muito recurso explicativo é encontrado nas grandes classes. É bom ter em mente que os modelos de grande classe foram inicialmente elaborados para dar conta de eventos transformadores em nível macro e de mudanças sociais em larga escala (cf. GRUSKY; WEEDEN & SØRENSEN, 2000). À medida que se institucionalizou o conflito de classes, os teóricos foram gradualmente retirando ênfase das teorias históricas em nível macro e abordagens semelhantes da evolução social (HOLTON & TURNER, 1989), preferindo em vez disso desdobrar as categorias de classe para a tarefa acadêmica mais modesta de explicar o comportamento contemporâneo em nível micro (p. ex., tendências eleitorais, estilos de vida). O fascínio atual em ajustar e retocar, adaptar e rever as formulações de grande classe pode ser visto como os esforços intensos de um subcampo para se conciliar com essa nova ordem do dia. É plenamente possível, claro, que nenhum ajuste ou retoque seja suficiente. Se a agenda contemporânea de nível micro for levada a sério, pode exigir novos modelos de microclasse que vão além do nominalismo de grande classe para poder investigar os tipos de organização social existentes em nível local.

4

Fundamentos de uma análise de classe de Pierre Bourdieu

Elliot B. Weininger

Quando de sua morte, em janeiro de 2002, Pierre Bourdieu era talvez o mais eminente sociólogo do mundo (cf. CALHOUN & WACQUANT, 2002). Como autor de inúmeras obras clássicas, tornara-se uma referência obrigatória em várias áreas "especializadas" da disciplina (incluindo educação, cultura, "teoria" da sociologia e sociologia do conhecimento). Também havia alcançado *status* canônico em antropologia cultural com seus estudos sobre os cabilas do norte da Argélia durante a guerra de independência e seus desdobramentos[1]. E sua importância ainda cresceu de forma exponencial na década de 1990, quando tornou-se um participante de grande visibilidade nas lutas políticas contra a ortodoxia neoliberal que começava a dominar o discurso político na Europa continental (cf. BOURDIEU, 1998a; 2001a)[2].

A classe social constitui uma categoria analítica fundamental em grande parte da pesquisa de Bourdieu – tanto que ele é habitualmente incluído entre os principais teóricos contemporâneos da matéria. Apesar da sua importância central, porém, a compreensão específica do conceito de classe que anima a obra de Bourdieu permanece obscura na literatura secundária. Há, na verdade, uma série de razões para a dificuldade incomum em captá-lo:

- Nem a compreensão de Bourdieu sobre classe nem seu aparato conceitual mais geral podem ser identificados com uma única "figura paterna" – quer seja Marx, Weber, Durkheim ou outro luminar menos conhecido – ou com uma tradição de pesquisa descendente de tal figura. Ao contrário, no tocante à classe e à maioria das outras questões, Bourdieu tomou emprestado ao cânone sociológico sempre que necessário.

---

1. Para uma introdução geral à obra de Bourdieu, cf. Bourdieu e Wacquant (1992) e tb. Swartz (1997), Brubaker (1985) e a coletânea de ensaios em Calhoun, LiPuma e Postone (1993).

2. O envolvimento político, no entanto, não era novidade para Bourdieu (cf. 2002).

• Bourdieu opunha-se profundamente à separação entre teoria e pesquisa – a tal ponto que quase todas as suas inovações conceituais só se desenvolveram no contexto de análises empíricas concretas. Isso cria inúmeras dificuldades para qualquer discussão que pretenda descrever os "fundamentos" de sua abordagem de classe ou qualquer outro objeto sociológico[3]. Suas proposições analíticas devem ser extraídas, com a mínima distorção possível, dos exemplos de sua aplicação. Além do mais é necessário, em especial quando empreendemos tal descrição num lugar ou tempo diferente daqueles em que Bourdieu escreveu, desemaranhar a substância dessas proposições, separando-a das peculiaridades do contexto em que foram aplicadas.

• Bourdieu absteve-se das orientações metodológicas "positivistas" entrincheiradas em boa parte da análise de classe de língua inglesa: em uma *œuvre** que se estende por milhares de páginas, praticamente não encontraremos uma só tentativa de esteio nas variadas técnicas padrão. Ao mesmo tempo, no entanto, ele não advogava simplesmente métodos "qualitativos". Em vez disso, sua pesquisa se baseia num amálgama de dados quantitativos e qualitativos. Uma vez que a lógica explicativa subjacente a esse uso dos dados não é óbvia nem familiar, sua argumentação pode ser difícil de seguir.

• Ao contrário de várias escolas eminentes da análise contemporânea de classe, Bourdieu não recorreu à Teoria da Ação Racional. Na verdade, sua abordagem de classe social difere dessas escolas em dois pontos. Primeiro, sua Teoria da Ação girava em torno do conceito de *"habitus"*, definido como um sistema socialmente constituído de disposições que orientam os "pensamentos, percepções, expressões e ações" (BOURDIEU, 1990a [1980], p. 55). Na sociologia de Bourdieu, a ação gerada pelo *habitus* pode certamente aproximar-se daquela especificada pela Teoria da Ação Racional, mas somente quando situada dentro de um contexto social suficientemente semelhante àquele no qual o *habitus* se formou. A racionalidade, em outras palavras, é a seu ver *"socialmente* delimitada" (BOURDIEU & WACQUANT, 1992, p. 126; BOURDIEU, 1990a [1980], p. 63-64). Em segundo lugar, a abordagem de Bourdieu para classe social também reservava um lugar especial à análise dos sistemas simbólicos – elemento que tipicamente encontra pouco ou nenhum espaço nos modelos fundados no pressuposto da ação racional.

---

3. Bourdieu mostrava-se no geral cético ante tentativas de delinear, isoladamente do desdobramento empírico, a lógica teórica subjacente a suas obras (referindo-se a tais esforços ironicamente como atitudes "escolásticas"). No entanto, chegou a assumir, ainda que de forma experimental, o esclarecimento teórico de vários conceitos. Aí se incluem, no tocante à classe social, Bourdieu, 1987; 1990b, p. 122-139; 1991, p. 229-251; 1998b [1994], p. 1-18.

* Obra – em francês no original [N.T.].

Dados esses obstáculos, uma elaboração da abordagem de Bourdieu sobre classes sociais não pode ser reduzida à apresentação de uma lista de proposições axiomáticas. Ao contrário, tal elaboração deve, primeiro e sobretudo, tomar como ponto de partida um exercício concreto de análise de classe. No caso de Bourdieu, isso implica focar o hoje clássico estudo sobre a *Distinção: crítica social do gosto* (1984; originalmente publicado em 1979). É no contexto de um exame desse estudo (suplementado, com certeza, por um balanço de obras relevantes anteriores e posteriores) que podemos confrontar o aparato conceitual único de Bourdieu e seus métodos incomuns de trabalhar os dados.

Temas preliminares

Com base nos dados coletados na França nas décadas de 1960 e 1970, a *Distinção* tem como objeto a relação entre classes sociais e grupos de *status*, estes entendidos, de acordo com a definição de Weber, como coletividades de estilo de vida uniforme[4]. Antes de discutir o texto, porém, duas preocupações básicas que motivam muitos dos aspectos diferenciais da abordagem de Bourdieu sobre classe social podem ser especificadas. Referem-se (1) à importância e ao papel que exerce aí a análise dos *sistemas simbólicos* e (2) à questão das *fronteiras* entre as classes.

Em um artigo precoce que esboçava muitos dos argumentos que mais tarde apareceriam na *Distinção*, Bourdieu adota explicitamente as conhecidas definições de Weber para "classe" e "grupo de *status*":

> tudo parece indicar que Weber distingue classe e grupo de *status* como dois tipos de unidades *reais* que existiriam juntas mais ou menos frequentemente de acordo com o tipo de sociedade [...]; [no entanto], para dar às análises de Weber toda a sua força e impacto, é necessário vê-las, porém, como unidades *nominais* [...] que são sempre o resultado de uma opção entre ressaltar o lado econômico ou o simbólico que sempre coexistem na mesma realidade [...] (BOURDIEU, 1966, p. 212-213 – acréscimos meus e destaques alterados).

Bourdieu interpreta, pois, a distinção de Weber entre classe e *status* como uma distinção entre o material ("econômico") e o simbólico. Sustenta, além disso, que as duas coisas não devem ser vistas como tipos alternativos de estratificação que geram formas diferentes de coletividades sociais. Ao contrário, a distinção entre classe e grupo de *status* deve ser vista puramente como uma conveniência analítica – a qual, aliás, Bourdieu inclina-se a desaprovar. Daí resulta a insistência de que a análise de classe não pode ser reduzida à análise das relações econômicas; ao contrário, ela implica *simultaneamente* uma análise das relações simbólicas, em linhas gerais segundo a definição de *status* dada por Weber.

---

4. Como diz Weber, "a honra do *status* normalmente é expressa no fato de que acima de tudo espera-se um *estilo de vida* dos que desejam pertencer ao círculo" (1958, p. 187).

Além de afirmar que a análise de classe tem tanto uma dimensão econômica quanto simbólica, Bourdieu também rejeita um dos aspectos mais fundamentais da Teoria de Classe Social que é a obrigação de demarcar e separar as classes *a priori*. As razões dessa rejeição ficam visíveis em observações como a que segue:

> Inúmeros estudos das "classes sociais" [...] meramente elaboram as questões práticas a que são forçados os que detêm poder político. Os líderes políticos são continuamente confrontados com os [...] imperativos práticos gerados pela lógica da luta no campo político, tais como [...] a necessidade de atrair o maior número possível de votos ao mesmo tempo garantindo que seu projeto é irredutível aos de outros líderes. Assim são condenados a levantar o problema do mundo social na lógica tipicamente substancialista das fronteiras entre grupos e do tamanho do grupo que querem mobilizar [...] (BOURDIEU, 1991, p. 246).

Por uma série de razões, Bourdieu foi levado a dissociar a sociologia das classes do projeto de identificar teoricamente as fronteiras entre classes. Em primeiro lugar, a argumentação sobre as fronteiras que separam uma coletividade social de outra é uma forma fundamental de conflito político, e ao longo de toda a sua carreira Bourdieu aderiu a uma visão da ciência social que repudiava a mistura de interesses científicos e políticos (sobre isso, cf. tb. DONNELLY, 1997)[5]. Em segundo lugar, ele sustenta que ao traçar fronteiras antes do tempo os sociólogos também correm o risco (na sua prática de pesquisa e possivelmente até na teoria) de tratar as classes como "entidades autossubsistentes [...] que são 'pré-formadas' e só depois [...] [entram em] fluxos dinâmicos [...]" (EMIRBAYER, 1997, p. 283) ou, em outras palavras, segundo uma lógica "substancialista". Ambas as objeções decorrem, em parte, da antipatia de Bourdieu pelos argumentos (frequentes nas décadas de 1960 e de 1970) sobre as "verdadeiras" linhas divisórias entre as classes – sobretudo entre a "classe média" e o proletariado – e as implicações políticas do traçado dessas linhas. Contra as premissas fundamentais desses argumentos, Bourdieu insiste veementemente que "a questão com a qual deve começar toda sociologia" é "a da existência [...] e do modo de existência dos coletivos" sociais (BOURDIEU, 1991, p. 250). Como veremos, a implicação dessa questão é que as fronteiras devem ser entendidas mais em termos de *práticas sociais* do que de *conjectura teórica*.

Identificadas essas preocupações fundamentais, podemos passar à discussão da *Crítica do gosto*. A seção seguinte (II) fornecerá um esboço inicial de como Bourdieu entende classe, abstraindo necessariamente toda a sua complexidade. Isso servirá para colocar em foco a tenacidade com que persegue a questão da

---

5. Assim, na sua *Crítica do gosto*, Bourdieu declara que "muitas das palavras que a sociologia utiliza para designar as classes que constrói são tomadas de empréstimo ao uso comum, em que servem para expressar a visão (geralmente polêmica) que um grupo tem de outro" (BOURDIEU, 1984 [1979], p. 169).

"existência [...] e do modo de existência dos coletivos". Ao fazê-lo, apresentaremos necessariamente elementos do formidável acervo conceitual de Bourdieu, incluindo as noções centrais de capital, *habitus* e campo. A seção subsequente (III) voltará a questões inicialmente deixadas de lado, para dar uma visão mais abrangente. Abordará, em especial, a questão de como diferentes formas de dominação social estão relacionadas entre si na obra de Bourdieu e como evoluíram suas visões no curso da carreira.

A Teoria de Classes de Bourdieu

Bourdieu descreve a *Distinção: crítica social do gosto* como "um esforço para repensar a oposição que Max Weber faz entre classe e *Posição*" (1984 [1979], p. xii). Como vimos, esse esforço ocupou-o desde os anos de 1960, em especial porque levantava a questão da relação entre o econômico e o simbólico. Para Bourdieu, diferenças de *status* (i. é, de estilos de vida) podem ser vistas como manifestações de diferenças de classe. Para avaliar esse pressuposto, ele elabora um argumento explicativo postulando, primeiro, uma ligação causal entre a situação de classe e o "*habitus*" e, segundo, uma relação "expressiva" entre *habitus* e uma variedade de práticas em diversas áreas de consumo, práticas simbolicamente coerentes na formação de um todo (um "estilo de vida"). Em terceiro lugar, no entanto, Bourdieu também afirma que essas práticas servem para a constituição de coletividades sociais – isto é, "grupos de *status*" – ao estabelecerem fronteiras simbólicas entre indivíduos em diferentes situações na estrutura de classes. O processo pelo qual isso se dá é conflituoso, tomando a forma do que ele chama de "luta classificatória". E, por fim, Bourdieu demonstra que essa luta vem a ser apenas uma das muitas modalidades através das quais esse "poder simbólico" é exercido.

Estrutura de classe

Para começar, deve-se reconhecer que para Bourdieu a noção de estrutura de classe envolve toda a divisão ocupacional do trabalho. Isso implica que ele dá à noção um alcance consideravelmente mais amplo do que dão as teorias marxistas, que restringem a estrutura de classe a um sistema de posições definidas em termos da propriedade e/ou controle dos meios de produção. Consequentemente, Bourdieu não é confrontado pelo problema sobre o qual fracassaram tantas teorias marxistas – a saber, o de definir como lidar com todas as posições na divisão do trabalho que não podem ser caracterizadas (ou não o podem de maneira "adequada" ou "satisfatória") segundo a divisão canônica entre "proprietários" e "trabalhadores". Assim, seu modelo efetivamente engloba não apenas as ocupações de "classe média" que foram fonte de tanto sofrimento na tradição marxista, mas também as que pairaram à margem da maioria dos esquemas analíticos de classe, incluindo posições na administração pública e no "aparelho" de Estado, as chamadas "profissões liberais" e – por fim, mas não menos importantes – os intelectuais, artistas e outros "produtores culturais".

Na visão de Bourdieu, a divisão ocupacional do trabalho forma um *sistema*. Isso implica que as posições na divisão do trabalho são diferenciadas umas das outras e, portanto, relacionadas entre si por fatores teoricamente significativos. Para Bourdieu, esses fatores derivam da distribuição de "capital". Ele encara como capital "o conjunto de recursos e poderes efetivamente utilizáveis" (1984, p. 114). Insiste, além disso, que existem múltiplas *espécies* de capital que não podem ser enfeixadas num único conceito genérico. No contexto que nos interessa aqui, os tipos mais importantes são o capital econômico e o capital cultural (cf. BOURDIEU, 1986; BOURDIEU & WACQUANT, 1992, p. 117-120)[6]. Ao longo de sua carreira Bourdieu normalmente tratou o significado do primeiro conceito como mais ou menos autoevidente, ao passo que o último foi objeto de extensa elaboração (e deu origem a extenso debate). Para simplificar, a noção de capital cultural refere-se meramente a uma "competência" culturalmente específica, embora com distribuição desigual e de eficácia – enquanto "recurso" ou "poder" – num determinado cenário social (cf. LAREAU & WEININGER, 2003). Em sociedades altamente diferenciadas, dois agentes sociais são primordialmente responsáveis por "inculcar" capital cultural: a família e a escola. Sua característica mais fundamental reside no fato de que, por ser incorporado, sua aquisição requer um investimento de tempo (BOURDIEU, 1986, p. 244-246)[7].

Bourdieu desenvolve assim o seu modelo de estrutura de classe através de uma análise de dados de pesquisa que incluem ampla variedade de indicadores sobre o capital econômico e cultural possuído por indivíduos em posições distribuídas por todo o sistema ocupacional. O modelo pode ser entendido como um espaço fatorial constituído por três eixos ortogonais[8]. O primeiro (e mais impor-

---

6. Bourdieu é bem conhecido também por ter identificado uma terceira forma de capital, o "capital social" (cf. BOURDIEU, 1986). Para ele, essa forma de capital é de importância secundária na análise das sociedades capitalistas, mas teve um papel mais central nas suas discussões ocasionais sobre as sociedades socialistas de Estado (cf. BOURDIEU, 1998b [1994], p. 14-18).

7. O capital cultural pode também existir de forma "objetivada" – isto é, sob a forma de objetos materiais cuja produção ou consumo pressupõe um *quantum* de capital cultural incorporado. E pode ocorrer de forma "institucionalizada", quer dizer, como competência incorporada certificada por um agente oficial com autoridade para legalmente "garantir" sua existência – ou seja, sob a forma de credenciais culturais (BOURDIEU, 1986). Uma das principais características do capital cultural, segundo Bourdieu, é sua possível hereditariedade; como tal, ele pode dar contribuição substancial à reprodução de geração a geração da distribuição de indivíduos pelas posições de classe, uma vez que "as condições sociais de sua transmissão e aquisição são mais disfarçadas que as do capital econômico" (BOURDIEU, 1986, p. 245).

8. A técnica estatística preferida de Bourdieu é a Análise de Múltipla Correspondência (AMC), similar à análise fatorial, mas usada com variáveis categoriais. Uma característica da AMC de particular interesse para ele é o fato de que casos individuais preservam suas "identidades" de categoria dentro do espaço fatorial. Isso torna possível localizar a dispersão dos membros de cada categoria ocupacional dentro do espaço (cf. o resumo dos resultados de uma análise desse

tante) eixo diferencia posições no sistema ocupacional segundo o *volume* total de capital (econômico e cultural) possuído por seus titulares. Para Bourdieu, a situação de classe é uma função da posição nesse eixo. Assim, seus dados indicam que integrantes de certas categorias, como os industriais, os executivos do setor privado e os professores universitários, ocupam lugares que se sobrepõem na extremidade superior do eixo e partilham, portanto, a mesma situação de classe; Bourdieu refere-se, pois, a essas categorias coletivamente como "classe dominante" (ou, por vezes, "burguesia"). De forma semelhante, os trabalhadores manuais e agrícolas ocupam lugares que se sobrepõem na outra extremidade do eixo, o que indica que partilham uma situação oposta à das ocupações que constituem a classe dominante; essas categorias são coletivamente designadas como a "classe operária" (ou *"classes populares"**). Nas posições intermediárias encontramos categorias ocupacionais que se sobrepõem, como os pequenos empresários, técnicos, secretárias, professores do ensino fundamental, coletivamente designados pelo termo "pequena burguesia" (cf. BOURDIEU, 1984 [1979], p. 128-129).

O segundo eixo no espaço fatorial diferencia posições dentro das situações de classe. Bourdieu refere-se a posições opostas ao longo desse eixo com a expressão marxista "frações de classe". Essa terminologia, no entanto, não deveria ser interpretada segundo as teorias marxistas, pois o significado que atribui a ela está longe do escopo marxista. Para Bourdieu, as classes são divididas internamente segundo a *composição* do capital possuído pelos que exercem suas ocupações – isto é, a relativa preponderância do capital econômico ou cultural no "conjunto dos recursos e poderes efetivamente disponíveis". Assim, as categorias ocupacionais dentro da classe dominante são diferenciadas entre si de tal modo que os professores universitários e "produtores culturais" – ocupações cujos titulares detêm o maior capital cultural e o menor capital econômico – se opõem aos industriais e grandes comerciantes – ocupações cujos titulares detêm uma preponderância de capital econômico, mas um capital cultural relativamente pequeno. Em posição intermediária entre esses dois polos estão as profissões liberais, cujos titulares exibem uma estrutura de bens relativamente simétrica. De maneira similar, a pequena burguesia é diferenciada ao longo do segundo eixo entre proprietários de pequenos negócios, que primordialmente detêm capital, e professores do ensino fundamental, que detêm primordialmente capital cultural. Categorias intermediárias entre eles incluem técnicos, empregados de escritório, secretárias[9].

---

tipo em BOURDIEU, 1984 [1979], p. 128-129, e modelos "completos" nas p. 262 e 340). Para uma interessante discussão do uso da AMC por Bourdieu, cf. Rouanet, Ackermann e Le Roux (2000).

* Populares – em francês no original [N.T.].

9. Bourdieu é incapaz de diferenciar frações dentro da classe operária com base nos dados de que dispõe; permanece firmemente convicto, no entanto, que melhores dados permitiriam traçar contrastes (BOURDIEU, 1984 [1979], p. 115).

A divisão ocupacional do trabalho é diferenciada ao longo de um terceiro eixo, que equivale a um tratamento quase estrutural do tempo. Gerado fundamentalmente por indicadores do capital econômico e cultural da família de origem, esse eixo diferencia posições de acordo com as *trajetórias* de seus titulares – ou, em outras palavras, de acordo com as mudanças ou estabilidade no volume e composição do seu capital ao longo do tempo. Aqui os dados de Bourdieu revelam, por exemplo, maior probabilidade de os profissionais liberais terem nascido na burguesia do que quaisquer outros integrantes dessa classe. Pode-se notar que tal abordagem abre uma interessante área para a investigação da mobilidade: além dos movimentos verticais (ao longo do primeiro eixo), a mobilidade pode também envolver movimentos "horizontais" ou "transversais" (ao longo do segundo eixo) – isto é, a situação de classe de um indivíduo e sua posição específica são simultaneamente variáveis com o tempo. Bourdieu refere-se à última espécie de movimento, na qual a preponderância de um tipo de capital dá lugar ao outro, como "conversão" de capitais[10].

O modelo que Bourdieu constrói assim da divisão ocupacional do trabalho pretende ser entendido como uma estrutura de posições objetivas – isto é, como posições "ocupadas" por indivíduos, mas que existem de forma "semirreal" (BOURDIEU & WACQUANT, 1992, p. 27) independentemente deles. Enquanto tal, Bourdieu denomina-o *espaço social* da formação analisada. É um modelo que pretende representar um sistema único de relações objetivas entre as várias possíveis combinações dos "recursos e poderes" mais importantes naquela formação social e sua evolução ao longo do tempo. Distancia-se assim de forma considerável dos modelos desenvolvidos pelas tradições mais conhecidas da análise de classe. O espaço social de Bourdieu distancia-se deles especialmente pelo fato de que os três eixos que o constituem – volume, composição e trajetória – são vistos como dimensões *contínuas*, tanto de um ponto de vista metodológico quanto teórico (BOURDIEU, 1990a [1980], p. 140). Isso implica que o modelo não postula quaisquer linhas inerentes de clivagem definindo limites estruturais entre as classes e que, portanto, dentro "[d]esse universo de continuidade" a identificação de situações de classe (ou fração) distintas equivale apenas a uma conveniência heurística (cf. BOURDIEU, 1984 [1979], p. 258-259, 339). De maneira correlata, embora o fato de Bourdieu conceituar espaço social em termos gradativos pareça refletir os modelos de "estratificação" nos quais a ordem ocupacional é entendida como uma escala contínua de posições (diferenciadas, p. ex., segundo as recompensas que oferecem), mesmo assim está a grande distância deles em virtude da sua configu-

---

10. A mobilidade ao longo do eixo "horizontal" da estrutura é governada pelo que Bourdieu chama de "índice de conversão" predominante entre os diferentes tipos de capital (p. ex., os custos e benefícios predominantemente econômicos ligados à educação). Esse índice é historicamente variável, sendo produto de conflitos entre os que detêm a preponderância de um ou outro tipo de capital.

ração *multidimensional* (cf. BOURDIEU, 1984 [1979], p. 124-125; cf. tb. 1991, p. 244-245). Como dissemos, isso abre caminho para uma análise das formas de mobilidade ("conversão" de capitais) que esses modelos ignoram; e, como mostraremos, também para uma análise das formas de conflito que tais modelos são incapazes de reconhecer[11].

Habitus de classe

Uma relação causal *indireta* entre as posições no espaço social e as práticas é estabelecida por Bourdieu através do conceito de *habitus*, que no seu esquema explicativo fornece uma mediação essencial: "classe social, entendida como um sistema de determinações objetivas, deve ser relacionada não ao indivíduo ou à 'classe' enquanto conjunto populacional, isto é, como um agregado de [...] indivíduos, mas ao *habitus de classe*" (BOURDIEU, 1977 [1972], p. 85 – destaques alterados). Esse conceito, mais que qualquer outro do repertório de Bourdieu, deu origem a um debate metateórico perpétuo. No contexto que nos interessa, tais discussões podem ser ignoradas sem problemas, de modo a abordarmos a questão do *habitus* sob um ponto de vista afinado com o da *Crítica do gosto* e da análise de classe ali empreendida.

Bourdieu descreve como propósito fundamental do conceito "escapar tanto ao objetivismo da ação entendida como reação mecânica 'sem um agente' quanto ao subjetivismo que retrata a ação como propósito deliberado de uma intencionalidade consciente [...]" (BOURDIEU & WACQUANT, 1992, p. 121)[12]. Acima de tudo, a noção de *habitus* designa um sistema de *disposições* socialmente constituído. Como tal, implica uma perspectiva segundo a qual as ações não são geradas nem pela explícita observação de normas (i. é, pela subsunção consciente da situação da ação a uma "regra" moral impositiva) nem por um cálculo racional (i. é, pela estimativa de riscos e recom-

---

11. A concepção de espaço social de Bourdieu assemelha-se de fato à orientação "desagregadora" da análise de classe desenvolvida por Grusky e Sørensen (1998), como eles próprios reconhecem, pelo menos na medida em que ambas estão centradas no sistema ocupacional. No entanto, diferenças substanciais devem ser indicadas. Em especial, embora Grusky e Sørensen queiram argumentar que as ocupações partilham muitas das propriedades tradicionalmente atribuídas às classes, é difícil ver como, no modelo deles, se possa falar de uma *estrutura* ocupacional – por analogia à noção tradicional de *estrutura de classe*. Isso porque não estão dispostos a especificar um princípio (ou princípios) de variação ou diferenciação que poderia(m) estabelecer relações teoricamente significativas entre o conjunto total de posições dentro do sistema ocupacional. Dito de maneira simples, a abordagem deles carece de uma identificação análoga à de Bourdieu das dimensões de volume, composição e trajetória como constitutivas do espaço social. Assim, pode-se questionar a adequação geral do uso que fazem do termo classe.

12. Cf. tb. Bourdieu e Wacquant (1992, p. 136): "[a] noção de *habitus* atende ao fato de que os agentes sociais não são nem partículas de matéria determinadas por causas externas nem pequenas mônadas guiadas unicamente por razões internas a executar uma espécie de programa interior de ação perfeitamente racional".

pensas prováveis de diferentes cursos de ação possíveis). Em vez disso, em afinidade com o pragmatismo filosófico, uma compreensão das disposições implica que em circunstâncias "típicas" a ação pode produzir-se em base *pré-reflexiva* – em outras palavras, sem recurso à reflexão consciente sobre regras ou estimativas de resultados. A noção de *habitus*, porém, não deve ser confundida com a de "hábito" (no sentido comum), segundo a qual a ação só seria capaz de abster-se da reflexão na medida da repetição rotineira. Ao contrário, as disposições podem gerar ações – ou, como Bourdieu prefere, práticas – altamente espontâneas e inventivas. Seus exemplos ilustrativos preferidos são tomados à música e ao esporte: um músico de qualidade é capaz de improvisar dentro do contexto de determinada estrutura harmônica sem ter que ensaiar mentalmente variações alternativas antes de efetivamente executá-las; da mesma maneira, um tenista competente avançará à rede para ganhar um ponto sem ter que avaliar as consequências prováveis dessa estratégia em comparação a outras antes de avançar de fato (cf. BOURDIEU, 1990b, p. 11; 1990a [1980], p. 52-65; BOURDIEU & WACQUANT, 1992, p. 19-22). Na verdade, nem o cálculo racional nem a consideração intencional das regras estão prescritas na metateoria de Bourdieu; no entanto, são considerados fontes "derivativas" da prática, no sentido de que é mais provável que ocorram quando o *habitus* se vê compelido a lidar com um ambiente não familiar (p. ex., quando um músico clássico experiente aceita tocar com um conjunto de *jazz*).

O *habitus*, para Bourdieu, é formado de maneira diferenciada segundo a posição de cada ator no espaço social; é portanto empiricamente variável e específico de uma classe (no sentido que Bourdieu dá ao termo). Ao examinar este ponto, temos que começar reconhecendo que, para Bourdieu, o processo pelo qual se constitui o *habitus* não está situado – ou pelo menos não primordialmente situado – no local ou "ponto de produção". Em outras palavras, embora para Bourdieu o sistema ocupacional constitua o núcleo institucional da "estrutura de classe", não é nem o mercado de trabalho nem o chão da loja (ou o cubículo do escritório) que funciona como o lugar em que se desenrolam os processos causais geradores de um *habitus* específico de classe. Ao contrário, de acordo com Bourdieu, cada situação no espaço social – isto é, cada combinação de volume e composição de capital – corresponde a um conjunto particular de condições de vida que ele chama de "condição de classe"[13]. Enquanto tal, a expressão busca indicar as condições específicas nas quais foi formado o *habitus* e, em

---

13. Cf. Sørensen (neste livro) sobre a distinção entre concepções de classe baseadas na noção de condições de vida e as baseadas na noção de exploração. Na visão de Sørensen, as primeiras precisam apoiar-se na noção das últimas sobre interesses antagônicos "objetivos" – mas tipicamente "latentes" – para dar conta de processos de formação de classe (p. ex., a ação coletiva dos integrantes de uma classe). Como mostraremos, Bourdieu tem uma visão inteiramente diversa sobre esse processo.

especial, a experiência da necessidade material[14]. De acordo com Bourdieu, a experiência da condição específica de classe que caracteriza determinada situação no espaço social imprime no indivíduo um conjunto particular de disposições.

Tais disposições equivalem ao que Bourdieu às vezes chama de "fórmula geradora". Ele as define como "um sistema adquirido de esquemas geradores [...] [que] torna possível a [...] produção de [...] pensamentos, percepções e ações" (BOURDIEU, 1990a [1980], p. 55). Esses esquemas capacitam os atores a perceber sua situação específica e seus elementos como significativos e a seguir – tipicamente sem reflexão ou cálculo – um curso de ação "apropriado" a ela. (É por isso que, argumenta Bourdieu, as regularidades da ação observada pelos cientistas sociais com frequência parece resultar da aderência a normas ou de decisão racional.) Essa capacidade, por um lado, é *limitada*: quanto mais a situação da ação se afasta das condições em que se constituiu o *habitus*, tanto mais provável é que ele se torne ineficaz (uma espécie de anomia individual). Por outro lado, porém, os "esquemas" que compreendem o *habitus* são *transponíveis*: dentro dos limites constituídos pelas condições de sua formação, eles são plenamente capazes de operar através de diferentes domínios da vida social e, portanto, de conferir uma *unidade* a práticas "fenomenalmente diferentes". Uma forma na qual essa unidade é realizada – e a essencial na *Distinção* – é o fenômeno do *gosto*.

Práticas de classe

Como notamos acima, a questão fundamental da sociologia para Bourdieu é "a da existência [...] e do modo de existência dos coletivos". Um dos pressupostos subjacentes à *Distinção: uma crítica do gosto* é o de que as coletividades sociais são hoje formadas primordialmente na arena do consumo. Com efeito, esse pressuposto constitui o pano de fundo da importância que Bourdieu atribui ao estilo de vida. O passo seguinte no processo explanatório leva então à análise de uma grande variedade de dados sobre práticas e preferências de consumo, incluindo as que têm a ver com formas "canonizadas" de cultura (arte, literatura, música, teatro etc.) e as que pertencem à cultura num sentido mais amplo e antropológico do termo (comida, esportes, jornais, vestuário, decoração etc.). Fazendo uma análise desses dados, Bourdieu é capaz de demonstrar que os vários indicadores de estilo de vida revelam uma estrutura isomórfica (ou "homóloga", como ele prefere) à do espaço social. Mais especificamente, pode demonstrar que diferentes preferências e práticas se agrupam em diferentes setores do espaço social (BOURDIEU, 1998b [1994], p. 4-6).

---

14. A formação inicial do *habitus* ocorre no contexto dos primeiros anos de criação da "educação primeira" de cada indivíduo. Pode ser depois modificada por novas experiências, mas as primeiras experiências têm um grande "peso desproporcional" (BOURDIEU, 1977 [1972], p. 78; 1990a [1980], p. 54, 60).

Como o *habitus*, enquanto "esquemas" de disposições constituídas em sistema, não pode ser observado diretamente, deve ser apreendido de forma interpretativa. Grande parte da *Crítica do gosto* é dedicada, portanto, a um estudo qualitativo das várias preferências e práticas reunidas em cada setor do espaço social – isto é, dentro de cada classe ou grupo – de modo a identificar o "esquema" ou "princípio" específico a elas subjacente e que orienta o dispêndio de capital econômico e cultural, de forma a produzir a coerência semântica de um estilo de vida[15]. Assim, Bourdieu demonstra que entre os integrantes da classe dominante emerge um estilo de vida unitário em torno do que ele chama de "senso de distinção". Esse *habitus* é definido, acima de tudo, por uma sensibilidade estética dominante. Os vários momentos da vida cotidiana oferecem inúmeras ocasiões para expressar essa sensibilidade. Cada uma apresenta, em especial, uma oportunidade de subordinar a função à forma:

> Embora seja claro que a arte lhe oferece o campo maior, não há área da prática em que a intenção de purificar, refinar e sublimar os impulsos fáceis e as necessidades primárias não se possa afirmar ou na qual a estilização da vida, isto é, o primado da forma sobre a função, que leva à negação desta, não produza os mesmos efeitos. Na linguagem ela produz a oposição entre a franqueza popular e a expressão altamente censurada da burguesia [...]. A mesma economia de meios se encontra na linguagem corpórea: também aí, a agitação e a pressa, as caretas e a gesticulação se opõem [...] à contenção e impassibilidade que traduzem elevação. Mesmo o campo dos gostos primordiais é organizado de acordo com a oposição básica, fazendo antítese entre quantidade e qualidade, barriga e paladar, matéria e modos, substância e forma (BOURDIEU 1984 [1979], p. 175-176).

Como indica esse trecho, Bourdieu distingue um *habitus* da classe operária que é "antitético" ao da classe dominante: o "gosto pela necessidade" que caracteriza o estilo de vida dos trabalhadores inclina-os a dar absoluta prioridade à função sobre a forma, a insistir numa mensagem moral da arte e a demandar opções que evidenciam uma conformidade com a classe como um todo (vistas como demonstração implícita de solidariedade). Por sua vez, a pequena burguesia exibe um estilo de vida nascido da combinação, por um lado, de uma aspiração ao estilo de vida burguês e, por outro, da insuficiência de capital econômico ou (especialmente) cultural para alcançá-lo. Seus membros são, portanto, inclinados a uma "boa vontade cultural": carentes de "cultura" (no sentido burguês), eles tendem a abraçar formas estéticas "popularizadas" (p. ex., a ópera "ligeira") e a se dedicarem a atividades com vistas a um automelhoramento cultural.

Além disso, Bourdieu demonstra substanciais diferenças dentro da classe dominante e também da pequena burguesia em função de variações na estrutura

---

15. A facilidade com que Bourdieu destrincha a coerência semântica produzida a partir dos detalhes da vida cotidiana gera uma riqueza analítica que infelizmente não podemos evocar aqui.

de bens ligada a diferentes posições (i. é, de acordo com a composição de capital)[16]. Assim, dentro da classe dominante, os que detêm primordialmente capital econômico – os industriais e grandes comerciantes – expressam seu "senso de distinção" através da busca de bens de luxo e de uma opulência cuidadosamente trabalhada, ao passo que seus homólogos – os "produtores culturais" e os professores universitários – expressam esse impulso praticando um "ascetismo" cultural orientado para as formas de cultura intelectualmente mais exigentes (e menos dispendiosas). Bourdieu resume assim essa oposição de *habitus* e estilos de vida:

> De um lado, a leitura, a leitura de poesia, de obras filosóficas e políticas, do *Le Monde* e das revistas artísticas ou literárias (geralmente de esquerda); de outro, a caçada e as apostas e, quando há leitura, *France-Soir* ou [...] *Auto-Journal* [...] De um lado, teatro clássico ou de vanguarda [...], museus, música clássica [...], o Mercado das Pulgas, acampar, praticar montanhismo ou caminhadas; de outro, viagens de negócios, almoços caros, teatro comercial [...] e musicais, programas de variedades na TV [...] leilões e butiques, carros de luxo e um iate, hotéis três estrelas e spas (BOURDIEU, 1984 [1979], p. 283).

Situados entre esses dois polos da classe dominante estão os profissionais liberais e (especialmente) os altos executivos, que evitam tanto o luxo escancarado dos grandes empresários quanto o "ascetismo" dos intelectuais, exibindo um estilo de vida construído em torno de compromissos estéticos com o "modernismo", o "dinamismo" e uma atitude "cosmopolita": abraçando as novas tecnologias e abertos à cultura estrangeira, veem-se como pessoas "liberadas" e adotam um estilo "relaxado" (BOURDIEU, 1984 [1979], p. 295-315). Bourdieu prossegue mapeando oposições análogas na pequena burguesia, onde as variações na relação entre capital econômico e cultural correspondem a diferentes "modalidades" da "boa vontade cultural" que é a marca dos integrantes dessa classe. Ele também apresenta inúmeras qualificações do estilo de vida que caracteriza para cada classe ou grupo em função de diferenças internas de trajetória.

Os estilos de vida que Bourdieu documenta tão extensamente no seu livro pertencem a um lugar e tempo específicos, de modo que não precisam ser recontados aqui de modo igualmente extenso (para uma discussão que apresenta um pouco do contexto histórico, cf. LANE, 2000, p. 140-165). Em vez disso, podemos simplesmente observar que Bourdieu é capaz de fornecer um compêndio de dados que demonstra não só um isomorfismo entre a estrutura do espaço social e a distribuição das práticas de consumo como também que essa correspondência é mediada por um sistema subjetivo de disposições cuja "expressão" através de múltiplos domínios de consumo confere uma unidade semântica às práticas que garante referência a "estilos de vida" coerentes. Assim, mantendo

---

16. Lembremos (nota 9 acima) que Bourdieu é incapaz de identificar claramente subdivisões de classe na classe operária, mas insiste que se trata aí de uma deficiência dos seus dados.

a posição de seus primeiros comentários sobre Weber, ele consegue estabelecer uma relação necessária entre classe e *status*. No entanto, tal como apresentada aqui, a análise fica incompleta. Sobretudo porque a apresentação foi essencialmente estática, congelando as práticas estudadas numa espécie de instantâneo fotográfico. Por isso,

> devemos ir além desse objetivismo provisório, que ao "tratar os fatos sociais como coisas" reifica o que descreve. As posições sociais que se apresentam ao observador como locais justapostos numa ordem estática de compartimentos discretos [...] são também locais estratégicos, posições fortificadas a defender e capturar num campo de batalha (BOURDIEU, 1984 [1979], p. 244).

Diferenças de estilos de vida estão, para Bourdieu, profundamente implicadas nos conflitos sobre a posição dos indivíduos no espaço social e sobre a própria estrutura desse espaço. Isso implica que os conflitos entre classes e entre frações de classes têm inevitavelmente um componente simbólico. É nessa proposição que fica evidente o significado pleno da tentativa de Bourdieu de atrelar "classe" a "*status*".

Conflitos classificatórios e violência simbólica

O terceiro conceito geral da sociologia de Bourdieu que deve ser apresentado, depois de "capital" e "*habitus*", é o de campo, noção que pretende condensar sua compreensão da estrutura social. Como já vimos, Bourdieu vê a estrutura de classes de uma formação social como uma rede objetiva de posições inter-relacionadas num sistema de distribuição de capital cultural e econômico entre as ocupações. O conceito de campo visa a excluir uma interpretação abertamente estruturalista do espaço social – na qual os indivíduos que "ocupam" as várias posições são reduzidos ao papel de meros "portadores" das relações estruturais nelas envolvidas (cf. BOURDIEU & WACQUANT, 1992, p. 94-115). Nesse contexto, o termo pretende lembrar um campo de batalha ou de jogo e, mais especificamente, o fato de que os indivíduos confrontados entrarão em conflito ou competição entre si utilizando suas posições mais ou menos vantajosas (BOURDIEU & WACQUANT, 1992, p. 16-18). Com base nisso, o espaço social de Bourdieu pode também ser chamado de "campo das classes sociais" (p. ex., BOURDIEU, 1984 [1979], p. 345; 1991, p. 41). No contexto da *Crítica do gosto*, isso quer dizer que os estilos de vida estão implicados nas lutas sociais.

Aspectos de um estilo de vida como a cozinha refinada ou uma coleção de antiguidades não são apenas distintos da comida de "sustança" e da decoração produzida em massa. As diferentes formas do mesmo elemento presente nos estilos de vida (móveis, comida etc.) têm relações hierárquicas entre si e, em consequência, os próprios estilos de vida são socialmente ranqueados. Para Bourdieu, o "*status*" hierárquico de um estilo de vida está em função de sua proximidade ou distância da "cultura legítima". Esta última refere-se aos elementos de cultura universalmente reconhecidos como "valiosos", "canônicos" ou de alguma maneira "distintos", insignes. A composição da cultura legítima, assim entendida, está permanentemente em jogo, é objeto de luta contínua. Dessa forma, por exemplo, quando captadas na relação com o *habitus* subjacente que as gerou, as minúcias características dos estilos burguês e operário de comer equivalem nada menos que a "duas visões de mundo antagônicas [...] duas representações da excelência humana" (BOURDIEU 1984 [1979], p. 199).

Bourdieu identifica pelo menos duas modalidades em que se dão os conflitos sobre a "cultura legítima". A primeira segue o modelo sociológico bem-estabelecido do "efeito do corrimento"*. Segundo a interpretação que ele faz desse modelo, existe uma competição permanente sobre a apropriação dos objetos ou práticas mais "distintos". Inicialmente apropriados pelos que detêm maior capital econômico e/ou cultural – isto é, a classe dominante ou uma de suas frações – tais objetos ou práticas com o tempo se difundem pelo espaço social abaixo; no entanto, precisamente na medida em que se tornam cada vez mais "popularizados", os grupos anteriormente devotados a eles tendem a abandoná-los em troca de outros objetos e práticas que lhes permitirão reafirmar uma exclusividade de gosto. Nesse tipo de competição, que é quase imitativa, a classe dominante ou uma de suas frações invariavelmente assume o papel de comando e é a que "dita o gosto" (BOURDIEU, 1984 [1979], p. 247-256). De acordo com Bourdieu, a classe operária, geralmente incapaz de afirmar-se nessas competições, tanto por falta de capital quanto por uma disposição contrária, tende a ficar fora delas, e assim age involuntariamente como ponto de referência negativo ou "isolante" contra o qual a pequena burguesia e a classe dominante podem tentar afirmar sua distinção cultural. Com efeito, na visão de Bourdieu, a incapacidade da classe operária de participar da corrida pela afirmação das formas de cultura cuja legitimidade seus integrantes, no entanto, reconhecem (ao menos implicitamente) é tão grande que se pode dizer que eles estão "imbuídos de um senso de sua inutilidade cultural" (BOURDIEU, 1984 [1979], p. 251)[17].

---

* Em inglês, *trickle-down effect*, proveito que escorre secundariamente para as classes inferiores do enriquecimento das classes superiores [N.T.].

17. Bourdieu teria tido talvez que modificar seu retrato inegavelmente duro da pobreza e passividade culturais da classe operária se tivesse sido capaz de identificar as diferentes frações dessa classe que sua teoria postula, pois isso teria compelido à análise dos conflitos intestinos da classe. No entanto, mesmo que se julgue esse aspecto da *Distinção*, devemos lembrar que a premissa de uma hierarquia de estilos de vida não pode ser falseada simplesmente apontando-se a canonização de formas de cultura "populares" (ou outrora "populares"). Bourdieu é plenamente cônscio desses fenômenos, mas argumenta que a consagração de formas culturais da classe operária inevitavelmente ocorre através de intelectuais ou artistas; agraciadas de um *habitus* diferente, essas formas culturais passam a carregar um sentido inteiramente diferente (cf. BOURDIEU, 1984 [1979], p. 47-48, 88, 372-374).

Conflitos sobre a cultura legítima mais ou menos inevitavelmente tomam a forma de um "efeito de corrimento" quando a forma específica de cultura em questão tem sua "consagração" e consequente legitimação reservadas a um grupo extremamente fechado e institucionalmente sancionado de "especialistas" ou "profissionais" (BOURDIEU, 1990a [1980], p. 138)[18]. Um caso paradigmático é o das belas-artes, com seus espaços institucionais altamente circunscritos (departamentos universitários, museus, galerias, leiloeiros etc.) e seus meios de comunicação (publicações especializadas, palestras) e redes interpessoais ("panelinhas" de artistas e jornalistas) também muito restritivos. Embora bastante incomuns na descrição que ele faz da relação da classe operária com a cultura, em domínios culturais menos rigidamente circunscritos Bourdieu parece detectar lampejos de um conflito cultural alternativo. Nesses casos, a própria legitimidade é contestada:

> A arte de comer e beber permanece uma das poucas áreas em que as classes operárias desafiam explicitamente a legítima arte de viver. Face à nova ética da sobriedade [...] que tem maior reconhecimento nos níveis mais altos da hierarquia, os camponeses e especialmente os operários industriais mantêm uma ética de convivência indulgente. Um *bon vivant* não é apenas alguém que aprecia comer e beber, mas alguém capaz de entrar na relação generosa e familiar – isto é, simples e livre – estimulada e simbolizada pelo comer e beber em grupo [...] (BOURDIEU, 1984 [1979], p. 179).

> A única área da prática da classe operária na qual o próprio estilo alcança estilização é a da linguagem, com a gíria [...] que implicitamente afirma uma contralegitimidade, com a intenção, por exemplo, de ironizar e dessacralizar os "valores" da moralidade e estética dominantes (BOURDIEU, 1984 [1979], p. 395; cf. tb. p. 34; 1991, p. 90-102).

A contestação das hierarquias culturais por parte da classe operária permanece rara, sendo mais frequente nos conflitos sobre o estilo legítimo de vida que são travados dentro da pequena burguesia e da classe dominante por frações dessas respectivas classes. No último caso, em especial, conflitos sobre o conteúdo e significado da cultura legítima são a norma, com cada fração buscando atrair o reconhecimento das outras sobre a superioridade de sua própria maneira de ser e viver[19].

---

18. A "consagração" de objetos e práticas culturais gerada nesses mundos (relativamente) fechados e autônomos não é unânime; ao contrário, para Bourdieu ela está sujeita a conflitos internos acirrados. Isso leva a um complexo conjunto de relações entre os vários atores nesses mundos e os vários "públicos" constituídos pelas diferentes classes e frações de classe (embora a classe operária permaneça quase inteiramente à margem dessa dinâmica). A hipótese-guia de Bourdieu é que as divisões internas nesses mundos são homólogas às que caracterizam os públicos em potencial – isto é, são em linhas gerais isomórficas ao espaço social. Cf. Bourdieu, 1984 [1979], p. 230-244.

19. Bourdieu é frequentemente criticado por enfatizar o primado absoluto de uma forma "erudita" de cultura, de um beletrismo hoje obsoleto na França e que nunca foi aplicável nos Estados Unidos e vários outros países. Na verdade, porém, como Lane (2000, p. 148-157) nos lembra de modo convincente, a análise da classe dominante na *Distinção* claramente traça o eclipse (embora

As práticas e objetos constitutivos de um estilo de vida, insiste Bourdieu, não "expressam" meramente os esquemas que compreendem o *habitus*. Apreciar um certo tipo de música é, implícita ou explicitamente, desprezar outras formas de música disponíveis; achar certos tipos de culinária especialmente apetitosos é considerar outros sem graça; ver certas escolas de pintura como instigantes é achar outras fastidiosas. Em cada um desses casos, as práticas ou objetos rejeitados associam-se aos atores sociais neles envolvidos ou que são seus detentores. Para Bourdieu, em outras palavras, a sensibilidade estética que orienta as escolhas cotidianas dos atores em matéria de comida, roupa, esportes, artes plásticas ou música – e que se estende a coisas aparentemente triviais como sua postura corpórea – serve de veículo através do qual *simbolizam a similaridade* ou *diferença social* entre si. Através dos detalhes do consumo cotidiano, em outras palavras, cada indivíduo continuamente se *classifica* e, simultaneamente, a todos os outros como semelhantes ou diferentes. O reconhecimento dessa função simbólica do comportamento diário de consumo abre caminho à análise das "lutas classificatórias" em que Bourdieu vê (1984 [1979], p. 483) "uma dimensão esquecida da luta de classes".

Como observamos, Bourdieu conceitua o espaço social como um espaço fatorial. Assim, para assinalar algo bastante óbvio, um espaço constituído de eixos contínuos é um espaço *desprovido de fronteiras inerentes*. Consequentemente, é apenas através desses atos constantes e recíprocos de classificação social que nascem as *coletividades*: grupos sociais delimitados resultantes de práticas que buscam simbolicamente demarcar "regiões" do espaço social (BOURDIEU, 1984 [1979], p. 174-175, 476; cf. tb. 1991, p. 120; 1990a [1980], p. 140). Como tais, eles surgem da percepção do espaço social através de simbolizações quase *categoriais* de afinidade e incompatibilidade (a que Bourdieu por vezes se refere como "categoremas" [1984 [1979], p. 475] para indicar que tendem a funcionar num nível pré-reflexivo). Com efeito, para Bourdieu, o simbólico é um "poder

---

em seus estágios iniciais) do *status* de paradigma atribuído à "cultura erudita", em favor não da cultura literária dos intelectuais, mas da moderna cultura dos executivos e administradores.

Pode-se observar que estudos sobre o consumo cultural realizados nos Estados Unidos nas últimas décadas indicam a emergência de um novo tipo de hierarquia cultural – que Peterson e Kern (1996) chamam de ideal do "onívoro cultural". Nessa perspectiva, em vez de entendidas numa relação hierárquica, as diferentes formas de prática ou objeto cultural – p. ex., as várias cozinhas, tradições musicais ou gêneros literários – são vistas como tendo todas seus exemplares meritórios definidos por critérios de avaliação internos de cada "meio cultural" específico e, portanto, mutuamente irredutíveis. O imperativo social resultante equivale a uma espécie de "cosmopolitismo" cultural, que se encaixa na estrutura de significados imanentes e virtudes únicas de uma ampla gama de objetos e práticas. O que precisamos assinalar sobre esse cosmopolitismo é que ele é perfeitamente capaz de funcionar como um veículo de *status* e pressupõe fortemente uma competência de distribuição assimétrica – as duas coisas demonstradas por Bryson (1996), que daí cunha a expressão "capital multicultural".

discricionário [...] *diacrisis*, *discretio*, separando unidades discretas de contínuos indivisíveis, diferenciando a partir do indiferenciado" (BOURDIEU, 1984 [1979], p. 479). Isso implica que qualquer coletividade social é resultado dos atos simbólicos combinados de autoclassificação de seus membros e da classificação deles pelos outros (e portanto, também, dos excluídos). No entanto, os vários atores não contribuem de modo igual nesse processo de mútua categorização e classificação. Ao contrário, a capacidade de estabelecer as divisões que estruturam a percepção do espaço social não é distribuída nesse espaço de maneira uniforme, uma vez que grande parte da *força* simbólica acumulada por objetos ou práticas que desempenham uma função classificatória deriva de sua relativa proximidade ou distância face à cultura legitimada (cf. BOURDIEU, 1991, p. 242; 1990a [1980], p. 139; 1987, p. 11; 1990b, p. 135).

Para Bourdieu, as práticas pelas quais esses processos de mútua classificação se desdobram são guiadas por princípios de gosto alojados no *habitus*, portanto situados abaixo do limiar da consciência reflexiva. No entanto, eles se conformam a uma lógica estratégica (como no exemplo do tenista que sobe à rede). O resultado é que os sociólogos são compelidos a prestar toda a atenção aos "jogos" culturais de aparente trivialidade e às opções rotineiras de consumo da vida cotidiana. A importância plena das lutas classificatórias travadas através dos estilos de vida fica clara tão logo reconhecemos que, antes que possa existir qualquer espécie de "conflito de classe" (no sentido corriqueiro da expressão), tem que primeiro ocorrer processos simbólicos para demarcar as coletividades relevantes – isto é, nos quais cada uma se identifica e identifica seu(s) oponente(s) – e os interesses que possam constituir o objeto do conflito (BOURDIEU, 1990b, p. 138)[20].

No entanto, dado que os atores que são objeto de práticas classificatórias ocupam posições específicas no espaço social e que o grau de similaridade ou diferença entre seus *habitus* é uma função da localização deles nesse espaço, segue-se que os esquemas classificatórios não têm todos as mesmas probabilidades de alcançar reconhecimento social. Em outras palavras, independente da força simbólica acumulada por um agente específico que propõe um esquema classificatório, a estrutura do espaço social – que é o *referente real* absoluto de todos esses esquemas – necessariamente condiciona sua factibilidade (BOURDIEU, 1990b, p. 138)[21]. Assim, por exemplo, tentativas de estabelecer simbolicamente

---

20. Na tradição marxista, a posição que mais se aproxima da de Bourdieu foi desenvolvida por Przeworski (1985). Cf. Weininger (2002, p. 91-93) para uma discussão das diferenças entre as duas.

21. A literatura sobre o cosmopolitismo cultural (nota 19 acima) é suficiente para lançar dúvida sobre essas versões "pós-modernas" que afirmam a completa extirpação de qualquer amarra socioestrutural da cultura. Para essas teorias, a eficácia dos sistemas simbólicos, entendidos como o meio pelo qual se produz a "construção social da realidade", não é mais uma função de sua correspondência ou não correspondência ao real (ou mesmo a *qualquer* "real" além deles). As

uma crença na unidade de categoria da fração "cultural" pequeno-burguesa, de um lado, e da fração "econômica" da classe dominante, de outro, padecem de uma inerente implausibilidade, uma vez que os atores em questão, separados por largas faixas intervenientes de espaço social, possuem *habitus* altamente divergentes. Simplificando, a probabilidade de dois atores quaisquer pertencerem à mesma categoria social é inversamente proporcional a distância que os separa no espaço social (BOURDIEU, 1991, p. 232). Dito isso, continua verdadeiro, porém, que o próprio espaço social é livre de quaisquer fronteiras intrínsecas. E dada essa estrutura contínua, fica claro que (ao contrário das frequentes acusações de hiperdeterminismo feitas a Bourdieu) a introdução de "divisões" ou fronteiras simbólicas nesse espaço e a consequente formação de coletividades sociais equivalem a um aspecto da prática dos atores que é *irredutível* em termos de causa. Isso tem importantes consequências, a mais significativa das quais o fato de que os contornos das "classes sociais" que emergem dessas práticas de maneira alguma são preestabelecidos: a "divisão" do espaço social pode ocorrer de maneira altamente agregada ou desagregante ao longo de *cada um* dos seus eixos constitutivos, permitindo um infinito número de configurações possíveis (BOURDIEU, 1987, p. 10). Daí, em certas situações pode acontecer que as "diferenças objetivas [...] se reproduzam na experiência subjetiva da diferença" (BOURDIEU, 1987, p. 5); em outras, porém, pode muito bem acontecer que a "vizinhança social [...] tenha toda a chance de [...] ser o ponto de maior tensão" (BOURDIEU, 1990a [1980], p. 137).

Emergindo de práticas que são tematicamente orientadas para fins inteiramente diversos (i. é, para a comida, a arte, a moda etc.), as fronteiras estabelecidas pelos estilos de vida podem não ter precisão alguma. Ao contrário, essas fronteiras são necessariamente indeterminadas e confusas (BOURDIEU, 1991, p. 234). Pela mesma razão, não têm permanência, existindo apenas no fluxo das práticas em curso (BOURDIEU, 1990a [1980], p. 141). São, portanto, inegavelmente fluidas, porosas. No entanto, como "transformações simbólicas

---

variantes "liberatórias" tipicamente levam ainda a supor que os sistemas simbólicos são mais maleáveis e plásticos do que os (ora debilitados) sistemas sociais, o que implica, entre outras coisas, que a identidade resultaria de uma automodelagem reflexiva inteiramente desprendida do "nascimento ou sorte". Aqui mais uma vez Lane (2000, p. 157-159) faz um lembrete útil, assinalando que inúmeros aspectos dessa visão de mundo "pós-moderna" já se encontravam em certas seções da *Discreção*. Fazendo referência sinuosa a alguns filósofos franceses do dia, Bourdieu traçou os contornos de um estilo de vida que postulava a autorrealização através do consumo e uma "recusa a ser fixado num lugar específico do espaço social". Essa pretensão à inclassificabilidade – "uma espécie de sonho de voo social, um esforço desesperado de desafiar a gravidade do campo social" – era característica dos "novos intermediários culturais", ou seja, a fração da pequena burguesia empregada na fabricação de produtos comerciais simbólicos e especialmente os membros dessa fração que, com origens na classe dominante, haviam experimentado uma mobilidade descendente inusitada (BOURDIEU, 1984 [1979], p. 370; cf. p. 152-154, 365-371).

de diferenças de fato" (BOURDIEU, 1991, p. 238), são cruciais à manutenção ou transformação da estrutura de classe subjacente. Devemos lembrar que as "taxonomias práticas" estabelecidas pelos agentes via efeito simbólico de suas práticas não são meramente "grades" vazias superpostas ao espaço social. As várias práticas e, através delas, os diferentes estilos de vida têm todos uma relação hierárquica com a cultura legítima – isto é, com (esquematicamente) a cultura canonizada. Por conseguinte, a classificação social é simultaneamente uma concessão social de *honra*, no sentido weberiano. E é tese fundamental de Bourdieu que, precisamente por perceberem uns aos outros primordialmente pelo "*status*" apenso a suas práticas – ou, em outras palavras, através do véu simbólico da honra – é que os indivíduos deixam de perceber a base real dessas práticas: o capital econômico e o capital cultural que estão subjacentes aos diferentes *habitus* e ao mesmo tempo possibilitam a sua realização. Quando diferenças de capital econômico e cultural são percebidas como diferenças de honra, funcionam como o que Bourdieu chamou de capital simbólico (cf. BOURDIEU, 1991, p. 238). Essa função pode ser entendida como uma "teatralização legitimadora que sempre acompanha o exercício do poder" e que "se estende a todas as práticas e em especial o consumo". Consequentemente, segundo Bourdieu, "[o] próprio estilo de vida dos detentores do poder contribui para o poder que o torna possível, porque suas verdadeiras condições de possibilidade permanecem irreconhecidas [...]" (1990a [1980], p. 139). Na medida em que é este o caso, a falha de percepção do espaço social – que caracteriza tanto os dominantes quanto os dominados, mas para vantagem destes últimos – é também "violência simbólica".

Do estado prático ao estado objetivo: modalidades de poder simbólico

Para Bourdieu, as fronteiras indefinidas e porosas que surgem do livre jogo das práticas de consumo (implicitamente) antagônicas equivalem ao que poderia ser chamado de poderes de "classificação primitiva" (cf. DURKHEIM & MAUSS, 1963; BOURDIEU & WACQUANT, 1992, p. 12-15). Tais poderes são apenas uma modalidade particular – embora fundamental – em que a instituição de fronteiras pode ocorrer. Com efeito, sempre que a classificação não é mais deixada exclusivamente ao sabor do "jogo" pré-reflexivo do *habitus*, as fronteiras sociais – e portanto as coletividades que constituem – estão sujeitas a *codificação*. De acordo com Bourdieu, "[c]odificar significa banir o efeito de imprecisão e indeterminação, as fronteiras maltraçadas e as divisões apenas aproximadas, e produzir classes definidas com cortes nítidos, estabelecendo fronteiras firmes [...]" (1990b, p. 82). Isso implica *formalização*: os critérios pelos quais os casos se diferenciam podem ser especificados e as categorias resultantes examinadas de acordo com considerações lógicas (p. ex., saber se a participação em uma categoria impede a possibilidade de participar em outra, como questionam as discussões sobre a existência de "famílias de classes mistas"). Em contraste com a elasticidade situacional de categorizações sociais geradas exclusivamente por práticas de consumo, fronteiras que passam por codificação gozam de uma precisão definida e, em alguns casos, de permanência e força. A codificação, portanto, equivale a uma "objetivação" ou "cristalização" das divisões que de outro modo poderiam ser geradas apenas espontaneamente. Assim, começando no nível das disposições, a análise de Bourdieu sobre a formação de coletividades abre ao exame um conjunto diverso de fenômenos, aqueles referentes aos processos através dos quais diferenças existentes no "estado prático" transformam-se em "fronteiras" objetivadas. Além disso, por implicar uma transformação na maneira como as fronteiras operam, a codificação também implica uma transformação do poder simbólico que está por trás delas. Com efeito,

> [a] capacidade de trazer à existência em estado explícito [...] de tornar público (i. é, objetivado, visível, dizível e mesmo oficial) aquilo que, ainda não tendo alcançado existência objetiva e coletiva, permaneceu em estado de existência individual ou serial [...] representa um formidável poder social, que é o de trazer grupos à existência através do estabelecimento [...] do consenso explícito de todo o grupo (BOURDIEU, 1991, p. 236).

É no curso de uma análise das diferentes modalidades de poder simbólico que emerge plenamente a *política* da classificação.

Podemos notar, antes de mais, que uma codificação elementar ocorre tão logo uma coletividade – e, portanto, tácita ou explicitamente, a fronteira que a separa de outras – acede ao nível do discurso. Como Bourdieu gosta de assinalar, "qualquer afirmação predicativa que tenha 'a classe operária' como sujeito esconde uma afirmação existencial (a de que *há* uma classe operária)" (1991, p. 250). A designação linguística do coletivo, o *nome* (ou *rótulo* social), possibilita que suas fronteiras se tornem um objeto de preocupação temática, uma vez que implica, ao menos potencialmente, um conjunto finito de indivíduos cujos limites podem ser traçados e um princípio de inclusão que pode ser aplicado a casos específicos (cf. BOURDIEU, 1984 [1979], p. 480). Os sentimentos implícitos de afinidade ou incompatibilidade engendrados por semelhanças ou diferenças de estilo de vida – um estado relativamente "serial" de existência – podem então ser articulados; a designação verbal do coletivo capacita um reconhecimento explícito do *status* de inclusão de si mesmo e de outros ("Ele não é classe média, é advogado!") e assim confere uma dimensão explicitamente coletiva ao senso de identidade pessoal do indivíduo. Além disso, apenas através de uma identidade discursiva sabida e reconhecida pelos membros da classe (ou fração) é que eles se tornam capazes de agir de forma concertada com um propósito específico – isto é, tornam-se capazes de *mobilização*. Assim, as "classes sociais", tais como tipicamente visualizadas na teoria social – a saber, como grupos que entram em conflito em prol dos "interesses de classe" – são entidades profundamente discursivas; e na medida em que a preservação ou transformação das distribuições subjacentes de capital econômico e cultural de fato se articula na ação coletiva, o discurso contribui para moldar e remodelar o próprio espaço social. A designação linguística das coletividades, em outras palavras, deve ter o crédito de um poder de "construção social", uma vez que pode dar à luz uma entidade coletiva com uma existência explicitamente reconhecida e uma capacidade de ação coletiva. No entanto, ela não é de modo algum inteiramente independente das diferenças em estilo de vida: parte da eficácia da designação linguística das coletividades deriva da capacidade que tem o nome de pôr a descoberto clivagens sociais que já estavam dadas na experiência pré-verbalizada e eram, portanto, "familiares". Além do mais, assim como essas clivagens, o discurso é condicionado pela estrutura do espaço social que é seu substrato último (BOURDIEU, 1990b, p. 138).

Como no caso da diferenciação através das práticas ligadas ao estilo de vida, a categorização discursiva dos indivíduos pode enfrentar resistência, uma vez que cada indivíduo é simultaneamente classificador e classificado. Além disso, também neste registro os indivíduos são dotados de forma desigual da capacidade de impor suas classificações. Tal desigualdade tem consequências particularmente significativas no reino da política (por razões que logo serão esclarecidas). Com efeito, para Bourdieu, a carência de capital cultural da classe operária é tão grave que seus integrantes são, em certa medida, incapazes de fazer – e com frequência não se acham mesmo autorizados a fazer – juízos "deliberativos" para circulação na esfera pública (cf. BOURDIEU, 1984 [1979], p. 397-465). Consequentemente, a autoridade para falar pela classe – articular sua história, suas opiniões políticas, necessidades e demandas – deve ser *delegada* a um grupo de porta-vozes profissionais, eles próprios apoiados por uma organização (o partido ou sindicato) que se dedica ao trabalho de *representar* o coletivo. A classe assim alcança uma forma específica ("metonímica") de existência "objetivada" na qual a guarda de suas fronteiras e a mobilização de seus membros é continuamente *gerida* por um corpo de "especialistas": "[a] classe operária existe no e através do corpo de representantes que lhe dão voz audível, presença visível, e na e através da crença em sua própria existência que esse corpo de plenipotenciários consiga impor [...]" (BOURDIEU, 1991, p. 251; cf. tb. p. 173-174).

Bem além da codificação elementar que o discurso proporciona, as instituições sociais podem possuir o poder de instaurar e regular fronteiras constitutivas de classes ou frações de classes com alto grau de solidez e permanência, e podem fazê-lo independentemente dos esquemas classificatórios dos atores sujeitos a sua categorização. As instituições educacionais, que têm o poder de emitir certificados e credenciais, são o exemplo preferido de Bourdieu. Na medida em que carregam um valor mais ou menos universalmente reconhecido no mercado de trabalho, as credenciais estabelecem uma fronteira objetiva entre seus detentores e não detentores. Ao mesmo tempo, no entanto, o credenciamento também exerce um efeito simbólico, uma vez que implica a introdução de uma *descontinuidade qualitativa* no contínuo de competências culturais: a diferença entre a pessoa com o maior número de erros numa prova e a pessoa com a menor nota suficiente para passar, assinala Bourdieu (1990a [1980]), torna-se uma diferença de *classe*, de qualidade. Categorias sociais como a dos "profissionais liberais" e a dos "operários qualificados", por exemplo, são em grande parte circunscritas pela autoridade exclusiva do sistema educacional de conceder credenciais e diferenciar os vários tipos de credenciais ("certificados técnicos" *versus* "graduação").

As fronteiras que demarcam as coletividades entre si atingem seu mais alto nível de objetivação quando são fixadas na *lei* (BOURDIEU, 1987, p. 13). Aqui encontramos um sistema simbólico plenamente codificado: a lei é interpretada, aplicada e em geral produzida por um corpo de *experts* especialmente treinados, e esses processos são restritos a uma arena institucional na qual são primordiais a coerência e a consistência. Ele assim atinge a condição plenamente formalizada de um *código* (BOURDIEU, 1990a, p. 79-80) e exibe o máximo de precisão. Além disso, as fronteiras legais são *impositivas*, com as transgressões sujeitas a sanção de uma agência "oficial", isto é, um braço do Estado.

O próprio Estado está no ápice dessa progressão que estamos traçando. Apropriando-se da fórmula de Weber, Bourdieu define o Estado como "monopólio do uso legítimo da violência física e *simbólica* em determinado território" (BOURDIEU, 1998b [1994], p. 40). Isso significa, sobretudo, que o Estado e só ele detém o direito legítimo de impor princípios classificatórios com validade *compulsória* ou (como no caso das escolas e das credenciais que emitem) de pelo menos *estatuir* a validade desses princípios (cf. BOURDIEU, 1990b, p. 136-137). Além do poder de elaborar e fazer cumprir a lei, o Estado também se envolve em várias formas de categorização social através de agências dedicadas a contar a população e regular várias atividades (p. ex., na esfera econômica, produzindo taxonomias ocupacionais ou regulando as condições de trabalho). Esse poder tem consequências discrepantes para as lutas classificatórias que se desenrolam nos níveis mais baixos de codificação (p. ex., através de discursos de mobilização). Por um lado, o Estado pode inscrever um conjunto de categorizações na ordem social que, em função de seu caráter obrigatório, reduzem o espaço de manobra dos atores sociais. Por outro lado, no entanto, a autoridade do Estado pode ela mesma tornar-se objeto dessas lutas através da petição do coletivo mobilizado a agências e departamentos: "[a] presença ou ausência de um grupo na classificação oficial depende da sua capacidade de se fazer reconhecer, de se fazer anunciar e admitir e, assim, ganhar um lugar na ordem social" (BOURDIEU, 1984 [1979], p. 480-481). O reconhecimento pelo Estado provê "uma definição oficial da própria identidade social" e dessa forma "salva os seus detentores da luta simbólica de todos contra todos" (BOURDIEU, 1991, p. 240). Para além disso, no entanto, devemos lembrar mais uma vez que as coletividades nascidas das (ou cuja existência é ratificada pelas) ações classificatórias do Estado não podem ser vistas como uma "grade" vazia que se superpõe ao espaço social. Ao contrário, ao estabelecer fronteiras, o Estado também distribui "vantagens e obrigações" (BOURDIEU, 1984 [1979], p. 476-477; cf. tb., 1991, p. 180-181). Assim, por exemplo, no contexto da produção, uma petição bem-sucedida ao Estado pode resultar em exigências de certificados, em exames de licenciamento e outros critérios formais de ingresso que são barreiras ocupacionais geradoras de fechamento e "renda"[22]. (No entanto, devemos reiterar que, para Bourdieu, a produção – em oposição ao consumo – é de importância secundária como lugar no qual provavelmente ocorrem atualmente a formação de laços de solidariedade e a mobilização coletiva[23].)

Nossa discussão partiu em sequência das fronteiras difusas e flutuantes geradas pelo jogo das práticas de consumo para os limites rígidos e compulsórios autorizados pelo Estado. Entretanto, nem os atores sociais nem os sociólogos que os estudam jamais encontram um mundo simbolicamente indiferenciado. O que quer dizer que a discussão baseou-se numa abstração, em que de início todas as barreiras simbólicas objetivadas foram postas entre parênteses, de modo a traçar a constituição progressiva de classificações começando no estado não codificado (estilos de vida), passando por processos de identificação discursiva, depois de mobilização coletiva, para chegar por fim à "oficialização" pelo Estado (cf. BOURDIEU, 1990a [1980], p. 122-134).

---

22. Para manter sua concepção "realista" da ordem ocupacional, Grusky e Sørensen (1998, p. 1.195) são levados a caracterizar as classificações ocupacionais construídas pelo Estado como exercícios meramente "nominalistas" que só podem reivindicar uma base na realidade na medida em que os que exercem as várias ocupações já se mobilizaram e tiveram sucesso numa petição ao Estado para erigir barreiras de entrada. Ao fazê-lo, Grusky e Sørensen deixam de reconhecer que a autonomia substancial normalmente desfrutada pelas agências estatais (em relação aos que são classificados) significa que a construção de seus sistemas classificatórios é provavelmente dirigida da mesma forma pelos interesses dos próprios burocratas do Estado, como demonstraram vários estudos históricos (cf. DONNELLY, 1997 e suas citações). Além do mais, o reconhecimento disso de maneira alguma implica um deslizamento para o nominalismo epistemológico, como eles parecem supor. Precisamente na medida em que é capaz de suscitar *reconhecimento* tanto dos que exercem uma ocupação quanto dos excluídos, essa *imposição burocrática* de uma designação classificatória caracteriza-se como "aquela mágica realidade que (com Durkheim e Mauss) define as instituições como ficções sociais" (BOURDIEU, 1991, p. 251). A questão relevante, como coloca Donnelly (1997, p. 115), é saber "[q]ue consequências podem ter as classificações oficiais para a conscientização e a ação dos sujeitos sociais". Em suma, é necessário reconhecer que, acima e além de ratificar cenários, "arranjos de jurisdição", o Estado faz uma contribuição independente à estruturação da ordem ocupacional – e esse reconhecimento do seu papel não precisa colocar em risco um compromisso com o "realismo" epistemológico.

23. Para um estudo histórico que, extraindo muito do repertório conceitual de Bourdieu, mapeia a emergência de uma nova categoria ocupacional através da mobilização no local de produção e da petição ao Estado, ver a análise da formação dos *cadres* (executivos – em francês no original [N.T.]) por Boltanski (1987 [1982]) e a discussão de Wacquant (1991) a respeito.

O que emerge de uma descrição feita dessa maneira é algo de importância fundamental para Bourdieu: todas as coletividades sociais são "artefatos históricos" (BOURDIEU, 1987, p. 8-9), e para captá-las plenamente a sociologia não tem escolha a não ser "reconstruir o *trabalho histórico* que produziu [as] divisões sociais" pelas quais as coletividades se constituíram (BOURDIEU, 1991, p. 248).

Dito isto, porém, uma vez removidos os parênteses inicialmente colocados para suspender as estruturas simbólicas objetivadas a fim de se traçar a sua gênese, fica claro que o mundo social, tal como o vemos atualmente, está "sempre já" lacerado por inúmeras divisões simbólicas, que vão das difusas às plenamente codificadas. Consequentemente, os atores que se envolvem em mútua classificação – seja através de práticas de consumo, discurso ou qualquer outro meio simbólico – passaram a vida imersos num mundo já classificado. Assim, sua experiência do mundo social sempre foi uma experiência de distinções. E como resultado da imersão (especialmente durante a socialização inicial) num mundo previamente dividido, as estruturas existentes de classificação social foram necessariamente impressas em seus *habitus*. Em outras palavras, o *habitus* também incorpora "princípios de visão e divisão" (BOURDIEU, 1998b [1994], p. 46) absorvidos do ambiente social em que se formou, o que significa uma tendência geral a classificar de determinada maneira as coisas e as pessoas do mundo: "[a]s divisões sociais tornam-se princípios de divisão, organizando a imagem do mundo social" (BOURDIEU, 1984 [1979], p. 471). Isso dá ao *habitus* uma certa tendência à *inércia*, isto é, à reprodução em sua própria prática das estruturas classificatórias encontradas na experiência primeira (cf. BOURDIEU & WACQUANT, 1992, p. 133). Essa propensão é tanto mais frequente quanto mais se encontram registradas na lei as fronteiras entre classes (e frações ou subdivisões de classes), ou seja, quanto mais têm um *status* oficial (BOURDIEU, 1990a [1980], p. 138-139). Mesmo assim, é improvável que as estruturas classificatórias se perpetuem *ad infinitum** sem modificações ou alterações. Isso porque, em primeiro lugar, eventos como transformações econômicas podem alterar a distribuição de capitais. Em segundo lugar, porém, o fato de que o espaço social é tão altamente diferenciado garante a existência de múltiplos sistemas de classificação competindo permanentemente entre si; e é precisamente essa competição que gera a *invenção* simbólica. Bourdieu supõe que "[é] nas posições intermediárias do espaço social, especialmente nos Estados Unidos, que a indeterminação e a incerteza objetiva das relações entre práticas e posições está no máximo e também, consequentemente, a intensidade das estratégias simbólicas" (1990b, p. 133).

---

* Em latim no original [N.T.].

Dominação multiplicada

Como vimos, a compreensão de Bourdieu sobre classe tem uma série de aspectos que a diferenciam de outros tratamentos do assunto. Esses aspectos incluem sua conceituação da estrutura de classe como um espaço social multidimensional; sua ênfase sobre o consumo, visto como um campo da vida social no qual a posse de capital econômico e cultural pode ser exibida "teatralmente"; e seu foco incansável na dimensão simbólica das práticas, identificada como ponte indispensável entre *proximidade estrutural*, de um lado, e *coparticipação* em uma classe social (ou fração), de outro. Ao mesmo tempo, no entanto, ao fazermos esta descrição da teoria e da análise de classe de Bourdieu, necessariamente simplificamos, uma vez que todas as outras formas de dominação foram deixadas de lado no mundo social que ele delineia. Vamos, portanto, introduzir neste balanço, a seguir, elementos como região e, especialmente, gênero. Como o pensamento de Bourdieu sobre essas questões desenvolveu-se nos anos seguintes à *Distinção*, vamos primeiro delinear os pressupostos desta obra; depois, trataremos da revisão feita em escritos posteriores, especialmente *Dominação masculina* (2001b [1998]), examinando suas implicações para a compreensão inicial sobre classe.

Causas complexas

A *Crítica do gosto* de maneira alguma tem a ver apenas com o impacto exercido pelas diferenças de capital econômico e cultural sobre as práticas. Ao contrário, vários outros fatores "estratificantes" – incluindo gênero, idade, região e (em menor medida) a etnia – são objeto frequente de discussão. No entanto, enquanto a sociologia convencionalmente considera esses fatores como diversas bases de dominação ou estratificação – que, dependendo da situação específica, podem (ou não) ser efetivas além do fator classe – Bourdieu adota uma abordagem radicalmente diferente. A fim de esclarecer essa abordagem, temos que reexaminar o elo causal que liga o fato de ocupar uma posição específica no espaço social com a formação do *habitus* e, através dele, com práticas específicas. A postura de Bourdieu fica evidente numa descrição do modo como os diferentes aspectos da localização de alguém no espaço social (i. é, volume e composição de capital, trajetória) estão relacionados a uma variedade de características demográficas (gênero, idade, etnia etc.) e como, juntos, esses diferentes elementos afetam o *habitus*:

> Para dar conta da infinita diversidade de práticas de maneira tanto unitária quanto específica, temos que romper com o *pensamento linear*, que apenas reconhece estruturas de determinação direta ordenadas de forma simples, e nos empenhar em reconstruir as *redes* de relações entrelaçadas presentes em cada um dos fatores. A *causalidade estrutural de uma rede de fatores* é bem irredutível aos efeitos acumulados de [...] [um] conjunto de relações lineares [...]; através de cada um dos fatores

é exercida a eficácia de todos os outros [...] (BOURDIEU, 1984 [1979], p. 107 – tradução modificada por este autor).

A "causalidade estrutural" a que se refere Bourdieu pode ser entendida como um sistema de fatores *causalmente interativos* (WEININGER, 2002, p. 68-71). Como dissemos, esse sistema inclui efeitos decorrentes tanto da localização do indivíduo no espaço social quanto de características demográficas. Afirmar que as relações causais são totalmente interativas, como faz Bourdieu, implica que o impacto de cada um desses fatores na formação do *habitus* (e, através dele, nas práticas específicas) varia de acordo com o "valor" de um indivíduo em cada um dos outros fatores. Isso equivale a uma rejeição do que Abbott (2001) denomina "pressuposto dos efeitos principais" em lógica causal – isto é, o pressuposto de que os fatores causais operam de modo independente uns dos outros, a menos que o oposto possa ser demonstrado empiricamente[24].

No entanto, Bourdieu também faz uma restrição substancial importante à maneira como o sistema de fatores interativos deve ser conceituado. Tal restrição diz respeito à interpretação das relações interativas. E fica evidente na terminologia que ele escolhe: os fatores decorrentes da localização no espaço social são identificados como "primários", ao passo que as características demográficas são consideradas fatores "secundários" (cf. BOURDIEU, 1984 [1979], p. 101ss.). Isso indica que, para Bourdieu, as relações interativas devem ser entendidas como alterações induzidas nos efeitos atribuíveis a características demográficas à medida que muda o lugar no espaço social. Mais concretamente, significa que, na interpretação de Bourdieu, o impacto de um fator como o gênero sobre o *habitus* varia de acordo com a localização no espaço social e não vice-versa. A posição de Bourdieu fica visível em observações como esta:

> Todo o conjunto das diferenças socialmente constituídas entre os sexos tende a enfraquecer à medida que a pessoa galga a hierarquia social e especialmente rumo ao [...] [polo "intelectual"] da classe dominante, onde as mulheres tendem a partilhar as prerrogativas mais tipicamente masculinas tais como a leitura de jornais "sérios" e o interesse em política, ao passo que os homens não hesitam em expressar interesse e disposição para coisas consideradas em outros níveis, por exemplo, de gosto "efeminado" (BOURDIEU, 1984 [1979], p. 382-383; acréscimo deste autor).

O *habitus* é sempre de "gênero"; no entanto, as consequências disso (para as práticas que produz) variam de acordo com a posição no espaço social. Assim, volume e composição de capital e trajetória de vida desfrutam de certa primazia: o significado atribuído aos fatores "secundários" é em função da localização no

---

24. Este aspecto da sociologia de Bourdieu tem geralmente passado despercebido nas interpretações de sua obra em língua inglesa. Mas é reconhecido, porém, na literatura francesa (p. ex., ACCARDO, 1997, p. 191-211).

espaço social; o impacto da localização, ao contrário, não varia sistematicamente em função dos fatores "secundários". É precisamente tal primazia que Bourdieu ressalta ao declarar que "volume e composição de capital dão forma e valor específicos à determinação que os outros fatores (idade, sexo, local de moradia etc.) impõem às práticas" (BOURDIEU, 1984 [1979], p. 107).

O corolário dessa visão meio opaca da causalidade é significativo. Ao afirmar o primado dos fatores relacionados à localização no espaço social para a formação do *habitus*, Bourdieu está atribuindo – meramente em bases metateóricas – uma maior importância a eles na explicação das práticas. Além do mais, está *também* declarando que são as linhas primordiais em torno das quais vão surgir os conflitos sociais: "grupos mobilizados com base num critério secundário (tal como sexo ou idade) provavelmente vão se manter unidos de maneira menos duradoura e profunda do que os que se mobilizam com base nos determinantes fundamentais de sua condição" (BOURDIEU, 1984 [1979], p. 107) – isto é, com base no volume e composição de capital e na trajetória. Em outras palavras, na "batalha simbólica de todos contra todos", esquemas baseados em gênero, idade ou categorizações étnicas têm implicitamente menos capacidade de obter reconhecimento do que esquemas (como a classe social) que se mantêm consistentes com os contornos estruturais do espaço social.

Classificações transversais

Em sua obra posterior, Bourdieu abandona a suposição de que as "condições de vida" ligadas à posição no espaço social são determinantes fundamentais do *habitus* que eclipsam fatores "secundários" como o gênero. O que equivaleu a revogar a primazia causal atribuída ao volume e composição de capital e à trajetória de vida. Em seu lugar surge o esboço de uma sociologia consideravelmente mais afinada com as especificidades históricas das diversas bases da dominação social. O que fica mais evidente nos seus escritos sobre gênero.

Livrinho de Bourdieu que mapeia um terreno bastante amplo, a *Dominação masculina* visa apresentar "uma história arqueológica da inconsciência que, sem dúvida construída em um estágio muito antigo e arcaico de nossas sociedades, habita cada um de nós, seja homem ou mulher" (BOURDIEU, 2001b [1998], p. 54). A estratégia analítica que ele segue é incomum: retomando dados de estudos antropológicos anteriores sobre a população pré-moderna de Cabília (no nordeste argelino), tenta explicar a "cosmologia androcêntrica" que se imprime nos *habitus* e, através deles, vem a organizar todas as instituições e práticas. Com o pressuposto de que a dominação de gênero é relativamente transparente nesse universo, tenta em seguida identificar os aspectos "trans-historicamente constantes" em que ela aparece por toda a região do Mediterrâneo fazendo comparação com sociedades contemporâneas.

Em contraste com a *Distinção*, a obra posterior de Bourdieu considera a dominação de gênero "a forma paradigmática da violência simbólica" (BOURDIEU & WACQUANT, 1992, p. 170). Como todas as formas de identidade coletiva, o gênero é resultado de uma classificação social – nesse caso, com base nas "fronteiras místicas" que categorizam os corpos de macho e fêmea (BOURDIEU, 2001b [1998], p. 2; a expressão é tomada de Virginia Woolf). Esse princípio classificatório originou-se, segundo Bourdieu, nos sistemas de parentesco em que o casamento serviu como mecanismo pelo qual as famílias podiam fazer alianças e distribuir prestígio entre si. Nesses sistemas, as mulheres funcionavam como objetos de troca e não como sujeitos, daí seu valor assentar na capacidade de se conformarem ao ideal "androcêntrico" de feminilidade (BOURDIEU, 2001b [1998], p. 42-49; BOURDIEU & WACQUANT, 1992, p. 173-174). (A virilidade é identificada como ideal correspondente aplicado aos homens.) Como esquema simbólico específico incorporado ao *habitus*, o gênero é altamente distinto da classe: construído em torno de uma oposição dualista, ele alcançou uma rigidez e durabilidade que nenhum outro princípio classificatório pode igualar. Isso porque em grande parte o gênero equivale a um sistema simbólico enraizado em "certas propriedades naturais indiscutíveis", de modo que se "naturalizou" de maneira mais efetiva que qualquer outro – isto é, legitimado pela constituição de uma base aparentemente natural (BOURDIEU, 2001b [1998], p. 13, 23). No contexto deste nosso livro é impossível analisar plenamente a *Dominação masculina* e seu lugar na obra de Bourdieu; em vez disso, gostaria meramente de indicar algumas das revisões (geralmente implícitas) de sua abordagem da relação entre classe e gênero.

Para falar a verdade, a *Dominação masculina* contém mesmo observações, reminiscentes do argumento causal da *Crítica do gosto*, em que o caráter das ações sociais vinculado ao gênero sexual é contingente da situação de classe: "As propriedades corpóreas são apreendidas através de esquemas de percepção cujo uso em atos de avaliação depende da posição ocupada no espaço social" (BOURDIEU, 2001b [1998], p. 64). Essas observações, no entanto, são complementadas por outras em que a relação entre classe e gênero muda. Assim, por exemplo, ao descrever a transição analítica do estudo de uma sociedade pré-moderna para o de uma sociedade moderna, vemos Bourdieu declarando:

> É com efeito espantoso observar a extraordinária autonomia das estruturas sexuais em relação às estruturas econômicas, dos modos de reprodução em relação aos modos de produção. O mesmo sistema de esquemas classificatórios é encontrado, em seus aspectos essenciais, através dos séculos e em diferentes quadros econômicos e sociais (BOURDIEU, 2001b [1998], p. 81; cf. tb. BOURDIEU & WACQUANT, 1992, p. 174).

Ao reconhecer a dramática continuidade de estruturas de gênero através da história, Bourdieu é levado a atribuir-lhes uma acentuada autonomia em relação às estruturas econômicas. Ao fazê-lo, rompe nitidamente com o tratamento anterior que deu ao gênero sexual (i. é, com sua qualificação como fator "secundário"). Isso leva Bourdieu a traçar uma agenda de pesquisa centrada em detalhar "a história dos agentes e instituições que [...] contribuem para a manutenção" das estruturas de gênero (BOURDIEU, 2001b [1998], p. 83; destaques em itálico removidos). Entre as instituições implicadas nesse processo de durabilidade estão a Igreja, o Estado e o sistema educacional, assim como a família (BOURDIEU, 2001b [1998], p. 82-88). De fundamental interesse são as formas altamente variáveis com que cada uma dessas instituições *codificou a distinção entre os sexos* no curso da história.

Bourdieu argumenta que, embora os movimentos políticos feministas contemporâneos e recentes tenham dado destaque visível às assimetrias de gênero, "alguns dos mecanismos subjacentes a essa dominação continuam a operar" (BOURDIEU, 2001b [1998], p. 56; cf. tb. p. 88ss.). É na discussão que ele faz desses mecanismos que encontramos as suas mais claras revisões da relação entre classe e gênero:

> [S]eja qual for a posição que ocupem no espaço social, as mulheres têm em comum o fato de que são *separadas dos homens por um coeficiente simbólico negativo* que, assim como a cor da pele para os negros ou qualquer outro sinal de inclusão num grupo estigmatizado, afeta negativamente tudo o que elas são e fazem e que é fonte de um conjunto sistemático de diferenças homólogas: apesar da vasta distância entre elas, há algo em comum entre uma diretora administrativa [...] e a operária da linha de produção (BOURDIEU, 2001b [1998], p. 93).

Afirmações como essa indicam claramente que, sustentando a "autonomia" das estruturas sexuais através da história, Bourdieu encara as divisões de gênero como uma força *independente* na estruturação das práticas. Ao mesmo tempo, também aponta inúmeras relações "interativas", mas já agora vistas como plenamente "simétricas" – isto é, gênero e situação de classe são vistos cada um como fator moderador do efeito que o outro exerce sobre as práticas. Assim, em contraste com a lógica causal que opera na *Distinção*, vemos na *Dominação masculina* observações como a seguinte:

> As próprias posições sociais são sexualmente caracterizadas e caracterizadoras [...] [A]o defender seus empregos contra a feminização, os homens estão tentando proteger a ideia mais enraizada que têm de si mesmos como homens, especialmente no caso de categorias sociais como a dos trabalhadores braçais ou de ocupações como as militares, que devem muito de seu valor, senão todo, mesmo aos olhos dos que as exercem, à imagem que passam de masculinidade (BOURDIEU 2001b [1998], p. 96).

O ponto aqui, claro, não é simplesmente que a obra posterior de Bourdieu abraça uma concepção de causalidade que lembra mais de perto a lógica "multivariada" padrão. O que emerge dessas revisões é uma visão um tanto diferente da "existência [...] e modo de existência dos coletivos". Ao mesmo tempo em que Bourdieu sempre reconheceu que a classe social, como um princípio simbólico de "visão e divisão", tinha que competir com outros princípios (incluindo o gênero) na luta classificatória pela qual se constituem as coletividades (cf., p. ex., BOURDIEU, 1987, p. 12), ele lhe deu, no entanto, como vimos, uma primazia metateórica na *Distinção*. Uma vez revogada essa primazia, a classe tem que competir em pé de igualdade, e a arena simbólica se torna muitíssimo mais cacofônica, por assim dizer, especialmente dada a rígida e durável codificação alcançada por princípios de divisão tais como gênero e raça em certas sociedades. Isso é tanto mais verdadeiro porque as complexas *combinações* de dominação geradas pela interseção de diferentes princípios classificatórios não podem mais ser interpretadas de forma automática em termos predominantemente de classe[25]. Uma implicação disso é que o destino das classes sociais, entendidas como coletividades constituídas através de práticas de classificação social, torna-se mais contingente que nunca das vicissitudes históricas do *discurso* de classe social.

Conclusão

Para Bourdieu, "a existência [...] e o modo de existência dos coletivos" é "a questão com que toda sociologia deve começar". Essa questão permaneceu no centro de sua visão sociológica até o fim da carreira. Com efeito, as modificações que podem ser identificadas na sua obra posterior são plenamente consistentes com esse enfoque geral e, na verdade, servem apenas para aprofundá-lo. Bourdieu sempre supôs que as relações de classe são qualificadas por outras formas de dominação; e ao revogar nos seus últimos escritos o privilégio que concedeu anteriormente à classe, ele se abriu plenamente à ideia de um complicado "entrelaçamento" de formas de dominação através da história. Consequentemente, enquanto sua teoria de classe – com sua concepção multidimensional do espaço social – sempre permaneceu distante da ideia tradicional (mais proeminente em certas versões do marxismo) de um mundo social reduzido a dois blocos polarizados, em textos como *Dominação masculina* fica claro que as classes sociais equivalem apenas a facetas de um complexo prisma classificatório[26]. Assim, mesmo que a prioridade dada à classe social fosse revogada, a obra de Bourdieu permanece totalmente coerente no seu enfoque incansável das várias formas de

---

25. A exposição de Wacquant (2002) sobre a constituição e manutenção simultâneas de divisões raciais e de classe nos Estados Unidos por uma série histórica de "instituições peculiares" pode ser lida através da mesma lente explicativa.

26. A noção marxista tradicional de um mundo social bifurcado, condensado numa única oposição antagônica de classes e sem fusão com outras formas de classificação social, continua sendo uma possibilidade empírica dentre outras, embora uma altamente improvável.

classificação social, entendidas como os *principia potestas* – princípios de poder – que animam os atos de violência simbólica.

A fim de desenvolver as implicações da questão de Bourdieu sobre "a existência e o modo de existência dos coletivos" para a análise de classe, devemos voltar ao conhecido livrinho de Marx *O 18 brumário*. No relato de Marx sobre o golpe de 1851, ficou famosa a descrição do campesinato francês como um "saco de batatas". As famílias camponesas, presas a seus pedacinhos de terra, são em grande parte autossuficientes; têm pouco contato social sustentado entre si e carecem de acesso a "meios de comunicação" eficientes. Por conseguinte, são incapazes de se organizar e mobilizar em busca de seus interesses, permanecendo ao contrário no que comentaristas posteriores chamariam de um estado de existência "serial". Marx reconhece assim que antes de podermos perguntar se o campesinato (nesse caso) se "alia" à burguesia, ao proletariado ou a qualquer outra classe, temos que indagar se ele tem a capacidade de se organizar. Por mais verdadeiro que isso seja, Bourdieu nos lembra que nem a comunicação nem a interação social sustentada entre um grupo de indivíduos que partilham as mesmas condições de vida são suficientes para gerar uma coletividade social e muito menos uma coletividade mobilizada. Os interesses, por mais supostamente "objetivos" que sejam, não podem jamais desencadear a ação coletiva por si mesmos e, seguindo Marx, não são meramente empecilhos técnicos à organização que se erguem no caminho. Com efeito, sem querer minimizar a importância das limitações técnicas, deve-se ressaltar que entre interesses e ações coletivas existe um abismo que só pode ser superado por um trabalho imenso – um trabalho que se faz, sobretudo, no campo *simbólico*. Os atores que organizam e mobilizam em prol de "sua" classe devem primeiro reconhecer-se como membros da mesma coletividade social, com os mesmos interesses e os mesmos adversários. Isso significa que eles devem ver a si mesmos (e a seus homólogos em outras classes) ao menos partilhando uma identidade de classe, mínima que seja.

Na verdade, o trabalho simbólico que pode ser o precursor da mobilização é empreendido continuamente por cada um e todos. Isso torna difícil captá-lo sociologicamente. Com efeito, pode-se levantar que a única forma de análise de classe adequada à tarefa seria uma capaz de fundir a análise estrutural a uma descrição fenomenológica dos inúmeros atos de classificação recíproca que impregnam a interação social. É precisamente essa fusão, no entanto, que as escolas tradicionais da análise de classe foram incapazes de desenvolver. Isso é bem evidente no caso do marxismo. Não é difícil identificar um *racha* nessa tradição. Por um lado, para os historiadores (p. ex., THOMPSON, 1966 [1963]) e etnógrafos (p. ex., FANTASIA, 1989), "classe" é algo que deve ser *produzido* num momento e lugar históricos definidos. Tais estudos podem sobressair em peneirar as minúcias das atividades cotidianas ou dos registros históricos a fim de identificar a constituição das classes através dos processos de colocação e demarcação que resultam em grupos sociais mais ou menos delimitados. Ao mesmo tempo, no entanto, esses processos tendem a ser casos localizados que não podem ser sistematicamente ligados a uma ampla estrutura subjacente de classe[27]. Mais concretamente, tais estudos não podem verificar a possibilidade de que as orientações classificatórias variam de forma sistemática segundo a localização estrutural ou de que as estratégias pelas quais essas orientações são seguidas variam de acordo com os recursos disponíveis; e essa limitação se torna tanto mais séria quanto mais se admite que a própria estrutura de classe é altamente diferenciada e multidimensional. Por outro lado, porém, os analistas que atribuem prioridade conceitual à estrutura de classe (p. ex., WRIGHT, 1997) são capazes de situar os indivíduos em "mapas" detalhados dessa estrutura. No entanto, classificando os atores sociais dessa maneira, eles se posicionam mal para captar os processos de "formação de uma classe". Tais estudos normalmente se satisfazem em examinar se (ou em que grau) as opiniões e práticas individuais estão de acordo com as que seria de prever com base na sua localização estrutural. Precisamente pode-se dizer, entretanto, que se perde de vista a dimensão *construtivista* da classe social. Como diz Bourdieu:

> [S]upondo que as ações e interações poderiam de alguma forma ser deduzidas da estrutura, dispensa-se a questão da *passagem do grupo teórico ao prático*, isto é, a questão da política e do trabalho político necessário para impor um princípio de visão e divisão do mundo social, mesmo quando esse princípio é bem-fundado na realidade (BOURDIEU, 1987, p. 8; cf. tb. 1991, p. 233-234).

(E poderíamos acrescentar que depender da Teoria da Ação Racional, na medida em que reduz ou elimina o lugar do simbólico em descrições da identidade e da ação coletivas em bases metateóricas, só aumenta essa miopia.) Toda a abordagem de classe de Bourdieu, pode-se dizer, pretende integrar metodicamente as percepções produzidas por relatos que priorizam as dimensões estruturalista e construtivista, respectivamente, num programa coerente de pesquisa empírica (cf. 1984 [1979], p. 483).

O resultado da abordagem de Bourdieu é que o debate interminável entre as visões nominalista e realista de classe revela-se equivocado. A oposição entre essas visões não deve ser entendida como uma alternativa epistemológica imposta ao analista. Ao contrário, nominalismo e realismo equivalem ao que se poderia

---

27. Há uns quarenta anos, Thompson prefaciou seu estudo da formação da classe operária na Inglaterra do final do século XVIII e início de XIX da seguinte maneira: "Há hoje uma tentação permanente de supor que classe é uma coisa. Não foi o que Marx entendeu nos seus escritos históricos, mas esse erro viciou muita produção 'marxista' posterior. Supõe-se que 'ela', a classe operária, tem uma existência real, que pode ser definida quase matematicamente – tantos e tantos homens que têm determinada relação com os meios de produção. Uma vez que se supõe isso, torna-se possível deduzir a consciência de classe que "ela" deveria ter (mas raramente tem) se "ela"estivesse adequadamente ciente da sua posição e dos seus reais interesses" (THOMPSON, 1966 [1963], p. 10). E continuou: "A classe é definida pelos homens à medida que vivem sua própria história e, afinal, esta é sua única definição" (THOMPSON, 1966 [1963], p. 11).

chamar de momentos distintos do processo social (BOURDIEU, 1990b, p. 128-129; 1991, p. 234; cf. tb. 1984 [1979], p. 169ss.). Os atores sociais, devemos insistir, estão distribuídos numa *estrutura objetiva* de posições que condiciona a probabilidade de qualquer conjunto determinado de indivíduos partilhar o mesmo estilo de vida, o mesmo nome coletivo ou uma participação organizacional[28]. No entanto, as probabilidades diferenciais que essa estrutura gera só podem dar origem a coletividades sociais se os indivíduos forem capazes de construir *representações* adequadas dela e, em especial, das fronteiras que ao mesmo tempo os dividem e unem – quer sejam as fronteiras difusas e porosas que se formam através do consumo, quer sejam as fronteiras rígidas e precisas inscritas na política e na lei do Estado (cf. BOURDIEU, 1984 [1979], p. 169ss.)[29]. As classes sociais, diríamos, só podem surgir pela conjunção de duas forças *parcialmente* independentes: as probabilidades objetivas decorrentes da estrutura do espaço social e a "crença" subjetiva na existência de classes. Como diz Wacquant, "[a] classe não repousa nem em estruturas nem em agência apenas, mas na relação delas à medida que é historicamente produzida, reproduzida e transformada" (1991, p. 51). É precisamente o que afirma Bourdieu (1990a [1980], p. 135) quando declara que uma classe é definida simultaneamente por seu "ser" e o "ser percebida".

Bourdieu sempre evitou a grande narrativa histórica segundo a qual o conflito de classes é *o* "motor da história". E, como vimos, na sua obra final a classe é despojada de quaisquer privilégios metateóricos de que possa ter desfrutado em sua orientação sociológica geral. Por conseguinte, essa orientação é capaz de fornecer os instrumentos necessários para abordar os fenômenos que são geralmente referidos (de forma bem-indiscriminada) como sendo a "decomposição" da classe operária. Assim, *A miséria do mundo* (BOURDIEU et al., 1999), um relato etnográfico do sofrimento socialmente induzido na França, publicado por Bourdieu e uma equipe de colaboradores em 1993, contém abundante evidência e análise dos antagonismos étnicos na classe operária surgidos no rasto do movimento de imigração, das transformações na economia industrial e das mudanças na relação entre certificados e empregos. E se apoiando fortemente em Bourdieu, a etnografia de Charlesworth (2000) sobre Rotherham, uma cidade

---

28. Como assinala Portes (2000) a propósito da teoria de Grusky e Sørensen (1998), uma abordagem que reconhece a "existência" de classes apenas onde é possível discernir algum tipo de auto-organização econômica (no caso deles, ocupacional) leva à incômoda implicação de que alguns indivíduos – talvez a maioria – são "des-classificados", isto é, não têm classe. Segue que tal abordagem pode não dar qualquer percepção dos estilos de vida, discursos e padrões associativos (etc.) desses indivíduos.

29. Desnecessário dizer que os critérios pelos quais a "adequação" de uma representação deve ser avaliada em relação a sua função social de unificar e mobilizar não são os mesmos critérios que seriam (ou deveriam ser) usados para avaliar sua adequação como um construto analítico produzido com o propósito do estudo sociológico (cf. BOURDIEU, 1984 [1979], p. 473).

do norte da Inglaterra, documenta uma comunidade na qual a desindustrialização desencadeou a "decadência" de todo um modo de vida. Não conseguindo ver sua situação refletida no discurso político e sem ligação com as tradições centradas no sindicalismo (que estão elas próprias se dissolvendo), os integrantes mais jovens da classe operária – apesar de partilharem condições e estilo de vida semelhantes – exibem uma identidade coletiva que deslizou inteiramente para abaixo do limiar da articulação discursiva. Nessas condições, sua existência simbólica é reduzida ao que Bourdieu (1984 [1979], p. 178) chama de "estilo de vida 'em si mesmo'" – isto é, suas práticas e objetos característicos funcionam primordialmente como sinais de privação e, portanto, como estigmas (cf. CHARLESWORTH, 2000, esp. p. 150-202).

Entre os teóricos do conceito de classe, Bourdieu destaca-se por ter conferido uma centralidade às práticas simbólicas de classificação social. Por razões que já analisamos, essa centralidade aponta para além de questões de classe social, em última instância englobando todas as formas de categorização social (gênero, raça, nação etc.). O simbólico, na visão de Bourdieu, é um tipo de poder formidável, mas altamente evasivo, um poder que realiza uma "alquimia misteriosa" (1991, p. 233). A classificação, como a aplicação de esquemas simbólicos, é essencialmente um processo de dois lados. Por um lado, ela categoriza, divide e separa indivíduos e, dessa forma, constrói coletividades sociais: "A mágica social sempre consegue produzir descontinuidade a partir da continuidade" (BOURDIEU, 1991, p. 120). Ao fazê-lo, ela constitui as identidades coletivas pelas quais os atores sociais vêm a conhecer a si mesmos e aos outros. Por outro lado, a classificação também implica a "exibição teatralizada" de poderes, recursos e privilégios subjacentes – quer tomem a forma de capital econômico, capital cultural, prerrogativas masculinas ou o que for. Como tal, ela funciona como um meio pelo qual reivindicações de honra social são expressas e reconhecidas (ou rejeitadas). Através dessas duas funções ela contribui para a manutenção ou transformação da ordem social.

Quando os esquemas classificatórios são simultaneamente sedimentados em disposições e inscritos na ordem das coisas (i. é, no discurso, nas instituições e na lei), pode-se desenvolver uma "cumplicidade" entre *habitus* e mundo que é profundamente refratária à mudança. Em especial, a mera denúncia e a "provocação simbólica" raramente são adequadas para romper esse acordo de raízes profundas entre o subjetivo e o objetivo. No entanto, Bourdieu insistiu com firmeza que os intelectuais e especialmente os cientistas sociais, como detentores de um imenso capital cultural, têm um papel crucial a desempenhar nas lutas contra formas de subordinação que repousam, pelo menos em parte, no poder simbólico. Capazes de falar com certa autoridade sobre o mundo social e, assim, de intervir na sua representação, os intelectuais podem trazer à luz mecanismos de dominação que de outra forma passariam despercebidos e experiências de sujeição que de outra forma poderiam persistir além dos limites da verbalização (cf. BOURDIEU et al., 1999)[30]. Com essa capacidade, no entanto, vêm certos perigos. Em especial, os cientistas sociais colocam em risco sua habilidade em explorar a conexão entre diferentes estratégias classificatórias, de um lado, e a localização no espaço social, de outro, quando permitem que seu discurso seja sequestrado por um ponto de vista classificatório específico – um ponto de vista ao qual busquem conferir a autoridade (e aura) de "ciência". É o caso, por exemplo, de asserções brutais sobre a "vida" ou a "morte" de classes sociais, que, com freqüência, equivalem a expressões finamente eufemísticas da estratégia de representação de um determinado grupo ou fração (BOURDIEU, 1987, p. 2-3; 1990b, p. 179-180).

Bourdieu sempre sustentou que os intelectuais, em virtude do capital cultural que detêm, constituem uma fração da classe dominante. O que implica que eles estão longe de "flutuar livremente" e, portanto, que suas propensões classificatórias – com frequência articuladas com uma distribuição de honra ou prestígio que prioriza as coisas culturais sobre as coisas materiais – estão abertas à investigação sociológica exatamente como as de qualquer outra classe ou grupo. Bourdieu (1988 [1984]; BOURDIEU & WACQUANT, 1992, p. 62-74; cf. tb. BOURDIEU, 1990b, p. 177-198) assumiu esse projeto com entusiasmo, concebendo-o como uma oportunidade de usar a sociologia para gerar reflexivamente uma consciência (e uma medida de controle) das maneiras típicas de ver o mundo social peculiares aos que fazem de sua contemplação um meio de vida. Ao mesmo tempo, ao reconhecer que os intelectuais ocupam um lugar próprio determinado no espaço social, Bourdieu também evitou a tentação de declará-los representantes "orgânicos" dos dominados. E permanece um testemunho de sua lucidez sociológica a insistência nessa posição ao longo de toda a carreira, aceitando de bom grado todas as ambiguidades que isso implicava para sua prática política.

---

30. É precisamente por essa razão que Bourdieu sempre considerou a sociologia uma disciplina *crítica*: "[S]e não há ciência senão do oculto, então a ciência da sociedade é, por si, crítica, sem que o cientista que escolhe a ciência ter jamais que optar por fazer uma crítica: o oculto é, neste caso, um segredo e bem-guardado, mesmo quando ninguém tem a missão de guardá-lo, pois ele contribui para a reprodução de uma 'ordem social' baseada no acobertamento dos mecanismos mais eficazes de sua reprodução e, portanto, serve aos interesses daqueles que têm um grande interesse na manutenção da ordem" (BOURDIEU & PASSERON, 1990 [1970], p. 218, nota 34).

5
Fundamentos de uma análise de classe com base na renda*

Aage B. Sørensen

Introdução

Há uma enorme literatura sobre o conceito de classe, que basicamente consiste de debates sobre quais propriedades devem ser incluídas no conceito. O resultado é uma variedade de esquemas de classe e de argumentos essencialmente sobre qual esquema é mais apropriado para captar a estrutura de classe da sociedade moderna. Para Dahrendorf (1959), as classes devem ser identificadas com relações de autoridade. Ossowski (1963 [1958]) e posteriormente Wright (1979) criam esquemas de classe pela classificação cruzada de propriedade e autoridade ou relações de dominação. O esquema de classe identificado com John Goldthorpe baseia-se nas relações de propriedade, emprego e autoridade (GOLDTHORPE, 1987; ERIKSON & GOLDTHORPE, 1992). Parkin (1979) e Murphy (1988) enfatizam as relações de fechamento e Giddens (1973), o grau de "estruturação".

A proposta original do conceito de classe, por Marx, visa explicar a desigualdade, os movimentos e conflitos sociais e os processos políticos – a fim de construir uma teoria da história. O mecanismo que produz esse extraordinário poder explicativo é a *exploração* da classe operária pela classe capitalista, que

---

* Este texto foi originalmente publicado com o título "Por uma base mais sólida para a análise de classe" no *American Journal of Sociology*, vol. 105, n. 6, mai./2000, p. 1.523-1.558. Versões anteriores foram apresentadas na conferência da ECSR sobre Teoria da Ação Racional em Análise Social; em Aplicações e Novos Desenvolvimentos (Långholmen, Estocolmo, 16-20/10/1997), e em palestras nas universidades de Oxford (nov./1966) e do Noroeste (mai./1997). Agradeço ao público dessas palestras pelos comentários úteis e a Hannah Brückner, John Goldthorpe, John Myles, Douglas Hibbs, Rolf Hoijer, Christopher Jencks, Michèle Ollivier, John Scott, Annemette Sørensen, Ruy Teixeira, Erik O. Wright e aos revisores do *American Journal of Sociology* pelos comentários, críticas e sugestões úteis.

produz *interesses antagônicos*. Pode-se dizer que os interesses são antagônicos quando o ganho de um ator ou de um conjunto de atores sociais exclui outros de terem a mesma vantagem. Os integrantes das classes percebem, por um processo geralmente referido como *formação de classe*, que têm esses interesses e formam atores coletivos que se envolvem em conflitos que eventualmente mudam a estrutura de classe e a sociedade.

A exploração, para Marx e nesta exposição, significa que há uma relação causal entre a vantagem e a desvantagem de duas classes. Essa relação causal cria interesses antagônicos latentes que, quando objeto de ação em função do desenvolvimento da consciência de classe, geram conflito de classes. A relação causal também implica que a distribuição de vantagens ou desvantagens só pode ser alterada pela mudança da estrutura de classe.

A Teoria da Exploração como causa das vantagens e desvantagens entre as classes é uma teoria da desigualdade. É uma teoria "estrutural" da desigualdade porque a fonte da desigualdade reside na relação entre as classes e não nos esforços e qualificações dos seus integrantes. Nesse sentido, classes são "lugares vazios", como gostam de dizer os neomarxistas usando uma formulação proposta por Simmel (1908), e a teoria é uma genuína teoria sociológica que pode ser contrastada à teoria econômica padrão sobre como as pessoas tiram ganhos desiguais de suas qualificações, habilidades e recursos físicos no mercado.

Na maior parte deste século houve concordância no sentido de que a concepção original de exploração proposta por Marx é insustentável. Baseia-se numa teoria, a da mais-valia do trabalho, de há muito abandonada, até pelos economistas marxistas. Uma vez que a Teoria da Mais-valia é um ponto de partida da teoria marxista como um todo, era de esperar que as formulações de uma mais adequada teoria estrutural da desigualdade fosse uma preocupação central das revisões que se fizeram do conceito de classe. No entanto, o problema da teoria original da exploração de classe recebeu muito pouca atenção, a principal exceção sendo a análise do conceito de exploração proposta pelo economista Roemer (1982). Mas a concepção muito genérica de Roemer sobre exploração não gera necessariamente interesses antagônicos que produzem lutas de classe e revoluções.

O descuido em detalhar uma adequada teoria da exploração significa para alguns que todo mundo virou weberiano (MURPHY, 1988). Mas o conceito de classe de Weber não propõe nenhuma teoria estrutural da desigualdade que ajude a identificar quando é que a classe se torna relevante para a ação política e social. Um ingrediente essencial do conceito original de classe desenvolvido por Marx desapareceu, portanto. Esse desaparecimento, é claro, não elimina a utilidade dos conceitos de classe usados em pesquisa empírica para dar conta de uma variedade de comportamentos e atitudes ou da mobilidade social, como é o caso do conceito proposto por Goldthorpe, ou que servem para descrever os processos de formação de classe, como os propostos pelos neoweberianos.

O principal contraste não é entre um conceito neomarxista e um conceito neoweberiano de classe. Uma distinção mais útil é entre classe entendida como grupo de conflito, em que o conflito origina-se da *exploração*, e classe como determinante das ações e mentalidade individuais, em que essas consequências originam-se das *condições de vida* ligadas às diferentes classes. Ambos os conceitos têm propriedades que refletem a extensão e o tipo dos recursos ou meios possuídos pelos que ocupam situações de classe. Minha proposta vê a classe baseada em direitos de propriedade, como viu Marx, mas o conceito de propriedade utilizado aqui é mais amplo do que a definição de direitos legais de propriedade normalmente empregada. É um conceito de direitos de propriedade econômica definidos como a capacidade de obter ganhos sobre um bem, direta ou indiretamente, através da troca (BARZEL, 1997). Alguns desses direitos podem ser apoiados no Estado, sendo, portanto, direitos legais, mas as pessoas também obtêm vantagens de direitos que não são legalmente obrigatórios. Os direitos de propriedade definem a riqueza de uma pessoa e proponho que o conceito de *classe enquanto condições de vida* reflete a riqueza total de uma pessoa. Parte dessa riqueza pode ser em bens que geram ganhos ou pagamentos que constituem *renda*. Rendas são ganhos sobre bens em oferta fixa porque proprietários exclusivos desses bens controlam a sua oferta ao mercado de tal modo que a oferta não responderá a um aumento de preços. Proponho definir *classe exploradora* como localizações estruturais que dão direitos a bens geradores de renda. Classes exploradoras definidas pela presença e classes exploradas definidas pela ausência de bens geradores de renda têm interesses antagônicos porque a renda cria vantagens para os proprietários desses bens, vantagens obtidas às expensas dos que não os possuem. As situações de classe definidas pela classe enquanto condições de vida não têm necessariamente interesses antagônicos, porque bens geradores de renda podem não ser parte da riqueza que uma pessoa controla.

Na seção seguinte deste capítulo resenho de maneira breve os conceitos de classe mais importantes, com ênfase nas teorias da desigualdade a eles ligadas. Depois, desenvolvo os dois conceitos de classe baseados na riqueza. A última parte discute a capacidade dos conceitos de classe propostos de dar conta dos recentes desdobramentos.

Teorias da desigualdade e conceitos de classe

As discussões sobre conceitos de classe são frequentemente equívocas devido aos vários significados do termo *classe*. Para tornar a discussão clara é útil ordenar os conceitos de classe de acordo com o seu nível de ambição teórica. Na parte de baixo, por assim dizer, estão classificações puramente *nominais* de uma população segundo uma dimensão estratificante, como renda, prestígio da ocupação exercida ou *status* socioeconômico. Esses conceitos não reivindicam a existência empírica de classes, identificadas com fronteiras de classe, nem sugerem por que é que existem as dimensões de desigualdade em que se baseiam as classificações. São, no entanto, conceitos úteis, apesar da opinião por vezes contrária de neomarxistas, por descreverem diferenciais em todos os tipos de atitudes e comportamentos.

No nível seguinte de ambição teórica encontramos conceitos de classe que reclamam a existência empírica de agrupamentos observáveis e com fronteiras identificáveis, conceitos que para mim definem *classe como condições de vida*. Eles podem ser detectados em estudos sobre comunidades através da identificação de diferentes estilos de vida ligados a diferentes condições de vida (p. ex., WARNER; MEEKER & BELLS, 1949) ou podemos acercá-los por meio de uma série de indicadores, como ocupação, educação, residência, nível e fontes de renda, que dão uma medida das condições de vida das diferentes classes. Tais conceitos são proeminentes em pesquisa empírica sobre classes e suas consequências.

Na pesquisa recente, o esquema de classe mais proeminente desse tipo é provavelmente o proposto por Goldthorpe (1987) e elaborado em Erikson e Goldthorpe (1992). Ele foi amplamente utilizado e considerado bastante útil em pesquisa empírica. Goldthorpe (1987) enfatiza que para uma classe se formar, isto é, para a ação coletiva de classe, os seus membros devem pelo menos ter reações similares a sua situação de classe. A questão é, em parte, até que ponto são similares as situações de classe. Assim, uma tarefa central é identificar categorias homogêneas de classe utilizando-se categorias ocupacionais. O esquema é usado para identificar padrões de mobilidade e tem sido usado também para analisar a desigualdade de oportunidades educacionais (p. ex., ERIKSON & JÖNSSON, 1996) e diferenças de atitudes e comportamentos (MARSHALL et al., 1988). Diz-se com frequência que se trata de um esquema weberiano, mas Goldthorpe rejeita a classificação. Grusky e Sørensen (1998) levam a abordagem de identificar agrupamentos homogêneos à sua última consequência, argumentando que as unidades ocupacionais constituem o esquema classificatório apropriado. Com efeito, se o objetivo é identificar agrupamentos homogêneos para criar uma categorização útil de lugar para uma série de propósitos de pesquisa, trata-se de um argumento convincente.

Os mecanismos de socialização e inoculação não são específicos das classes. O mesmo mecanismo responderia por diferenças de atitudes e comportamentos entre pessoas criadas em diferentes sociedades nacionais e locais ou em diferentes períodos históricos. A classe como condições de vida, portanto, é fundamentalmente um conceito que passa a geografia da estrutura social. Esses esquemas de classe descrevem importantes diferenças entre lugares estruturais, mas não visam a prever revoluções. Como acontece com os conceitos nominais, isso não impede que eles sejam úteis nas investigações de diferenças entre estilos de vida que visam captar. A formulação mais recente de conceitos de classe tem enfatizado tais diferenças culturais por localização (p. ex., BELL, 1987) e postulado novas fissuras nos relatos pós-modernos (p. ex., EYERMAN, 1994). Uma revisão completa dessas abordagens é fornecida por Grusky e Sørensen (1998).

Esses conceitos de classe não propõem ou supõem uma teoria explícita da desigualdade ou de como a desigualdade produz interesses, mas presumivelmente supõem que as desigualdades que criam as diferentes condições de vida são criadas pelo mercado ou por algum outro mecanismo. Goldthorpe identifica o mercado, as relações de trabalho e a autoridade como bases do esquema, mas a ligação precisa entre essas relações definidoras e o esquema efetivo não é especificada[1].

Em discussões teóricas do conceito de classe, Weber é geralmente listado ao lado de Marx como o outro grande contribuinte original[2]. Weber vai além dos conceitos descritivos de classe ao localizar classe explicitamente na organização econômica da sociedade. "A situação de classe é em última análise situação de mercado" (WEBER, 1968 [1946], p. 182). A necessidade de perceber e preservar o valor pleno dos bens que se tem dá origem aos *interesses econômicos* em torno dos quais podem por vezes se formar classes em conflito. Weber assume a teoria econômica padrão sobre como as pessoas tiram ganhos desiguais de seus bens e recursos. No entanto, essa teoria não identifica em que circunstâncias os interesses econômicos se tornam antagônicos, resultando em conflito. É perfeitamente possível que as classes weberianas não tenham interesses antagônicos pelo fato de uma classe tirar vantagem às custas de outra. Em mercados perfeitamente competitivos, sem custos de transação, não há vantagens permanentes, ou ganhos acima do mercado, às expensas de outrem[3]. Assim, a situação de

---

1. Goldthorpe (2000, p. 206-209) começou essa tarefa recentemente, com apoio pesado na economia dos custos de transação.

2. A importância do conceito de classe weberiano na literatura sobre a análise de classe é um tanto curiosa. Em *Economia e sociedade*, Weber (1978 [1922]) trata de classe em dois pontos, mas ambos em trechos bem curtos. Embora Marx, pode-se dizer, nunca tenha feito um único desenvolvimento explícito do conceito de classe, certamente a classe é questão central de análise em todos os seus textos. Para Weber, não há nem uma discussão nem uma análise extensa. Classe simplesmente parece não ter sido um conceito importante para Weber. Isso não por falta na Alemanha, à época em que Weber escreveu os textos compilados em *Economia e sociedade*, de definições alternativas e discussões do conceito proposto por Marx. Dezesseis definições são listadas por Geiger (1932), todas de acadêmicos de língua germânica e, à exceção da definição de Marx, todas propostas nas primeiras décadas do século XX. Uma vez que apenas Marx e Weber foram traduzidos para o inglês, Weber tornou-se a principal justificativa para o desenvolvimento de conceitos alternativos ao de Marx, apesar da natureza fragmentária dos escritos de Weber a esse respeito e da importância nula dos conceitos de classe em seus textos.

3. Esse é o resultado padrão do modelo econômico neoclássico walrasiano perfeitamente competitivo em que todos os lucros e rendas seriam eliminados pelo equilíbrio. Weber, claro, não pode ser culpado por ignorar essa concepção idealizada da economia, mas a falha dos weberianos

classe é irrelevante. Para os interesses econômicos estarem em conflito, tem que haver vantagens disponíveis que não sejam transitórias[4].

Weber não enfatiza essa distinção entre vantagens transitórias e outras mais duradouras que produzem interesses antagônicos. Ele fornece duas chaves sobre o que diferencia os interesses econômicos. Uma é a identificação dos interesses econômicos com os bens e serviços que as pessoas vendem no mercado das oportunidades econômicas que encontram. A segunda chave pode ser inferida do seguinte:

> É o fato mais elementar que a maneira pela qual se distribui a disposição sobre a propriedade material [...] cria em si mesma certas oportunidades de vida. De acordo com a lei da utilidade marginal, esse modo de distribuição exclui os não proprietários da competição por bens altamente valiosos [...]. Ele monopoliza as oportunidades de acordos lucrativos para todos aqueles que, providos dos bens, não têm necessariamente que trocá-los (WEBER, 1946, p. 181).

Argumento mais adiante que a ideia da importância do monopólio é relevante para a análise de classe[5], mas por razões mais específicas do que a aventada por Weber. Os chamados neoweberianos dão muita atenção às restrições de acesso às classes, ou seja, ao fechamento, confundindo a ideia de Weber sobre grupos de *status* com classe. A ideia de fechamento de classe, enfatizada por Giddens (1973), Parkin (1979), Murphy (1988) e outros, sugere que as classes têm algo a proteger e querer, mas excetuando um estatuto geral sobre propriedade e credenciais, não há chave sobre quando e se propriedade e credenciais dão origem a interesses de classe antagônicos que constituem uma base para a ação coletiva.

No mais alto nível da ambição teórica temos o conceito marxista de classe, que oferece uma teoria estrutural da desigualdade no sentido que descrevi acima. O processo nuclear que define a relação de classe, no conceito de Marx, é a exploração; isto é, o processo pelo qual uma classe obtém uma vantagem econômica às expensas de outra classe. No feudalismo, a exploração é transparente – os senhores feudais apropriam-se de parte do produto do camponês ou, de forma ainda mais transparente, forçam o camponês a trabalhar para o feudo durante parte da semana sem receber salário. No capitalismo, a exploração é oculta, uma vez que o operário supostamente concorda em trabalhar por um salário. No entanto, o salário não reflete o valor do produto do operário, que equivale à força de trabalho incorporada no produto – quantidade abstrata não necessariamente

---

em identificar as situações estruturais que proporcionam vantagens significativas resulta em uma teoria mais fraca do que o conceito de classe de Marx.

4. Como observa Hayek (1948), uma das ironias de um mercado perfeitamente competitivo é que não há aí incentivo à competição.

5. Esse ponto será ilustrado pela ideia das rendas monopolistas, discutida na próxima seção.

igual à quantidade de trabalho incorporada. O salário equivale ao preço de troca ou preço do trabalho que vai refletir o custo de produção da mão de obra, como outros preços. A diferença entre o salário e o valor produzido é a fonte do excedente capitalista que gera lucro, finalidade última de toda atividade capitalista. O excedente pertence ao operário, de modo que o capitalista fica rico às expensas do operário. É claro que as duas classes devam ter interesses antagônicos.

A explicação que Marx dá para a desigualdade e a opressão é muito atraente, como mostra a história do marxismo. É certamente uma ideia atraente a de que a miséria da classe operária é causada pelo fato de que parte do trabalho dos operários enriquece o capitalista através da organização capitalista da propriedade. Ela não apenas dá uma explicação para a desigualdade, como aponta um remédio eficaz: deve-se mudar as relações de classe que criam a exploração. No entanto, o direito do operário ao excedente é uma reivindicação normativa criada por Marx e desenvolvida no vol. 1 de *O capital*. O excedente não tem implicações para quantidades econômicas observáveis, como preços. Marx percebeu isso no vol. 3 e argumentou que a soma de excedentes em valor de trabalho e a soma de preços vão ser a mesma. No entanto, "como regra geral, lucro e valor excedente são realmente duas grandezas diferentes [...]. A diferença entre valor de lucro e valor excedente [...] escamoteia completamente a origem e a real natureza do lucro – não apenas para o capitalista, mas também para o trabalhador" (MARX, 1959b, p. 58). Essa natureza oculta da fonte da exploração torna impossível usar empiricamente a teoria e é fonte das dificuldades que enfrenta a Teoria da Mais-valia do Trabalho.

Exploração é a apropriação do trabalho pelo capitalista, assim como o trabalho foi apropriado pelo senhor de terras no feudalismo. A diferença entre o salário e o valor excedente implica que o capitalista ganha mais quanto mais valor excedente possa tirar do operário durante um período de tempo. Os *meios de exploração* de que dispõe o capitalista são, portanto, de importância fundamental. O conceito marxista de classe adquire, portanto, uma dimensão dupla de posse legal e de dominação ou poder, vista como elemento essencial em discussões e reformulações desse conceito[6]. Os neomarxistas geralmente distinguem um conceito propriamente marxista de classe das formulações weberianas ressaltando a falta de atenção das fórmulas weberianas para com os meios de exploração. A formulação preferida é a de que a classe é definida no *local de produção*[7]. Os neomarxistas estão certos acerca de Weber, mas focaram a dimensão

---

6. Além da dominação no trabalho, pode-se também incluir as estruturas ideológica e política, tal como vemos no elaborado conceito de classe desenvolvido por Poulantzas (1975).

7. A principal exceção é o conceito de classe proposto por Roemer (1982), que discutiremos adiante. Para uma crítica que enfatiza exatamente a necessidade para um conceito marxista de ter as classes definidas "no local de produção", cf. Wright (1982). Posteriormente, Wright reviu sua posição (p. ex., WRIGHT, 1997).

errada do conceito marxista, a *dominação*, para evitar as dificuldades da Teoria da Mais-valia do Trabalho.

Duas propostas muito citadas de reformulação do conceito marxista de classe baseiam-se nos meios de exploração como seu principal elemento (DAHREN-DORF, 1959; WRIGHT, 1979). Dahrendorf (1959) apresenta a formulação mais radical do conceito marxista de classe, eliminando dele a base da exploração, que são os direitos de propriedade legal, e mantendo no conceito apenas a dominância ou autoridade.

O problema teórico da reformulação de Dahrendorf é que ele nunca explica por que as relações de autoridade teriam que criar interesses antagônicos, que é a própria base da formação de classe. Os contratos de trabalho são voluntários e representam uma troca de pagamento por subordinação à autoridade. Em mercados de trabalho competitivos, o possível desconforto e alienação sentidos pelo subordinado deveriam ser compensados por salários mais altos, como assinala Simon (1957) em sua análise do contrato de trabalho. Portanto, não deveriam surgir interesses antagônicos. A não ser que se invoque a Teoria da Mais-valia do Trabalho, nenhuma exploração é necessariamente criada pela autoridade ou dominação.

Wright (1979, 1985) chega a categorias de classe pelo cruzamento de posse e autoridade, à maneira proposta por Ossowski (1963 [1958]), justificando isso de modo incomumente claro. Uma vez que a maioria da população tem pouca ou nenhuma propriedade, grande parte da diferenciação de classe é pela autoridade. Os conceitos de Wright têm sido largamente usados em pesquisa empírica. Só o conceito de classe de Goldthorpe, que já discutimos, tem sido tão popular em análise empírica de classe. Wright (1979) diz que seu primeiro esquema de classe é baseado na Teoria da Exploração, mas nunca apresenta ou discute essa teoria. Mais tarde Wright (1985) adota a Teoria da Exploração proposta por Roemer (1982) e reformula o esquema de classe em conformidade com ela, mantendo a autoridade (agora chamada "controle de bens organizacionais"; WRIGHT, 1985, p. 79) como dimensão principal das relações de classe.

A pesquisa usando o esquema de classe de Wright aponta um efeito de autoridade nos rendimentos, mas um efeito de autoridade nos rendimentos não requer uma interpretação de classe. A autoridade é medida pelo número de subordinados, e essa quantidade vai estar altamente ligada aos degraus da escada funcional estabelecida nos esquemas internos de promoção usados nos mercados de trabalho. Para estabelecer que o efeito é um autêntico efeito de autoridade, faz-se necessária uma diferenciação entre funcionários e cargos, o que nunca foi feito. É difícil justificar a lógica econômica de um efeito de autoridade baseado na renda per se (cf. SØRENSEN (1991) para maior desenvolvimento dessa argumentação).

Marx introduziu os meios de exploração, especialmente a autoridade, como elemento essencial do seu conceito de classe não para explicar a renda de diretores e supervisores, mas porque a Teoria da Mais-valia do Trabalho requer as duas dimensões do conceito de classe. Se essa teoria é abandonada e substituída pela Teoria Neoclássica da Produtividade Marginal, a necessidade dos meios de exploração desaparece, pois não há diferença entre valor de troca e excedente na Teoria da Produtividade Marginal. Segundo esta teoria, o trabalhador recebe aquilo com que contribui para o produto: um operário preguiçoso recebe menos do que outro que trabalha duro. A competição no mercado de trabalho garante ao capitalista pagar nem mais nem menos que a contribuição do trabalhador a sua produção.

Marx não empregou a Teoria da Produtividade Marginal porque não a conhecia. Ele certamente partilhava a crença na natureza competitiva dos mercados de trabalho no capitalismo moderno e pode bem ter aceito a teoria padrão sobre esses mercados. Como coloca Roemer, "[o] modelo neoclássico da economia competitiva não é um mau lugar para os marxistas começarem o estudo do capitalismo idealizado" (1982, p. 196).

Roemer tenta formular uma teoria da exploração que seja consistente com a moderna teoria econômica e com a ideia original de Marx ao desenvolver seu conceito de classe, ou seja, de que a posse dos meios de produção confere ao dono uma vantagem às expensas de quem não o é. A desigualdade em termos de bens de produção cria, portanto, a exploração: o valor do que o ator mais pobre produz depende da presença do rico[8]. Roemer dá uma ilustração pela teoria dos jogos, definindo que a exploração existe se o grupo em desvantagem estaria melhor caso se retirasse da economia com sua parte dos bens de produção.

Esse conceito de exploração pela posse desigual dos bens de produção numa economia de mercado tem suas peculiaridades. Roemer (1986) mostra que, se deixarmos os atores terem diferentes preferências de tempo, é possível que a condição da exploração e a riqueza sejam inversamente proporcionais. A solução dele para essa propriedade do seu conceito de exploração é propor o abandono puro e simples do conceito[9]. A possibilidade de formular uma satisfatória teoria estrutural da desigualdade é, portanto, rejeitada.

O conceito teoricamente mais ambicioso, o de classe como exploração, proposto por Marx, tem um mecanismo para explicar a emergência dos interesses antagônicos e, portanto, como são gerados os conflitos de classe. No entanto, a teoria repousa sobre uma teoria da mais-valia do trabalho que a história econômica abandonou. As várias tentativas de ressuscitar o conceito invocando a autoridade são insatisfatórias porque não está claro que a autoridade seja uma fonte da exploração e dos interesses antagônicos. A proposta de encarar a exploração como decorrente da desigualdade total de bens também produz resultados insatisfatórios.

---

8. Isto é uma generalização do que às vezes é chamado diferencial, renda ou ganho ricardiano; cf. Sørensen (1996) para uma discussão.

9. De acordo com Roemer, "a Teoria da Exploração é uma residência que não precisamos mais manter: ela foi um lar para criar uma família forte, mas agora podemos nos mudar" (1986, p. 262).

Há uma outra solução, que é preservar a insistência de Marx nos direitos de propriedade como fonte da exploração, sem ver toda riqueza como tal. Proponho, em vez disso, restringir a exploração à desigualdade gerada pela posse ou propriedade de bens de produção de renda. Os bens ou recursos produtores de renda criam desigualdades onde a vantagem do possuidor é obtida às expensas dos não possuidores. Estes estariam em melhores condições se o bem de produção de renda fosse redistribuído ou eliminado. Um conceito de classe como exploração baseado no conceito de renda é consistente com a moderna teoria econômica e evita, portanto, os problemas da Teoria da Mais-valia do Trabalho. E também evita as anomalias discutidas por Roemer.

Classe e riqueza

Marx pensava que as classes se baseavam em direitos a pagamentos sobre a riqueza, enquanto Weber achava que a propriedade era muito importante para o surgimento das classes econômicas. A exploração é uma questão de vantagem econômica obtida às expensas de outrem. O direito a ganhos sobre a riqueza é com efeito essencial à distribuição desses ganhos, como mostrarei.

Os direitos a ganhos ou retornos pode refletir a propriedade legal. No entanto, os direitos a vantagens oferecidas pelos bens ou recursos não precisam de legalização para serem efetivos. Seguindo Barzel (1997), os direitos à propriedade econômica são vistos acertadamente como refletindo a capacidade de um indivíduo consumir um bem ou mercadoria diretamente ou por meio da troca, isto é, a capacidade de controlar o uso de uma mercadoria ou bem. Tais direitos econômicos podem ser impostos por lei, sendo então mais fortes, mas não precisam de suporte do Estado para serem efetivos. Os direitos de propriedade não são absolutos nem constantes e podem ser trocados através de ação individual ou coletiva para protegê-los e aumentá-los. Tal ação implica custos de transação, que são custos de transferência, aquisição e proteção de direitos. Daremos ilustrações adiante. Quando os custos de transação são positivos, os direitos não estão perfeitamente delineados e a transferência ou proteção de direitos será impedida ou impossibilitada. Custos de transação positivos podem ocorrer por várias razões. Barzel (1997) ressalta que alguns dos atributos dos bens podem ser caros de medir e não plenamente conhecidos dos proprietários efetivos ou em potencial. Tais atributos estão sujeitos a aquisição por outros, que então ganham direitos aos benefícios desses atributos. A transferência de direitos que permite a um ator perceber o valor integral de seus bens pode ser cara porque a mobilidade é custosa ou impedida à força. É custosa a ação coletiva necessária para reordenar os direitos de propriedade que criam um monopólio[10].

---

10. Barzel (1997) e outros (cf. EGGERTSSON, 1990 para uma resenha), que enfatizam uma abordagem da análise das instituições econômicas com base nos direitos de propriedade, veem os custos de transação como resultantes de uma falta de previsão e informação completas. Isso reflete

Por exemplo, na moderna corporação, os acionistas não possuem todos os bens da empresa, partilhando-a com outros, dentro e fora da organização, que têm direitos a ganhos sobre vários atributos dos bens. Os diretores obtêm certos ganhos porque os acionistas não podem controlar inteiramente, por falta de informação, o uso que eles fazem dos bens. Outros funcionários podem obter vantagens (que discutiremos abaixo), por exemplo, detendo o controle do seu próprio esforço de trabalho. O fato de que a posse é dividida não significa que o conceito de propriedade como base da exploração deva ser abandonado, como propõe Dahrendorf (1959)[11]. Por exemplo, a ausência de direitos individuais de propriedade legal sobre bens de produção na sociedade socialista não significa que os indivíduos não tiram ganhos do controle sobre o uso de tais bens nessa sociedade. O que acontece, apenas, é que seus direitos de propriedade são mais restritos nas sociedades socialistas, podendo então ser difícil identificar quem obtém ganhos (BARZEL, 1997).

O conceito mais amplo de direitos de propriedade proposto por Barzel implica que os indivíduos – mesmo escravos – geralmente têm algum direito de propriedade sobre bens em certas circunstâncias (BARZEL, 1997, p. 105). Isso significa que todos os indivíduos têm alguma riqueza, mesmo que consista apenas em sua capacidade de executar uma tarefa que pode ser trocada por salário.

Uma fórmula simples pode ser útil. Suponhamos que v_j denota o valor do recurso ou bem j, onde valor significa os ganhos sobre j ao longo do tempo de duração do bem. Tais ganhos ou retornos são geralmente monetários, mas poderiam também ser sociais ou psicológicos. Além disso, suponhamos que c_{ij} seja o direito de um ator i sobre j ou o controle que i exerce sobre j. Então a riqueza total possuída por i será:

$$w_i = \sum_j c_{ij}\, w_j$$

onde w_i é a riqueza do ator i[12].

---

o enfoque na troca voluntária. A meu ver, os atores podem ser impedidos de perceber o pleno valor de seus bens também por causa da força ou custos de combinar a ação de vários atores na ação coletiva e manter essa ação.

11. Dahrendorf (1959) rejeita que a propriedade possa ser a base da formação de classes. Fundamenta seu argumento na existência da desigualdade na sociedade socialista de Estado, onde não há direitos legais de propriedade sobre os meios de produção, e no aparecimento de corporações modernas que separam propriedade legal e controle. Dahrendorf baseia seu argumento num conceito super-restritivo de propriedade, como espero mostrar.

12. Essa fórmula é similar à definição de poder num sistema de trocas de mercado dada por Coleman (1990). Coleman considera essa fórmula o resultado de equilíbrio no processo de troca em que atores trocam o controle sobre os recursos para maximizar seus interesses num sistema sem externalidades. Nenhuma concepção semelhante de equilíbrio é invocada aqui. Além do mais,

Os indivíduos aumentam sua riqueza ao máximo pelo aumento exponencial dos ganhos sobre seus bens, investindo-os na produção de mercadorias e serviços. Isso geralmente significa que vão precisar usar outros bens controlados por outros atores. Precisam, portanto, transacionar com esses outros atores. Um agricultor precisa de terra para aumentar ao máximo os ganhos sobre os esforços e habilidades que dedique à agricultura; um operário precisa de um empregador, de máquinas e matérias-primas para realizar o valor de seu bem maior, que é a sua força de trabalho. Tais bens com frequência são controlados ou possuídos por outros atores – o latifundiário possui a terra, o capitalista possui as máquinas. Tais bens podem ser comprados pelo ator que deles necessita ou podem ser alugados. Aluguel aqui significa a transferência dos direitos de uso dos bens[13]. O trabalhador pode alugar sua força de trabalho ao capitalista em troca de um salário ou, em outras palavras, pode alugar o capitalista em troca de lucro para este. Tais aluguéis são especialmente importantes com bens ou recursos duráveis e mesmo quando os bens são comprados e possuídos a boa prática contábil manda calcular o pagamento de uma renda ao proprietário.

A riqueza total controlada pelos atores define sua situação de classe, considerando *classe como condição de vida*. Os bens controlados vão determinar a renda e sua variação. Os trabalhadores terão salários em função de seu esforço e habilidades, sendo suas oportunidades específicas de trabalho importantes para a variação dos ganhos que obtêm. Os bens serão relevantes para angariar respeito e prestígio na comunidade, o conhecimento dos bens permitindo uma avaliação coletiva da situação dos atores. Os bens controlados vão moldar as oportunidades de transação com outros atores e, assim, as preferências ou interesses econômicos no sentido sugerido por Weber. Moldando o bem-estar, assim como as oportunidades econômicas e os investimentos que maximizam essas oportunidades, a riqueza total e sua composição criam as disposições comportamentais responsáveis pelos mecanismos de inoculação e socialização associados à classe como condições de vida, como discutirei mais amplamente adiante.

Quando os indivíduos precisam transacionar com outros atores para ter acesso a bens necessários à obtenção de ganhos sobre sua riqueza, os atores podem ser capazes de controlar a oferta dos bens procurados. Custos de mobilidade ou outros podem impedir o acesso a fornecedores alternativos, a oferta pode

---

Coleman foca na troca de qualquer bem ou recurso. O principal interesse aqui é nos recursos ou bens de produção. Para que a riqueza em bens ou recursos seja valiosa, os bens devem gerar um ganho ou retorno e estar, portanto, envolvidos na produção de algo.

13. Há uma possível confusão entre aluguel e renda [em inglês, alternativamente, rental e rent [N.T.]]. "Rental" refere-se à transferência dos direitos de uso de um bem de um ator a outro em troca de um pagamento (salário por trabalho, juros por capital). Tais pagamentos constituem ganhos ou retornos para o detentor do direito de benefício sobre o bem. Um componente desse ganho pode ser um rendimento econômico [rent, também aluguel ou renda [N.T.]], como discutiremos mais adiante em detalhe.

ser inerentemente limitada por natureza ou o fornecedor do acesso necessário pode ter criado um monopólio. Isso pode permitir os atores que controlam o bem procurado a cobrar pelo seu uso mais do que o necessário para cobrir os seus custos. Por exemplo, o dono de uma mina num lugar isolado pode tirar vantagem de salários mais baixos porque os mineiros não conseguem encontrar outro trabalho na região[14]. Com isso os trabalhadores são impedidos de tirar do seu trabalho os ganhos que poderiam obter em outro emprego e o dono da mina tem custos de produção mais baixos, extraindo, portanto, um ganho maior da produção. A vantagem assim obtida da capacidade efetiva de controlar a oferta de bens de produção é um rendimento econômico.

As rendas podem também refletir a falta de informação plena. Executivos de empresas podem tirar benefícios muito além do necessário para garantir o emprego por serem capazes de controlar os fluxos de caixa que os acionistas não podem monitorar. Ou a oferta do bem pode ser limitada porque sua disponibilidade depende da presença de determinados outros bens. Em geral, as rendas são vantagens que impedem outros atores de realizar o ganho pleno sobre seus bens. As rendas são cruciais para o surgimento de *classes exploradas* porque aqueles que se beneficiam das rendas têm interesse em proteger seus direitos aos bens de produção de renda, enquanto aqueles que são impedidos de realizar o ganho pleno sobre seus bens têm interesse em eliminar as rendas. As rendas podem, portanto, criar interesses antagônicos e conflito.

Para ver como surgem as rendas é útil examinar mais de perto as transações envolvidas na maximização dos ganhos sobre os bens de produção. Os preços da cessão de bens necessários à maximização dos ganhos sobre os recursos do ator *j* são para *j* custos pelos bens que não possui e retornos a ele pelos bens que possui. Isso significa que sua riqueza é crucialmente dependente dos preços de bens importantes para ele. Esses preços dependem, como é normal, da oferta e da procura do mercado. Se aumenta a oferta de certo bem pelo qual *j* paga um aluguel, o preço vai cair e a riqueza de *j* aumentar, uma vez que seus custos diminuíram. A procura influi no valor dos bens de modo semelhante. É a história corriqueira.

Suponha-se agora que o ator *k* controla a oferta de algo que *j* precisa para usar os seus recursos. O ator *k* pode possuir terra que o ator *j* precisa para obter ganho do seu trabalho e de suas habilidades agrícolas. Eles vão negociar um preço pelo uso da terra e esse preço é um custo para *j*, reduzindo o ganho que tira de seu trabalho e habilidades. Quando negociam o preço, *j* e *k* comparam o que outros agricultores pagam pela terra. A longo prazo, a competição vai garantir um preço que assegure a *j* um rendimento suficiente para sobreviver e trabalhar a terra e compensar o dono da terra de quaisquer custos que ele tenha tido, por exemplo, em cercar a propriedade. Claro, *j* pode tentar comprar a terra em vez

---

14. Nesse caso o dono da mina detém um monopsônio.

de arrendá-la, mas quanto ao resultado final isso não importa: a renda paga ao dono da terra é substituída por juros, ou seja, um rendimento de capital para financiar a compra da propriedade.

Para haver equilíbrio competitivo é importante que a oferta de terra possa variar em resposta aos preços. É também necessário que os rendeiros de terra tenham mobilidade e sejam assim capazes de tirar vantagem das ofertas de arrendamento oferecidas pelos latifundiários. Se essas condições não forem satisfeitas, se a oferta de terra for limitada e fixa ou se os rendeiros – fazendeiros ou camponeses – tiverem a mobilidade impedida à força ou pela lei, os donos de terras poderão cobrar um arrendamento maior do que o preço competitivo hipotético que simplesmente cobriria seus custos ligados à posse fundiária. A diferença entre o preço efetivo do arrendamento e o preço competitivo é o que se chama de *renda econômica*.

Rendas são pagamentos por bens que excedem o preço competitivo ou o preço suficiente para cobrir custos e que, portanto, excedem o suficiente para garantir a utilização do bem. Assim, uma renda sobre um bem *i* pode ser definida como:

$$r_i = v^a_i = v^c_i$$

onde v^a_i é o valor efetivo de *i* e v^c_i é o valor que teria emergido em condições competitivas e equivalente aos custos de disponibilização do bem[15]. Esses valores são obtidos pela corrente de rendimento gerada pelo bem ao longo do tempo.

A existência de rendas depende da capacidade do possuidor do bem de controlar a sua oferta. Já referi o exemplo clássico: o contrato de arrendamento no feudalismo. Parte do benefício da terra vai em pagamento do trabalho do camponês[16], enquanto outra parte vai em pagamento dos gastos de capital do senhor feudal nas terras. O benefício em renda obtido num contrato desse tipo é o restante, isto é, o pagamento não necessário para empregar o camponês e manter a terra fértil. É uma vantagem que vai para o senhor de terras em função dos seus direitos de ganho sobre o bem por ele controlado[17]. Mas o benefício da

---

15. Renda é um componente do que normalmente chamamos lucro, mas o lucro tal como calculado normalmente inclui um pagamento do capital, ou juros, que é obtido como pagamento por poupança passada e como componente do salário do proprietário do bem por sua administração desse recurso. Os últimos componentes não são parte da renda percebida quando os juros e os salários equivalem aos índices de ganho do mercado.

16. A economia clássica via a terra como principal fonte de renda, ou renda fundiária se quisermos enfatizar que os benefícios dependem da posse da terra (Marx, p. ex., usa essa terminologia). Renda é "essa porção do produto da terra que é paga pelos poderes naturais indestrutíveis do solo" (RICARDO, 1951 [1821], p. 67).

17. Esse é o arranjo típico, comum. Pode-se argumentar que o benefício ao senhor da terra é recebido em troca de proteção (NORTH & THOMAS, 1973), mas isso pode, na melhor das

renda força uma desvantagem sobre o camponês, uma vez que ele não percebe o pleno valor do seu trabalho e competência.

A associação de rendas e terra não é necessária. A renda vai surgir de todos os bens de produção em oferta fixa que os atores precisam para maximizar sua riqueza; ou a renda pode resultar de custos de transação envolvidos na obtenção de acesso aos bens necessários. Alfred Marshall (1949 [1920]) deu muita atenção ao conceito de renda e generalizou sua aplicabilidade aos benefícios recebidos por qualquer recurso ou bem de produção. Mostrou que as rendas também podem se apresentar como pagamentos pelo uso de capital e trabalho em oferta restrita; como pagamentos pelo uso de combinações únicas de capitais e mão de obra, por exemplo as que certas tecnologias criam; e como pagamentos por qualificações individuais raras e incomuns que não podem ser desenvolvidas apenas com treinamento (talentos musicais, criatividade artística, habilidade atlética etc.). Rendas podem ser criadas em relações de emprego quando os trabalhadores controlam seus esforços numa tentativa de aumentar a vantagem obtida pelo salário, porque o custo de uma fiscalização impede o empregador de ajustar salários ao esforço despendido. Em geral, a característica mais importante é que um componente do pagamento obtido pelo bem, ou o seu retorno, está além do necessário para garantir a oferta do bem.

A associação da terra com a renda é não apenas um acidente histórico, mas também reflete que os acordos de arrendamento geralmente são de longo prazo, acarretando que as rendas também o sejam. Numa economia competitiva, as rendas na produção industrial podem resultar de uma inovação ou de uma limitação importante. No entanto, quando outros descobrem que há um lucro ou renda excedente disponível pela posse de determinado recurso, se puderem eles aumentam a oferta desse bem. O que reduz o lucro excedente e o faz por fim desaparecer. Marshall (1949 [1920]) chama essas rendas temporárias de *quase rendas*. Essas rendas temporárias são normais na produção capitalista e terão importância em nossa discussão a seguir.

Para nossa análise é extremamente importante que as rendas sejam vantagens para o possuidor de bens não necessárias para levar ao uso desses bens. Se o pagamento competitivo é suficiente para que o dono da terra se disponha a deixar o agricultor usá-la, então qualquer excesso é, num sentido básico, desnecessário. Trata-se de uma vantagem que não custa nada. O agricultor tem um claro interesse em reduzir a renda e, se possível, eliminá-la. O dono da terra tem um interesse igualmente claro e oposto em preservar a vantagem que o bem lhe proporciona. Rendas, portanto, criam interesses antagônicos. Certas rendas são

---

hipóteses, dar conta apenas da origem do arranjo. Também Barzel (1997) argumenta que as coisas podem ser mais complicadas dependendo do tipo de contrato entre o camponês e o senhor da terra. Por exemplo, em certos casos o camponês pode obter vantagens às expensas do senhor esgotando os nutrientes do solo.

especialmente importantes para a estrutura e para a mudança sociais. São rendas duradouras que, resultado de direitos duradouros de propriedade sobre bens de produção de renda, geram vantagens e desvantagens significativas. Estão na base da formação de classe, uma vez que os possuidores desses bens protegerão seus direitos de propriedade sobre tais bens e os não possuidores buscarão eliminar esses direitos.

Em resumo, a riqueza total do indivíduo, definida pelo controle de bens, determinará suas condições de vida e, portanto, sua situação de classe enquanto condições de vida. Argumentaremos abaixo que essas condições não são apenas dependentes da riqueza total, mas também da variação no tempo dos retornos ou ganhos sobre essa riqueza (que definem a variação no valor da riqueza). Parte da riqueza total pode gerar benefícios obtidos às expensas de outrem, o qual estaria em melhor situação com uma distribuição diferente dos direitos de controle ou propriedade sobre os vários atributos dos bens. Essa parte geradora de *renda* define classe como exploração. Desenvolvo mais essas ideias abaixo, tratando primeiro de forma breve a ideia de classe enquanto condições de vida como riqueza pessoal total e depois, mais detalhadamente, os conceitos de classe como exploração baseados nos direitos a ganhos ou retornos pela riqueza produtora de renda.

Riqueza e classe como condições de vida

Como assinalamos acima, há uma abundância de pesquisa mostrando que classe como condições de vida é um poderoso determinante de todo tipo de consequências[18]. Há muito menos compreensão sobre como essas consequências se produzem. Temos, naturalmente, uma rica literatura sobre a socialização que demonstra que classe está associada a importantes diferenças de socialização, sabemos de importantes diferenças de valor e também de inúmeras diferenças em estilos de vida entre as diferentes classes. Entretanto, isso apenas move a questão para um nível anterior. O que há nas condições de vida das diferentes classes que responda por essas diferenças?

Proponho que a resposta está na riqueza ao longo da vida e na expectativa de variação dos ganhos sobre essa riqueza pelos que ocupam as diferentes classes. Há evidência abundante de que a classe social é responsável por mais con-

---

18. Também as pesquisas usando o *status* socioeconômico como a variável independente fornecem abundante evidência. O *status* socioeconômico no sentido de "boa qualidade de vida" (GOLDTHORPE & HOPE, 1974) parece refletir a crença das pessoas nas condições de vida ligadas a diferentes ocupações, condições medidas pela riqueza dos que exercem as ocupações. Não há diferença fundamental entre o que é medido por um esquema de classe como o de Goldthorpe (1987) ou pelo *status* socioeconômico, exceto que o esquema discreto de classe pode captar a variação não vertical ignorada pelas medidas de *status*. Se o *status* socioeconômico for agrupado em categorias discretas, temos um conceito nominal de classe enquanto condições de vida. Há um certo debate sobre se os esquemas discretos de classe não captam alguns efeitos socioeconômicos (HOUT & HAUSER, 1992).

sequências quanto mais homogêneas forem as categorias de classe em relação a uma variedade de recursos, quais sejam, a sua riqueza. É importante considerar não a distribuição de renda em corte transversal, mas o perfil de riqueza a longo prazo que determina o que os economistas chamam de *padrões permanentes de renda e consumo*. Uma pessoa que consegue uma educação mais elevada vai orientar seu estilo de vida não pelo nível de renda em sua juventude, mas pelas condições de vida que espera a longo prazo, correspondente à riqueza associada a seu capital humano.

Mais, a variação nos retornos sobre a riqueza é importante, especialmente para os padrões de socialização que surgem nas diferentes classes. Uma literatura mais antiga via fortes diferenças entre as classes sociais no que se chamava "a capacidade de adiar a gratificação" (cf., p. ex., SCHNEIDER & LYSGAARD, 1953). Essa literatura foi largamente desprezada nos anos 70 do século passado porque achavam que refletia uma tentativa de "culpar a vítima" (cf. RYAN, 1971). Mais recentemente, psicólogos e economistas sugeriram uma formulação diferente dos mesmos fenômenos (cf. AINSLIE, 1992). As pessoas descontam recompensas futuras, frequentemente em índices muito altos. Há, em especial, fortes diferenças de orientação temporal entre as classes sociais ou os diferentes níveis socioeconômicos, com as pessoas nos níveis mais baixos trabalhando com um horizonte de tempo muito mais curto que as outras. Os que descontam em índice elevado investem menos em sua saúde e educação, assim como na saúde e educação dos filhos.

Essas diferenças de orientação temporal ou de padrões de adiamento de gratificações entre as classes refletem o nível de incerteza nas condições de vida ou a variabilidade dos ganhos. Tal incerteza não é culpa da "vítima", mas uma reação racional à expectativa de uma alta incerteza de ganhos[19]. Os bancos também cobram uma taxa de juros mais alta de investimentos incertos e supostamente estão agindo de maneira racional. O impacto da incerteza sobre os investimentos que as pessoas fazem em si mesmas e nos filhos deve ser maior quanto menor for o nível geral de recursos. Quanto menos recursos, menos proteção.

A riqueza total de uma pessoa tem dois componentes principais. Uma parte é riqueza pessoal, humana e física adquirida sobretudo fora do mercado de trabalho, nas famílias e nas escolas, mas também em treinamento no emprego. A outra parte é riqueza adquirida nas relações de trabalho.

A parte pessoal da riqueza, independente das relações de trabalho, tem vários componentes. A quantidade de capital humano obtido com investimentos em formação e saúde é particularmente importante. Pode haver também habilidades e qualificações que produzem renda.

---

19. Há evidência recente em uma pesquisa populacional (DOMINITZ & MANSKI, 1997) de que a sensação de insegurança das pessoas varia entre os grupos, exatamente como seria de prever, de acordo com a distribuição de riqueza e a variação de ganhos sobre a riqueza.

Por fim, a quantidade de riqueza obviamente depende do capital físico legado pela família de origem e aumentado pela pessoa através de seus empreendimentos e investimentos não ligados ao mercado de trabalho. Essa variação de dotes cria diferentes incentivos para o investimento em capital humano e coisas semelhantes, diferenças que explicam a natureza não vertical muito enfatizada do esquema de classe de Goldthorpe, por exemplo as condições de vida dos agricultores. Esse componente de riqueza pessoal é obviamente de importância maior para a análise plena da estrutura de classe.

Os indivíduos também tiram riqueza de suas relações de trabalho. Eles podem ter acesso a oportunidades de treinamento no emprego que aumentam seu capital humano. Um componente do capital humano adquirido no emprego pode ser específico do emprego e da empresa e dão poder de barganha ao trabalhador. Por determinado capital humano ou ação coletiva, o trabalhador poder ganhar salário acima do mercado, aumentando o valor de seus recursos laborais e assim obter renda. A relação de emprego nesse caso será fechada, ao contrário da relação aberta de trabalho característica do mercado competitivo. O consequente aumento de duração das relações de emprego além do que se espera é fundamentalmente importante para a variabilidade dos ganhos e, portanto, para as consequências da diversidade de riquezas, porque quanto mais curtas as relações de emprego, mais variáveis serão os ganhos sobre a riqueza. A duração da relação de emprego é também importante para a quantidade de riqueza que se consegue na relação. Seria de esperar, portanto, que pessoas com relações de emprego estáveis invistam mais em si e nos filhos. Profissionais com grandes quantidades de capital humano e relações de emprego estáveis devem provavelmente investir mais. Portanto, o que Erikson e Goldthorpe (1992) chamam de "classe de serviço" deveria ser especialmente bem-sucedida em garantir o futuro dos filhos. Embora não exista um teste específico para a ideia aqui proposta, abundante pesquisa sobre mobilidade social e oportunidades desiguais de educação demonstra a capacidade dos profissionais liberais e outros com altos níveis de capital humano e relações de emprego duradouras de garantir o sucesso da prole.

Riqueza, rendas e exploração

A questão para formular uma teoria da exploração é definir um processo pelo qual algum detentor de um direito de propriedade econômica obtém uma vantagem às expensas de pessoas sem os mesmos direitos. Como mostramos acima, as transferências de riqueza possibilitadas pela aquisição de direitos sobre bens que geram rendas econômicas satisfazem esse requisito.

As rendas satisfazem os requisitos da Teoria Estrutural da Desigualdade. Elas são criadas por relações sociais de posse sobre bens produtores de renda (com as óbvias exceções de rendas obtidas sobre habilidades naturais, de que trataremos mais adiante). Posições vantajosas de classe no esquema de exploração são aquelas na estrutura social que permitem aos indivíduos obter direitos de controle ou de propriedade econômica sobre bens ou atributos que geram rendas, enquanto as posições desvantajosas no esquema são as que se definem pela ausência desses direitos[20]. Mudar as relações de propriedade que geram rendas mudaria a distribuição de riqueza e, portanto, a estrutura de classe.

O detentor de um bem produtor de renda tem interesse em assegurar o fluxo contínuo de benefícios, enquanto aqueles a quem o benefício é negado têm um claro interesse em obtê-lo por aquisição ou destruindo a organização social que cria as rendas. Quando os atores agem em seus interesses, criam organização e processos sociais para proteger ou destruir os benefícios de renda. Tais arranjos, bem descritos pelos neoweberianos, são processos de fechamento e usurpação (PARKIN, 1979) e os processos de passagem, através do desenvolvimento da consciência, de um conhecimento dos próprios interesses para a ação em busca desses interesses (GIDDENS, 1973). Para o desdobramento do cenário, não apenas a inclusão em uma classe, mas também os interesses devem ser duradouros.

A distinção entre rendas temporárias e duradouras é muito importante para a análise dos processos de formação de classe. A formação de classe não apenas depende da estabilidade de inclusão em locações estruturais que geram interesses antagônicos, como assinalam Goldthorpe e Giddens. Ela também depende do índice de mudança das vantagens ou desvantagens fornecidas pelas rendas. Isso imediatamente sugere que o conflito estrutural ou conflito de classe deveria ser maior no feudalismo do que no capitalismo, pois as rendas são mais permanentes no feudalismo. Nenhuma revolução ocorreu numa sociedade capitalista avançada.

A importância da distribuição no tempo das vantagens fornecidas pelas rendas é com frequência ignorada. Uma desigualdade transversal não implica necessariamente uma vantagem a mais longo prazo propiciada por uma renda duradoura. Por exemplo, de acordo com a Teoria do Capital Humano, as rendas superiores dos que têm níveis de educação mais altos compensam os custos de formação mais elevados e não criam uma vantagem permanente por toda a vida. Assim, qualificações adquiridas de acordo com os mecanismos propostos pela Teoria do Capital Humano não criam rendas nem, portanto, classes. Isso é geralmente ignorado pela chamada nova teoria da classe, segundo a qual as

---

20. Wright (1997) propõe uma definição semelhante de exploração, embora não seja formulada a partir do conceito de renda. Além da relação causal entre vantagens e desvantagens de classes, é preciso para que a exploração exista, segundo Wright, que a classe privilegiada dependa dos frutos do trabalho da classe desfavorecida. Assim, quando os colonos europeus deslocaram os nativos norte-americanos, eles não exerceram exploração tirando vantagem às custas dos índios, mas, ao contrário, envolveram-se em uma "opressão econômica sem exploração" (WRIGHT, 1997, p. 11). Os colonos europeus claramente criaram interesses antagônicos que produziram conflito, portanto não fica claro o que é acrescentado pelo requisito da transferência dos frutos do trabalho.

classes surgem com base nas habilidades e na educação (GOULDNER, 1979; KONRAD & SZÉLENYI, 1979). A educação pode, claro, criar rendas, mas uma mensuração do aproveitamento escolar tal como usada, por exemplo, no esquema de classes de Wright não pode separar a renda do componente capital humano. O papel da educação na análise de classe será discutido mais adiante.

Os tipos de organização e processos sociais que surgem em torno dos bens de produção de renda diferem segundo o tipo de bem considerado. O feudalismo pode ser descrito como uma organização elaborada para a distribuição de benefícios de renda com base na terra e no mercantilismo enquanto extensão dos arranjos para garantir a produção industrial. Na moderna sociedade industrial, há três tipos fundamentais de rendas a considerar, já identificadas por Marshall (1949 [1920]): (1) rendas monopolistas, baseadas no monopólio da oferta de um bem, por exemplo quando uma empresa de comunicação a cabo ganha exclusividade de um governo para distribuição de sinais de TV; (2) rendas compostas, formadas por combinações únicas de rendas produtivas ou especificidade de recurso, por exemplo quando um trabalhador adquiriu qualificações utilizáveis apenas em determinado emprego; e (3) rendas baseadas nas capacidades e talentos naturais, por exemplo a estatura física ou a agilidade com a bola que caracterizam os jogadores profissionais de basquete. Examinarei algumas das principais características desses tipos de rendas.

Rendas monopolistas

Restrições sociais ou "artificiais" da produção criam rendas monopolistas. O monopólio pode surgir "naturalmente" em função de retornos crescentes de escala que criam custos proibitivos para outros entrarem também na produção, como por exemplo no caso da indústria automobilística. Com frequência é o governo que cria monopólios, através de licenças ou patentes. Por fim, organizações sociais como os sindicatos ou associações da indústria, que entram em acordo para regular a produção de alguma coisa, também criam monopólios. Em todos esses casos a oferta de um produto não será sensível ao preço e as rendas vão surgir e persistir a não ser que se rompa o monopólio.

Para ser mais claro, suponhamos que um monopolista esteja trabalhando em condições de produção que geram retornos de escala constantes, de modo que os custos médios e marginais se equivalem. Nada de essencial na presente argumentação depende desse pressuposto. Em condições perfeitas de competição, o preço p_c corresponderá ao custo da produção q_c. O monopolista pode cobrar um preço p_m acima do preço p_c que em condições de competição perfeita prevaleceria. Esse preço maior aumentará o faturamento por unidade produzida, que vem a ser um aumento de ganho do produtor acima do montante necessário para realizar a produção, ou seja, renda. Além da criação de renda e do correspondente aumento da desigualdade, haverá uma redução da riqueza da sociedade, pois estará sendo produzido menos ao preço p_m. Essa é a "perda de peso morto" causada pelas rendas monopolistas e representa um custo para o bem-estar da sociedade, um desperdício social de recursos.

O aumento de faturamento do monopolista é, naturalmente, uma vantagem que outros podem desejar. Se outros entrarem com sucesso no mercado, a competição resultante pode eventualmente eliminar a renda monopolista, baixando o preço ao nível p_c e aumentando a quantidade da q_c. Quando isso acontece, a vantagem temporária do produtor inicial é uma quase renda.

Tal cenário, é claro, pressupõe que outros possam entrar na competição. Se houver custos de entrada proibitivos criados por tecnologias de produção, políticas de governo ou associações empresariais, a competição será para conquistar o monopólio. Tal competição é o caso típico da *busca de renda*, isto é, de competição zero pelos bens de produção de renda. Os esforços e outros custos envolvidos em tentar adquirir a propriedade ou recurso produtor de renda obviamente reduzem os ganhos do monopólio. Com efeito, aqueles que desejam adquirir o monopólio devem estar dispostos a pagar para obtê-lo um preço equivalente aos ganhos, de modo que o benefício da renda desaparece completamente. Os custos da busca de renda não aumentam a produção da sociedade e, portanto, representam recursos desperdiçados (TULLOCK, 1980). Esse desperdício é acrescido ao outro representado pela perda de peso morto.

A natureza da busca de renda depende da possibilidade de negociar o monopólio no mercado. Se ele puder ser negociado, sua venda pode significar uma grande transferência de riqueza aos que o detinham, de modo que os novos donos não vão poder realizar renda. Por exemplo, diz-se com frequência que rendas recebidas por fazendeiros, como subsídios agrícolas, geram valores fundiários mais elevados e, portanto, pagamento de juros mais altos, o que elimina a vantagem inicial. Uma vez estabelecido, o monopólio gerador de renda é difícil de eliminar, mesmo quando plenamente capitalizado e a renda desapareceu. Os novos donos, evidentemente, estão muito interessados em receber as rendas pelas quais desembolsaram seus recursos, mesmo que a vantagem para eles tenha desaparecido. Um exemplo, descrito por Tullock (1980), é um sistema de táxi semelhante ao de Nova York, cujos motoristas têm um medalhão da licença municipal que pode ser negociado. A venda do medalhão proporciona um grande ganho para o possuidor inicial, mas apenas um rendimento normal para o comprador. A existência desses medalhões cria uma perda de bem-estar para os consumidores, perda que só pode ser reduzida pela remoção da restrição ao trabalho de taxista, algo que é praticamente impossível sem que haja perdas forçadas para os proprietários atuais de medalhões.

Há uma variedade de rendas monopolistas no mercado de trabalho. Ocorrem *rendas de emprego* quando barreiras ao trabalho e emprego para pessoas fora de um setor são erguidas pela ação coletiva de sindicatos, a exigência de certificados aprovados pelo governo e de outras licenças profissionais[21]. Os sindicatos criam rendas quando fecham lojas ou racionam o emprego através de sistemas de aprendizagem. Os sindicatos podem também alterar de modo significativo a distribuição de rendas quando conquistam sistemas salariais igualitários que aumentam os vencimentos dos menos produtivos que recebem os mais baixos salários do mercado (para evidências, cf. FREEMAN & MEDOFF, 1984). As associações profissionais criam rendas quando conquistam certificação que limita o acesso ao emprego a quem é devidamente autorizado ou quando obtêm controle sobre o recrutamento para a profissão através do controle de instituições educacionais; as escolas médicas são um bom exemplo disso. Em geral, as credenciais educacionais usadas como instrumentos de racionamento do emprego ou do acesso à educação profissionalizante geram rendas monopolistas para seus detentores. Discutiremos as credenciais em mais detalhe adiante.

As rendas de emprego criam busca de renda como competição zero por posições no mercado de trabalho (HIRSCH, 1976), que chamei de "competição por vagas" (SØRENSEN, 1983). As rendas de emprego não são apenas rendas monopolistas. Cargos e posições podem ser também bloqueados sem a ajuda de agentes externos como sindicatos e associações profissionais. Nos mercados de trabalho internos pode-se bloquear posições sem acordos coletivos devido à existência de rendas compostas criadas pela especificidade de recursos, por exemplo qualificações específicas, que examinaremos adiante.

A importância das rendas monopolistas é questionada por alguns. Como observamos, as rendas criam uma perda de "peso morto" que é uma externalidade a reduzir o bem-estar da sociedade. Há uma importante objeção às externalidades em um sistema econômico idealizado (COASE, 1960) que é útil para o desenvolvimento da teoria. Coase argumenta que em determinada alocação de direitos de propriedade não haverá externalidades, incluindo as criadas por rendas monopolistas, se não houver custos de transação. Um dos seus exemplos de externalidade é o do gado que pisoteia e destrói uma plantação de milho. Diz-se normalmente que o dono do gado pode ser responsabilizado pelos custos impostos ao plantador de milho, mas Coase argumenta que tal juízo é assimétrico. A questão é saber se os custos de evitar o pisoteio do gado são mais altos do que os de cercar o pasto ou levar os animais para outra área. Atores racionais vão comparar esses custos, barganhar sobre o preço da cerca e eliminar a externalidade. Aplicado às rendas, isso significa que os não proprietários do bem de produção de renda devem negociar um acordo com o proprietário para compensá-lo pela extinção do monopólio. Assim, institui-

---

21. Bowles e Gintis (1990) usam a expressão rendas de emprego para identificar prêmios salariais por eficiência, isto é, salários acima do mercado criados para induzir ao esforço e que discutiremos adiante.

ções que existem por mais tempo numa economia competitiva, inclusive as que parecem criar rendas monopolistas, devem ser eficientes e não geradoras de renda, segundo Coase.

Os ganhos dos monopólios geralmente são menores do que os custos que impõem a outros. De modo que a barganha proposta por Coase eliminaria a perda de bem-estar e, com a abolição do monopólio, a produção aumentaria para criar uma situação competitiva. No entanto, se o monopolista incorreu nos custos da busca de renda, suas perdas podem ser substanciais, de forma que ele também vai precisar receber compensação por esses custos. O que pode ser difícil de conseguir, como observamos. Portanto, quando os custos da busca de renda tiverem sido substanciais, rendas monopolistas podem persistir, como registra a literatura sobre a busca de renda (p. ex., TULLOCK, 1989).

Independente do problema com os custos da busca de renda, há um problema básico no argumento de Coase quando aplicado a categorias mais amplas de atores. O problema é discutido por Dixit e Olson (1996). A racionalidade individual suposta por Coase ao formular a ideia da barganha simétrica entre duas partes não cria necessariamente a racionalidade coletiva exigida quando uma das partes, geralmente aquela em desvantagem, é um grupo mais amplo de atores. Não há apenas custos de transação envolvidos na organização de um grupo mais amplo a fim de reduzir o parasitismo (OLSON, 1965). Dixit e Olson (1996) mostram também que, mesmo na ausência de custos de transação, os benefícios de eliminar a externalidade por membro do grupo mais amplo podem ser tão pequenos que nenhuma ação coletiva terá lugar. É desses problemas organizacionais que trata a literatura sobre a formação de classes ou, pelo menos, deveria tratar. Há uma rica literatura sobre movimentos sociais que aborda o problema de quando os interesses se traduzem efetivamente em ação, destacando a mobilização de recursos, os processos políticos e o problema da ação coletiva. Essa literatura é curiosamente separada de outra sobre formação de classe desenvolvida pelos neoweberianos.

Rendas compostas ou rendas sobre especificidade de bem

Quando dois bens ou recursos diferentes são tão específicos um para o outro que o pagamento por sua utilização conjunta excede o pagamento pelo uso de cada bem ou recurso separado, surgem as rendas compostas. O exemplo primordial de Marshall para rendas compostas é a vantagem conjunta que advém para proprietários e empregados de uma vantajosa posição de mercado (MARSHALL, 1949 [1920]). Um exemplo específico é a renda conjunta percebida pelo dono de um moinho e o dono do curso d'água sobre o qual ele é construído. Se há apenas um lugar para o moinho, então as rendas do seu dono e as do dono do curso d'água não podem estar separadas: "Nada resta senão 'regatear e barganhar' para acertar como o excesso de valor dos dois juntos sobre o valor do lugar para outros propósitos deve ir para o dono deste" (MARSHALL, 1949 [1920], p. 520).

Rendas compostas surgem do que na literatura sobre custos de transação se chama especificidade de bem. Elas surgem, por exemplo, quando os trabalhadores adquirem treinamento específico no emprego e se tornam, portanto, mais produtivos numa empresa do que em outra (BECKER, 1964). Também problemas de supervisão e agência podem criar rendas compostas. Estas criam uma vantagem conjunta que desaparece se o acordo entre a empresa e o trabalhador for desfeito, de modo que as relações de emprego se fechem. Há dois tipos de solução para esses problemas.

Primeiro, a renda composta poderia ser eliminada organizando-se a produção de modo que os problemas de custo de transação desapareçam e as relações de emprego se tornem abertas. Quanto a qualificações específicas, isso implicaria eliminar o seu uso. Essa desqualificação pela eliminação da necessidade de determinadas qualificações difere da ideia original de desqualificação promovida por Braverman (1974), segundo a qual o capitalismo tenta eliminar a necessidade de todas as qualificações no mercado de trabalho. Uma tendência geral à desqualificação nunca ficou estabelecida apesar de muitas tentativas, nem faz sentido teórico que os empregadores inevitavelmente tenham a ganhar com a redução do nível geral das qualificações exigidas no mercado de trabalho. No entanto, reduzir as rendas compostas com treinamento específico no emprego seria uma estratégia plausível.

A segunda solução é reduzir a importância das rendas compostas sem destruir as relações de emprego fechadas aos forasteiros, para isso usando instrumentos organizacionais que aumentam o esforço de trabalho. Uma vasta literatura sobre a organização de mercados de trabalho interno nas empresas é de análise de soluções organizacionais para o problema de aumentar a participação da empresa em rendas compostas. Uma solução destacada é a criação de esquemas de promoção para estimular o esforço. Os esquemas de promoção capitalizam sobre a interdependência entre, de um lado, o esforço criado pela competição zero por salário e, de outro, ganhos diferenciais propiciados pelas escalas promocionais que vêm a ser bens de posição.

As escalas promocionais criam uma desigualdade transversal. É essa desigualdade que se atribui à classe no esquema de Wright como um efeito da autoridade. No entanto, as escalas promocionais podem ser planejadas para dar menos do que o salário de mercado no início da carreira, usando-se o treinamento para legitimar isso, e mais do que os salários de mercado no final da carreira, de acordo com a Teoria do Pagamento Diferido (LAZEAR, 1995). Esse padrão prende o trabalhador à empresa e preserva a renda composta: ele recebe rendas positivas e negativas dependendo do tempo de casa. Isso não significa que os trabalhadores vão ter excedente geral ao longo da vida. Como acontece com os investimentos em educação, a distribuição transversal não informa sobre a vantagem que se obtém a longo prazo. Se as escalas de promoção funcionam como pretendido, elas estimulam o esforço e captam rendas compostas para o empregador, bem o contrário da interpretação usual do efeito de autoridade.

A interpretação dos sistemas de promoção como sistemas de captura de renda também implica que os empregadores têm um incentivo para deixar de pagar as rendas positivas que o trabalhador deverá receber ao final da carreira, demitindo-o quando essas rendas positivas surgirem. Isso cria problemas de "reputação" para certas firmas, mas, se muitas firmas adotam em conluio essa prática, diminuem os efeitos sobre sua reputação.

Outro instrumento para estimular o esforço e capturar uma porção maior da renda composta são os sistemas de incentivo salarial. Pagando aos empregados mais do que o salário de mercado, as firmas aumentam o esforço exigido, pois os trabalhadores ficam relutantes em esquivar-se com medo de perder o emprego[22]. Wright (1979) usou essa explicação do salário por eficiência ou produtividade para a vantagem de renda dos empregadores "semiautônomos"[23]. No seu último esquema de classe, Wright propõe uma explicação semelhante para a vantagem salarial que têm os diretores, a chamada "renda da lealdade". A explicação do salário-produtividade é usada por Krueger e Summers (1987) para as persistentes diferenças salariais na indústria que não podem ser atribuídas a qualidades não mensuradas do trabalhador ou a compensações diferenciais.

Rendas sobre dons naturais e culturais

Marshall (1949 [1920]) sugere que as rendas decorrem de "dons gratuitos da natureza" sob a forma de habilitações genéticas que resultam na capacidade de produzir algo em demanda. As rendas refletem diretamente os dons genéticos, da mesma maneira que os genes são responsáveis por certos atributos físicos que facilitam certas tarefas, por exemplo a altura para os jogadores de basquete. Ora, as rendas são obtidas indiretamente quando o dom de um indivíduo facilita o treinamento para certas capacitações, como na realização acadêmica. Nesse último caso, o dom não precisa ser genético. Dons culturais são importantes para o aprendizado, mas difíceis de aprender para os não socializados em determinada cultura ou para quem carece do capital cultural exigido (BOUR-

---

22. Bowles e Gintis (1990) veem a criação do salário por eficiência ou produtividade como resultado da "troca contestada" que define as relações desiguais de poder criadas no capitalismo pela desigualdade de recursos.

23. A Teoria do Salário por Produtividade ou Eficiência fornece uma explicação para o desemprego involuntário (SOLOW, 1979). A vantagem salarial faz do desemprego um instrumento disciplinar, porque o trabalhador com frequência conseguirá obter apenas o salário competitivo após a demissão. Daí devermos esperar que as demissões sejam particularmente frequentes em indústrias com alta concentração, tais como a automobilística e a siderúrgica, o que é consistente com as evidências.

DIEU & PASSERON, 1990 [1970]). O capital cultural pode ser visto, portanto, como uma fonte de renda semelhante ao dom genético.

Pode parecer paradoxal incluir as rendas sobre dons individuais como fonte de desigualdade estrutural. No entanto, essas rendas têm importantes consequências sociais que fazem conexão com a literatura de análise de classe[24]. Em especial, as rendas sobre dons naturais e culturais têm importantes consequências para o surgimento das credenciais.

A capacidade geral leva a maior produtividade e salários mais altos em muitos empregos. A maior produtividade pode ser alternativamente obtida pelo treinamento. Os custos de treinamento necessário aos menos capacitados criam um excedente para os capacitados, supondo que tanto os trabalhadores produtivos capacitados e sem treinamento recebam o mesmo salário que os trabalhadores menos capacitados e treinados. Com uma expansão da demanda de credenciais – isto é, uma crescente demanda de educação – os rendimentos se tornam maiores para os mais capacitados. Eles então procuram ainda mais educação e credenciais mais altas e mais caras. Essa demanda autoestimulante é a principal tese da literatura credencialista (p. ex., COLLINS, 1979). As rendas maiores criam incentivo para as instituições de educação superior aumentarem os custos do ensino. Portanto, partilham das rendas geradas pelas credenciais. Essas rendas, então, permitem a contratação de faculdades de prestígio para treinar os facilmente treináveis, aumentando a reputação dessas instituições e incrementando ainda mais a renda sobre as credenciais que conferem[25].

Os que possuem altas credenciais querem garantir uma vantagem para seus descendentes. Isso é facilitado tornando o capital cultural relevante para o treinamento. No entanto, a própria existência de credenciais também é importante. A capacidade superior dos filhos não pode ser assegurada, mas muito pode ser feito para assegurar-lhes uma credencial valiosa ao se facilitar o acesso a instituições que fornecem tais credenciais. Na ausência dessas credenciais, os filhos menos capacitados e de *status* familiar elevado podem ter que competir por empregos valorizados com aqueles mais capacitados, embora de origens mais humildes. O monopólio do emprego garantido pela credencial protege os menos capacitados, mas com *status* mais elevados, impedindo que sejam ultrapassados na disputa com os mais capacitados, mas de *status* inferior. As credenciais aumentam, assim, a capacidade dos grupos de *status* elevado de transferir vantagens aos filhos menos capacitados e também a vantagem dos filhos mais capacitados. Há fortes incentivos para que os grupos de alto *status* criem credenciais e fechamento de acessos a suas posições, como ressaltam os neoweberianos (PARKIN, 1979; MURPHY, 1988).

---

24. Cf. Sørensen (1996) para outras implicações sociais das rendas sobre dons individuais.

25. Estou em débito com um revisor anônimo por esta observação.

Em geral, as rendas diferenciadas geradas pelos dons individuais implicam que a crescente igualdade de oportunidades educacionais criada pela expansão educativa deveria aumentar as rendas sobre os dons naturais e culturais. Tais políticas, portanto, deveriam ter forte apoio dos que já tiram rendas consideráveis de seus dons, como os professores[26].

Classes exploradas e ação coletiva no capitalismo moderno

As atividades de busca de renda criam *lobbies* para influenciar as atividades regulatórias, subsídios e as políticas de assistência social dos governos. Os movimentos sociais fazem *lobby* para melhorar o bem-estar dos desfavorecidos garantindo-lhes rendas. As grandes corporações fazem *lobby* através de campanhas de contribuições destinadas a obter o tipo de políticas e regulações que aumentam as rendas corporativas. As rendas dividem os donos de diferentes bens de produção – como quando os proprietários de terra entram em conflito com os proprietários de bens de produção industrial em relação ao preço do milho – e unem trabalhadores e capitalistas para preservar regras de importação e barreiras comerciais que criam rendas para certas empresas e indústrias.

O fato de que a ação de classe na moderna sociedade capitalista tem a ver com a busca de renda e a proteção dos direitos de propriedade sobre bens de produção de renda cria claramente uma concepção diferente do que Marx tinha em mente quando analisou o capitalismo no final do século XIX. A concepção de Marx não requer, por exemplo, monopólios e especificidades de recursos para a criação de vantagem. O excedente criado pelo trabalho será uma característica universal do capitalismo, que vai basear sua natureza na busca incansável de taxas de lucro cada vez mais reduzidas. No entanto, quando a Teoria da Mais-valia do Trabalho é abandonada, é impossível sustentar a ideia de que há uma forma "oculta" permanente de excedente na produção capitalista da maneira como Karl Marx concebeu. As principais ações de classe serão a busca de renda, a proteção das rendas existentes e a destruição de rendas.

É uma questão interessante saber se a busca, a proteção e a destruição de rendas pode sustentar o grande cenário traçado por Marx para o desenvolvimento do capitalismo. Mas estava seguramente certo quanto à dinâmica do capitalismo avançado. O motor dessa dinâmica é a busca de aquisição de bens de produção de renda através da inovação e do desenvolvimento de produtos e pela criação de demanda através da propaganda de produtos que dão lucro. A busca incansável de vantagens que excedam ganhos acima do mercado – através da reorganização de firmas e corporações, às vezes sob a forma de fusões e aquisições, às

---

26. Os partidos da classe operária, no passado, eram na verdade céticos sobre políticas para tornar as oportunidades educacionais igualitárias (para o caso da Escandinávia cf. ERICKSON & JÖNSSON, 1996).

vezes sob a forma de desinvestimento – é também uma marca característica do capitalismo moderno. Esses processos resultam em quase rendas que geralmente são logo eliminadas pela competição. Os capitalistas enquanto indivíduos ganham e perdem, e alguns amealham grandes fortunas. Ainda que suas fortunas resultem de quase rendas, eles não são destruídos pela extinção dessas quase rendas. O processo expande mercados e produz globalismo. A história é bem conhecida e bem registrada.

Rendas duradouras para proprietários individuais de capital exigem algum tipo de ação coletiva. A principal forma de ação coletiva dos capitalistas é a criação de cartéis. Os cartéis podem, claro, ser obstruídos por regulamentos antimonopólio impostos pelos governos. Mas podem resistir a esses obstáculos e funcionar por meio de vários tipos de mecanismos em rede entre direções de empresas e esquemas semelhantes, mas o incentivo para romper um acordo estará sempre presente. Uma estratégia mais eficaz para obter rendas duradouras é conseguir ajuda do Estado para garantir uma vantagem: a concessão de uma licença ou alguma outra forma de proteção contra o ingresso de competidores. Um exército de lobistas tenta conseguir essas vantagens informando os legisladores das consequências e benefícios de seus atos. A justificativa racional para o Estado criar rendas monopolistas é geralmente a de que algum proveito público, que do contrário seria perdido, vai resultar de determinada regulação: por exemplo, médicos competentes, carros seguros, agricultura familiar.

O cenário traçado por Marx para a estrutura de classe do capitalismo avançado pode se sustentar na concepção de classes baseadas na renda como exploração? A previsão de Marx sobre a miséria do capitalismo é considerada em geral a razão principal para que sua teoria seja revista. A ideia da pobreza absoluta crescente da classe operária causada pela crescente exploração foi claramente negada pelo crescimento econômico que se registrou desde que Marx escreveu sua obra. Por um longo período também se observou na maioria das sociedades uma redução da desigualdade relativa. Essa redução foi substituída por um aumento da desigualdade nos Estados Unidos e muitas outras sociedades avançadas no início da década de 1980, um aumento contínuo desde então. No entanto, não é possível sustentar a ideia de uma polarização e homogeneização crescentes da classe operária. Há, porém, evidência substancial nos últimos tempos de que o capital se tornou muito eficiente em eliminar as vantagens da classe operária em matéria de rendas obtidas no mercado de trabalho. A eliminação dessas rendas contribuiu para o aumento da desigualdade.

O capital ganha com a destruição de rendas monopolistas no mercado de trabalho e com o aumento de sua participação nas rendas compostas ou a destruição da fonte dessas rendas compostas. A eliminação de rendas no mercado de trabalho beneficia o capitalista quando ele lucra com o aumento de eficiência da produção. E ele se beneficia ainda mais quando sua riqueza depende da valoração da eficiência de sua produção. O mercado de ações fornece essa valoração. No período em que a desigualdade aumentou, o mercado de ações aumentou muito a riqueza dos acionistas e remunerou a eliminação de renda no mercado de trabalho. Isso foi alcançado de várias maneiras, todas resultando em maior desigualdade: (1) eliminando rendas criadas pela ação coletiva dos sindicatos, (2) eliminando rendas compostas e de mercados internos de trabalho e (3) reduzindo o valor real do salário-mínimo.

Os sindicatos criam rendas de duas maneiras. Podem garantir importante remuneração salarial para os trabalhadores cobertos por acordos sindicais. Os trabalhadores sem filiação sindical podem também obter benefícios quando os empregadores tentam evitar os sindicatos. Tais benefícios tendem a aumentar para trabalhadores altamente qualificados. Como mostraram Freeman e Medoff (1984), embora os sindicatos de fato forneçam benefícios, as rendas são bem modestas. O principal efeito dos sindicatos é reduzir a desigualdade salarial. Eles são especialmente eficazes em reduzir o leque salarial entre trabalhadores menos e mais produtivos. Os sindicatos podem criar rendas substanciais para trabalhadores de baixa qualificação ou menos produtivos.

Uma grande mudança muito conhecida no mercado de trabalho foi a diminuição do poder dos sindicatos. É tanto uma redução do número de trabalhadores filiados aos sindicatos quanto da capacidade dos sindicatos de conseguir aumentos salariais e negociar acordos. A redução da filiação foi de cerca de um terço da força de trabalho não agrícola para 16% hoje. A influência dos sindicatos na estrutura salarial é bem maior que o seu número de filiados (MITCHEL, 1985). No entanto, o declínio da filiação também foi acompanhado de um declínio do poder sindical. A prova disso está no aumento do número de concessões aos empregadores, na redução do número de greves e na moderação das reivindicações sindicais (MITCHELL, 1985). Veja-se Fortin e Lemieux (1997) para evidências de como essas tendências contribuíram para o aumento da desigualdade. Eles também assinalam a importância da desregulamentação em setores industriais de alta concentração, eliminando aí rendas compostas obtidas pelos trabalhadores e empresas.

O emprego fechado e as rendas compostas são amplamente disseminados também nos setores industriais e nas empresas sem a presença de sindicatos, nos mercados de trabalho internos e para grupos de trabalhadores tradicionalmente não sindicalizados, tais como muitos grupos de empregados de colarinho branco. As rendas compostas obtidas nesses cenários são eliminadas pelas demissões. As demissões irrevogáveis reduzem a segurança no emprego, mas não necessariamente o emprego. No entanto, a perda de segurança no emprego significa também a perda de toda renda que o trabalhador tenha obtido. Com segurança no emprego um trabalhador jamais pode se dar pior do que no emprego atual. Se um emprego melhor aparece, ele pode mudar para esse novo emprego, e o momento da mudança não precisa ter nada a ver com aumentos de produtividade. Portanto, um sistema de emprego fechado, como nos mercados de trabalho internos, produz padrões de carreira que representam apenas aumentos de renda e não de produtividade. Essas estruturas de carreira são destruídas pelo *downsizing**.

As demissões aumentaram de maneira geral nos últimos quinze anos, indo de 1,2 milhão de empregos perdidos em 1979 e 1,4 milhão em 1980 para 3,4 milhões em 1993. Depois de subir a 2,62 milhões de demitidos em 1972, o número anual nunca foi menor que 2 milhões na década de 1980. As demissões aumentaram de novo na recessão de 1991 e o índice parece estável desde então. A proporção de trabalhadores de colarinho branco no total de demitidos aumentou acentuadamente para cerca de 40% (DEPARTAMENTO DE ESTATÍSTICAS DO TRABALHO, 1998). Parece haver uma forte relação entre queda do valor das ações das empresas e a redução de pessoal, indicando que o mercado financeiro, em muitos casos, força o *downsizing* (LOVE, 1997).

Rendas compostas ligadas aos mercados internos de trabalho podem também ser eliminadas pelo redesenho dos empregos e outras mudanças na tecnologia de produção. Ora, elas podem ser eliminadas pela remoção da especificidade de recursos através da terceirização e subcontratação de mão de obra. Há muito debate sobre essas mudanças, inclusive sobre como poderiam estimular novos tipos de relações de trabalho.

A eliminação das rendas de emprego pela redução de pessoal e o redesenho dos empregos significa com frequência que os trabalhadores são forçados a procurar novos empregos no mercado de trabalho sem muita escolha sobre o que aceitar. O que pode significar que o próximo emprego após o *downsizing* será um emprego pior. E também que a correspondência entre produtividade e salário no novo emprego provavelmente vai diferir do que era no anterior. Deveria haver uma correspondência maior entre a efetiva produtividade do trabalhador e seu nível salarial em função da mudança de emprego. Há certa evidência indicando uma relação mais cerrada entre salários e produtividade nos anos de 1980 do que nos anos de 1970 (LEVY & MURNANE, 1992; MITCHELL, 1985). Holzer (1990) encontra assim maior correspondência do que Medoff e Abraham (1981), mas os dois estudos não são muito comparáveis. Juhn, Murphy e Pierce (1993) veem um aumento da desigualdade gerado por maiores ganhos sobre habilidades não mensuradas.

Observamos também, em consistência com a ideia de uma relação mais forte entre salários e dons pessoais, um aumento acentuado da desigualdade dentro de cada ocupação. Isso é verdadeiro para todas as ocupações, mas especialmente

---

* Redimensionamento de empresas, eufemismo para redução de pessoal [N.T.].

no caso de diretores e pessoal de vendas. Com efeito, o coeficiente geral Gini no caso dos homens cresceu de 0,315 para 0,332 entre 1980 e 1989, mas nas ocupações de direção e vendas subiu mais ainda, de 0,322 para 0,353. Para todas as outras ocupações, o aumento do Gini é de 0,302 para 0,312 (RYSCAVAGE & HENLE, 1990, p. 11). Com o aumento da desigualdade, as localizações estruturais pareceram menos relevantes para explicar a variação de ganhos[27].

O aumento da desigualdade é devido muito a um aumento de salários e ganhos dos trabalhadores mais bem-pagos e à estagnação ou declínio para os outros. A estagnação ou declínio decorre da destruição de renda. Os aumentos para os mais bem-pagos resultam de uma divisão de renda com os capitalistas e podem ser legitimados pelo argumento de que os diretores de cargos mais altos foram sub-remunerados na década de 1970 e por isso não tiveram incentivo bastante para fazer o melhor que podiam e, em especial, podem ter sido mais tolerantes com os rendimentos de outros empregados (cf., p. ex., JENSEN & MURPHY, 1990).

A avaliação do mercado de ações tem sido claramente importante para mudar essa situação. Outro mecanismo para aumentar o estímulo dos diretores surgiu com a aquisição alavancada* que os força a espremer toda folga da empresa para cumprir obrigações com credores. As compras alavancadas também tornam os altos executivos muito mais ricos. Por fim, a maior competitividade pode ter aumentado as rendas sobre qualificações que as diretorias das empresas acham necessárias a administradores severos.

O valor real do salário-mínimo até bem recentemente em declínio também reduz as rendas do emprego para os trabalhadores menos produtivos que recebem acima do salário competitivo por causa do salário-mínimo. Isso traz mais pobreza, pois nada garante que um salário competitivo leve o trabalhador acima da linha de pobreza. A destruição das rendas nos mercados de trabalho, exceto talvez para os diretores mais bem-pagos, deixa o mercado de trabalho mais fluido e flexível, pois menos grupos têm alguma coisa a proteger. O resultado é menos estrutura, significando menos desigualdade segundo as posições, porém mais desigualdade geral. Assim, embora uma maior homogeneização geral possa não ter resultado dessas tendências recentes, a destruição das rendas no mercado de trabalho criou aí menos suportes estruturais para os ganhos do trabalho. A ideia da homogeneização da classe trabalhadora pode se sustentar caso se refira à disponibilidade de vantagens estruturais que tornam a remuneração do trabalho menos dependentes dos dons individuais e mais dependente da opção profissional e da ação coletiva.

---

27. Há evidência substancial no Canadá da importância decrescente das características "estruturais" ou empregatícias com o aumento da desigualdade salarial (MYLES; PICOT & WANNELL, 1988).

* Compra do controle acionário de uma firma por uma parcela dos administradores [N.T.].

Nada garante que mercados de trabalho eficientes gerem vida boa. As rendas são necessárias na sociedade moderna para dar condições decentes de vida à parte mais pobre da população. Tais rendas são fornecidas pelo Estado sob a forma de complementos salariais e outros tipos de assistência ao bem-estar. O moderno Estado de Bem-estar Social fornece os suportes necessários, mas também cria uma arena de busca e luta pela renda entre todos, incluindo os estratos médios da população com grupos de interesse eficazes. Está além do escopo desta discussão tratar da proteção e busca de renda no Estado de Bem-estar Social. Em outra parte (SØRENSEN, 1998) tratei da ruptura das normas tradicionais que envolvem o fornecimento de bens de assistência social e o aumento resultante da busca de renda.

Conclusão

Uma base sólida para os conceitos de classe deveriam ser os direitos de propriedade sobre bens e recursos que geram vantagens econômicas. Os direitos de propriedade deveriam ser concebidos de forma ampla. São direitos de propriedade econômica definidos como capacidade de ter um retorno ou ganho sobre um bem através, direta ou indiretamente, da troca (BARZEL, 1997). Alguns desses direitos podem ser sustentados pelo Estado, tratando-se nesse caso de direitos legais, mas as pessoas também obtêm vantagens e benefícios sobre direitos não legalmente protegidos. Os direitos de propriedade definem a riqueza de um ator e proponho que a *classe enquanto condições de vida* reflete a riqueza total de uma pessoa. Parte dessa riqueza pode ser em bens que geram retornos ou pagamentos que são rendas. A distribuição de renda cria *classes de exploração* que podem se engajar em ação coletiva.

Classe como condição de vida é um conceito muito útil para análises sobre como padrões de atitudes, comportamentos e socialização variam de acordo com o lugar ocupado na estrutura social. Um exemplo proeminente é o conceito de classe proposto por Goldthorpe (1987; cf. tb. ERIKSON & GOLDTHORPE, 1992). Um objetivo central na construção de esquemas de classe que dão conta de diferentes condições de vida é identificar agrupamentos homogêneos quanto à riqueza total, seu tipo e variação no tempo. Tais grupos vão diferir no montante e tipo de investimentos que fazem em si mesmos e nos filhos. Traçamos assim esquemas de classe que incluem dimensões não verticalizadas que refletem o tipo de riqueza possuída e sua variação no tempo, tal como gerada, por exemplo, pela estabilidade das relações de emprego.

A proposta que aqui fazemos supera o problema evidente ligado às análises de classe weberiana e neoweberiana, que nada propõem para explicar por que alguém deveria se preocupar com sua posição na sociedade e se envolver na formação de classe. Rendas duradouras identificam interesses antagônicos. Os que não possuem um bem de produção de renda sofrem uma desvantagem em consequência da renda, que é de seu interesse eliminar e de interesse do possuidor preservar. A proposta que apresento aqui fornece novas percepções. O conceito de quase rendas sugere que as rendas monopolistas são com frequência transitórias, de modo que não duram os interesses a elas ligados. Assim, não apenas a estabilidade de posições e fechamento estruturais serão importantes à formação de classe, mas as variações das vantagens de renda no tempo são importantes para prever essa formação. As rendas fornecem uma nova interpretação do credencialismo como instrumento para preservar e transmitir vantagens de uma geração a outra mesmo com incerteza sobre a capacidade dos filhos.

O conceito de classe como exploração com base na renda fornece uma explicação para o recente aumento da desigualdade de remuneração e para a prática de se destruir rendas no mercado de trabalho através da redução de pessoal ou *downsizing*.

A principal ação dos atores será a busca de rendas, para proteger seus privilégios de renda e para destruir rendas em locações estruturais como os mercados de trabalho internos. O argumento aqui implica que é vantajoso à classe capitalista produzir um mercado de trabalho conforme o pressuposto da economia neoclássica, e tentei mostrar que o capitalismo nas últimas décadas teve sucesso em eliminar rendas do trabalho. Eliminar rendas no mercado de trabalho cria mercados de trabalho mais eficientes – isto é, mercados de trabalho com menos estrutura e mais fluidez. Um mercado de trabalho isento de rendas é um mercado em que esquemas simples de classe são cada vez menos aplicáveis. A destruição de rendas também cria mais desigualdade dentro do mercado de trabalho e produz mais riqueza que se soma à de alguns possuidores de bens de produção – por exemplo, os capitalistas – quer sejam famílias tradicionais, novos empreendedores, fundos de pensão ou estudantes universitários mutuários de fundos de investimentos. A sociedade resultante conforma-se às previsões de Marx sobre a natureza do capitalismo avançado: "A burguesia, sempre que esteve por cima, pôs fim por completo às relações feudais, patriarcais, idílicas [...] Ela fez do valor pessoal um valor de troca, e no lugar das inúmeras liberdades patenteadas e irrevogáveis estabeleceu uma única e inescrupulosa liberdade – o livre-comércio" (MARX, 1959a [1848], p. 323).

Assim, a principal previsão da Teoria de Classe com base na renda sobre a evolução do capitalismo é de que as rendas vão desaparecer das locações estruturais no mercado de trabalho. Isso resultará numa sociedade sem estrutura, sem os ângulos e fissuras da estrutura social a que nos acostumamos devido à lentidão do feudalismo em desaparecer. Por conseguinte, a transferência de riqueza àqueles com direitos sobre bens de produção de renda, ainda que esses bens geralmente sejam quase rendas, pois a renda criada por quase rendas não é destruída com a destruição da renda. E, assim, vemos crescente desigualdade de riqueza (WOLFF, 1995).

Se interpretarmos o grande cenário desenhado por Marx para o capitalismo avançado como tendo a ver com a distribuição de rendas, ele se sustenta. A busca de renda cria a dinâmica do capitalismo e a destruição de rendas no mercado de trabalho cria uma classe operária estruturalmente mais homogênea, isto é, uma classe operária sem suportes estruturais para o seu bem-estar.

6
Fundamentos de uma análise pós-classe

Jan Pakulski

As teorias e análises de classe contemporâneas são netas do marxismo. Como observou Wright na Introdução, elas partilham com o precursor clássico uma aspiração explicativa ampla. Visam mapear e explicar a estrutura da desigualdade, especialmente no tocante às oportunidades de vida economicamente definidas, ligando essas desigualdades aos padrões de propriedade e às relações de trabalho. Também pretendem identificar fissuras econômicas-chave geradoras de conflito, em especial as subjacentes a lutas sociais transformadoras. Ao fazê-lo, combinam e competem com uma série de construtos analíticos e teóricos alternativos, isto é, que não se baseiam na ideia de classe. Esses construtos incluem conceitos e proposições ligados à herança teórica de Tocqueville, Durkheim e Weber: teorias ocupacionais da estratificação que focam a divisão social do trabalho e o fechamento profissional; teorias de "*status*" sobre a desigualdade que apontam fontes de valor convencional da desigualdade e dos conflitos raciais, de gênero, de etnia e nacionalidade; e teorias que se concentram no poder político, nas hierarquias dentro das empresas e organizações e as tensões e lutas sociais resultantes. Essa competição é complicada pela convergência parcial dos competidores. Como mostraram os capítulos anteriores, a herança marxista clássica passou por uma série de reformulações que embaralham as fronteiras analíticas originais que distinguiam classe, ocupação, *status* e poder político. Por isso, qualquer exposição de um confronto analítico e teórico entre abordagens da desigualdade, divisão e conflito sociais com base no conceito de classe ou em sua rejeição tem que se apoiar em algumas distinções definitórias em geral contestadas. Assume-se aqui que classe é um fenômeno fundamentalmente econômico, que se reflete nos padrões sociais de "agrupação", que a situação de classe se reflete na consciência social, na identidade e no antagonismo, e que ela gera formas de ação nos campos econômico e político que têm o potencial de transformar o capitalismo.

Assim definidas, a teoria e a análise de classe enfrentam dois problemas principais: o da validade, isto é, do grau de confirmação empírica de seus pressupostos-chave, e o da relevância, isto é, da capacidade de evidenciar os aspectos mais salientes da hierarquia, divisão e conflito sociais contemporâneos. E nos dois sentidos, em especial o da relevância, a teoria e a análise de classe enfrentam críticas[1]. De acordo com os críticos, a capacidade delas para mostrar os aspectos-chave da hierarquia, divisão e conflito sociais tem declinado. Isso porque a "formação de classe", especialmente a articulação social e política das classes trabalhadoras, está em declínio. Outros aspectos da desigualdade e antagonismo sociais assumiram a boca de cena, refletindo as divisões de raça e gênero, o impacto da cidadania, a distribuição do poder político e as ações das elites[2]. Por conseguinte e ao contrário de seu precursor clássico, a análise de classe contemporânea torna-se um exercício acadêmico abstrato isolado das práticas políticas dos partidos e movimentos sociais.

Os defensores da análise de classe argumentam – sob muitos aspectos de forma convincente – que os modelos clássicos precisam de atualização e aprimoramento. Os fundamentos de uma teoria e análise de classe atualizadas, tais como propostas por Erik Wright, Richard Breen, David Grusky e Aage Sørensen, mostram o grande potencial teórico e analítico dos construtos de classe. No entanto, seus autores também enfrentam uma série de dilemas. Primeiro, há o dilema da identidade. Quanto mais válidos e relevantes os construtos de classe propostos, mais semelhantes se tornam a seus concorrentes mais próximos, em especial as análises weberiana e durkheimiana da estratificação ocupacional e de *status*. Essa conformação analítico-teórica[3] levanta a questão de saber se uma "teoria de classe" despojada de seus elementos distintivos ainda pode ser chamada de teoria de classe. Segundo, há o dilema das compensações e comprometimentos explicativos. Quanto mais sintonizados forem os pressupostos teóricos e analíticos, menos capazes serão de evidenciar e explicar os aspectos mais salientes da hierarquia e do antagonismo sociais contemporâneos. Daí a "justaposição" frequente de análises de classe atualizadas com outros tipos de análise (política, de gênero, raça, ocupação etc.) que levantam novos questionamentos sobre a relevância dos construtos de classe. Parece que a teoria e a análise de classe enfrentam o perigo de se conformarem aos concorrentes ou serem aprimoradas para o esquecimento.

---

1. P. ex., Pakulski e Waters (1996a, b, c), Clark e Lipset (2001).

2. O melhor teste da relevância é a capacidade da análise de classe de lançar luz sobre evoluções do século passado, tais como a formação dos estados comunistas, a ascensão e derrota do fascismo, a ampliação da cidadania, o apelo de "novos" movimentos (direitos civis, feminismo, verdes, direitos das minorias), a queda do comunismo na Europa, a unificação do continente e a mobilização religiosa fundamentalista.

3. Identificada, entre outros, por Waters (1991) e discutida mais detalhadamente em Pakulski e Waters (1996b).

A estratégia proposta aqui é bem diferente daquela sugerida pelos que advogam o conceito de classe. Em vez de reconstruir, atualizar e "desenvolver" a teoria e a análise de classe, sugiro absorvê-las em uma visão teórica e histórica mais abrangente, complexa e plural – mas menos determinística – do ordenamento e da mudança sociais. O primeiro passo para tal absorção é determinar a especificidade de classe como conceito histórico-analítico, quer dizer, localizá-la em uma sequência de desenvolvimento histórico como uma *específica* configuração social da desigualdade característica da era industrial. Em outras palavras, nosso pressuposto é de que o aspecto de classe que assumem as desigualdades sociais e, portanto, a relevância da análise de classe variam historicamente. Como argumentamos na conclusão, a configuração de classes alcançou seu pico na sociedade industrial e vem declinando enquanto se intensificam tendências pós-industriais e pós-modernas. As sociedades avançadas contemporâneas permanecem desiguais, mas não de uma maneira classista. Argumento aqui que essas configurações cada vez mais complexas da desigualdade e do antagonismo não classistas reclamam construtos analíticos e teóricos mais abrangentes[4].

Aspectos da classe

Se no discurso popular "classe" é sinônimo de hierarquia social e desigualdade estruturada em geral, na análise social e no discurso acadêmico o termo carrega significados mais específicos. Tais significados – o "halo" semântico do conceito de classe – refletem normalmente os pressupostos fundamentais do "modelo clássico":

• As relações de propriedade e trabalho (a estrutura de classe) são centrais na conformação da desigualdade social, isto é, na distribuição de poder societário e oportunidades econômicas de vida em geral e, em especial, da renda.

• A estrutura de classe é fundamental no estabelecimento de outras relações sociais e como matriz da "estruturação social". Isso envolve a "formação de classe", isto é, uma correspondência entre a estrutura de classe, de um lado, e o padrão de "agrupação" social, de outro.

• A estrutura de classe é fundamental na estruturação do antagonismo social e do conflito aberto. Isso quer dizer que o conflito e a luta de classes moldam as divisões sociopolíticas e continuam sendo propulsores-chave de mudança social.

Essa caracterização de classe levanta três questões: primeiro, sobre a força relativa da determinação do acesso a "recursos de poder" pela classe e, portanto, sobre a relação entre classe e hierarquia social; segundo, sobre a força relativa da

---

4. Tais construtos são delineados de forma mais detalhada em Pakulski (2004). Esboço adiante apenas os fundamentos, a coluna vertebral da análise não classista.

formação de classe e, portanto, da relação entre classe e divisão social; e, terceiro, sobre a importância relativa do antagonismo de classe na criação de conflitos sociais. Consequentemente, os debates sobre a relevância do conceito de classe para a análise das sociedades contemporâneas avançadas abordam não apenas questões ligadas à extensão da "desigualdade de classe", isto é, a desigualdade atribuída ao funcionamento da estrutura de classe (normalmente definida pelas relações de propriedade e emprego), mas também a questão da "formação de classe" e do "conflito de classe". As classes não são apenas posições estruturais, mas também coletividades antagônicas reais.

Que importância tem a classe na determinação das desigualdades se comparada a outros determinantes não classistas? Que força têm as divisões de classe em comparação com outras divisões sociais – profissionais, raciais, étnicas, de nacionalidade? Que força têm as identidades classistas comparadas a outras – de sexo, regionais, religiosas? Quais são as tendências de sua relevância social e política relativa? Os defensores de uma análise de classe atualizada, especialmente Wright, argumentam que a classe é importante, mas seu grau de importância política e social varia, podendo ser modesto. No entanto, se essa importância da classe se revelar não apenas relativamente baixa, mas também em declínio, isso colocaria em xeque a própria justificativa para uma reconstrução e atualização da teoria e análise de classe. E o investimento intelectual em abordagens alternativas prometeria um ganho explicativo maior.

Entre as alternativas à análise de classe mais comumente discutidas estão análises weberianas "multidimensionais" de estratificação, análises durkheimianas de diferenciação ocupacional, abordagens à Tocqueville focando a sociedade civil e estudos de estratificação do poder e formação das elites. Algumas delas foram discutidas por Erik Wright, Richard Breen, David Grusky e Elliot Weininger como trampolins para uma análise atualizada de classe, mas vou argumentar aqui que elas são mais úteis se vistas como fundamentos teóricos para abordagens *alternativas* (à análise de classe) da desigualdade e do antagonismo na sociedade avançada.

Fundamentos clássicos da análise social (não classista)

A visão de Alexis de Tocqueville (1945 [1862]) sobre as desigualdades sociais e sua dinâmica moderna é sob vários aspectos uma imagem espelhada da visão marxista. Marx diagnosticou uma polarização de classe, enquanto Tocqueville viu um aumento progressivo da igualdade de condições com a expansão das práticas democráticas e a proliferação de normas e costumes igualitários. Essa progressiva equalização, segundo Tocqueville, refletia o impacto cumulativo dos valores cristãos, da expansão do comércio e da indústria, da crescente afluência, da força cada vez maior da sociedade civil (associações cívicas) e da progressiva democratização da cultura. A interação e a mobilidade sociais, argumentou, eram mais frequentes e abertas, a posse tornava-se fluida e a propriedade era dividida de maneira mais igualitária. A nova ordem social ("democrática") não era apenas igualitária, mas também de caráter individualista. O indivíduo, em vez da coletividade corporativa, tornava-se o centro das iniciativas. O que fomentava a progressiva individualização e massificação dos motivos, gostos, interesses e ação. A igualdade e a democracia, em outras palavras, promoviam a "semelhança", qualidade que dava ainda mais impulso ao nivelamento social. Nas condições de uma democracia republicana triunfante, previu Tocqueville, a "paixão pela igualdade" iria difundir-se por todos os domínios da vida e todos os aspectos das relações humanas, incluindo as esferas política, profissional e doméstica.

Os que estudam hoje a desigualdade social dão especial atenção à análise de Tocqueville sobre uma nova forma de hierarquia que se desenvolve na democracia republicana. Cinco características dessa hierarquia são particularmente notáveis. Primeiro, ela é aplainada, porque a cidadania universal se reflete não só na emancipação em massa, mas também na "democracia dos costumes". Os cidadãos modernos desprezam a altivez e questionam toda pretensão de superioridade. A uniformidade e a informalidade de maneiras tornaram-se habituais entre todos os estratos sociais. Isso promove um alto nível de mobilidade social – a ascensão social ocorre sobretudo através do sucesso econômico e é amplamente aclamada. O sucesso e seu sintoma mais claro, a riqueza, são objeto da admiração popular. Tais percepções são ainda mais fortalecidas pelo nivelamento dos *status* profissionais – terceiro aspecto da hierarquia republicana. Todas as profissões ficaram abertas, num sentido social, porque os profissionais, em sua maioria, tornam-se empregados. Divisões sociais tipo castas enfraqueceram-se ou desapareceram completamente. As desigualdades de riqueza persistem, mas não dão origem a distanciamentos e divisões sociais. Os novos ricos não formam uma nova aristocracia socialmente elevada e isolada e não monopolizam os privilégios políticos. A riqueza e o poder são formalmente separados, embora práticas de corrupção como a compra de cargos e a apropriação de espólios políticos estejam disseminadas. Em quarto lugar, o achatamento das hierarquias e o encurtamento das distâncias sociais estão refletidos na massificação educacional e na difusão da informação pública. A escola é aberta, a educação é vista como uma importante avenida de avanço social e a alfabetização generalizada fornece a base social para a imprensa popular. Isso, por sua vez, alimenta um cenário em que prospera a opinião pública e a participação cívica informada. Por fim, as divisões de gênero são também afetadas pelas tendências democráticas: o paternalismo desmorona e as mulheres conquistam cada vez mais independência, embora o matrimônio ainda lhes imponha "laços irrevogáveis". Isso levou Tocqueville a uma declaração audaciosa: "Acredito que as mudanças sociais que aproximam de um mesmo nível pais e filhos, senhores e criados, superiores e inferiores em geral, vão erguer a mulher e torná-la cada vez mais igual aos homens" (1945 [1862], II, p. 211).

Tocqueville acrescenta duas importantes qualificações a essa visão de uma progressiva "igualdade de condições" (que poderíamos chamar de "desigualdade não classista"). Primeiro, ele é bem cético quanto à perspectiva de integração racial, mesmo que, como prevê, a escravidão seja eliminada. É mais provável que ocorram uma segregação e antagonismo informais alimentados pelas aspirações democráticas da população negra. Em tom ainda mais pessimista, ele prevê uma persistente segregação dos nativos americanos, combinada com a progressiva destruição de suas culturas – tudo, observa sarcasticamente, dentro do "respeito às leis humanitárias". Segundo, ele é também cético quanto às perspectivas de igualdade entre os operários e a elite empresarial. No entanto, embora desiguais, provavelmente nenhum dos grupos vai virar uma classe social coesa. Os operários são atomizados demais para formar coletividades coesas, enquanto a elite empresarial tem excesso de mobilidade, é internamente fragmentada devido à competição e socialmente heterogênea demais para formar um grupo coeso[5].

As análises marxistas ou à Tocqueville revelam as duas faces das modernas hierarquias sociais e oferecem duas visões paradigmáticas das tendências modernas. Para os marxistas, as divisões de classe marcam uma nova forma de opressão, exploração e dominação hierárquicas que se esconde por trás de uma fachada de "livre contrato de trabalho", de ideologia liberal e costumes igualitários. Os marxistas têm o crédito de trazer à luz esses aspectos ocultos da moderna desigualdade social e de ver na desigualdade de classe um dos atributos das características centrais do capitalismo moderno: a propriedade privada do capital e a mercantilização do trabalho. As percepções dos seguidores de Tocqueville são também profundas e fundamentais: na sociedade moderna as desigualdades econômicas coincidem com o nivelamento dos costumes e *status* sociais – e são ofuscadas por ele. A democracia republicana gera novas hierarquias de riqueza, mas também preenche lacunas sociais criadas pela expansão da riqueza industrial. O principal problema enfrentado pela sociedade moderna não é a divisão de classe, mas a divisão cívica entre déspotas políticos democraticamente eleitos e cidadãos politicamente impotentes preocupados com questões materiais[6].

Émile Durkheim (1933) oferece outra alternativa de modelo teórico e analítico. As desigualdades sociais são vistas por Durkheim no contexto de uma diferenciação social progressiva, ela mesma produto de crescente interação social ou "densidade moral". O fato de novas funções sociais surgidas no processo

---

5. "Para dizer a verdade, embora haja homens ricos, a classe dos homens ricos não existe; porque esses indivíduos ricos não têm quaisquer sentimentos ou propósitos comuns, nem tradições ou esperanças comuns; há, portanto, indivíduos, mas não uma classe definida [...]. Sua posição relativa não é permanente; são constantemente levados a se unir ou a se separar segundo seus interesses" (1945 [1862], II, p. 160).

6. Tocqueville analisou esse perigo nos seus estudos sobre a "democracia despótica".

de diferenciação serem hierarquicamente organizadas é menos importante para Durkheim que o *modo* como se dá essa organização. Enquanto nas sociedades tradicionais as hierarquias sociais são rígidas e ideologicamente identificadas, nas sociedades modernas elas são abertas e normalmente desfrutam de legitimidade funcional.

Durkheim fez uma importante distinção entre desigualdades socialmente aceitáveis, a saber, as que foram funcionais para a ordem industrial e refletiam valores e ideais coletivos, e as que foram arbitrariamente impostas. No sentido mais geral, as primeiras refletiam a distância do "sagrado": as ideias, objetos e fórmulas estabelecidos como especiais, proibidos e inspiradores de temor. Esses reinos sagrados foram subsequentemente identificados com valores sociais fundamentais, com padrões universalmente apreciados. As desigualdades sociais eram socialmente legítimas se refletissem valores sociais. Nas sociedades modernas essa fundação no valor refletiu-se em referências ao "mérito": investimento, dedicação, eficiência. Ao contrário, as desigualdades ilegítimas – e aqui Durkheim incluiu uma ampla gama de discriminações condenadas tanto por socialistas quanto liberais – ou careciam de sustentação no valor ou resultavam de uma "divisão forçada do trabalho", rótulo para a hierarquia e o privilégio não baseados no mérito.

Desigualdades sociais ligadas a distribuição desigual de propriedade eram vistas por Durkheim como legítimas. Durkheim atribuía à propriedade, ao contrário de Marx e Weber, uma origem sagrada/religiosa e achava que os privilégios da posse eram legitimados pelos resíduos do estado sagrado da propriedade. As exclusões legais que acompanhavam os direitos de propriedade revelavam para Durkheim claras ligações com antigos tabus e rituais. De forma similar, ele vinculava as hierarquias de gênero ao reino sagrado de antigas classificações populares e taxonomias simbólicas que moldaram as percepções e distâncias sociais, especialmente entre "nós" e "eles". Os estudos de Durkheim sobre essas "classificações primitivas" criaram a base teórica da antropologia social da desigualdade mais tarde evocada por Pierre Bourdieu.

De modo semelhante, Durkheim também argumentou que as desigualdades políticas, especialmente as relacionadas aos papéis exercidos no Estado, carregam um forte resíduo de sacralidade, assim como de legitimidade funcional. Líderes de Estado carregam os resíduos da autoridade sagrada que tinham os chefes tribais e os *patres familias**. Ao mesmo tempo, o papel especial do Estado – como "cérebro da sociedade" – necessita da autoridade e autonomia das elites estatais. A hierarquia política, segundo essa visão, é reforçada por sua importância funcional (de coordenação social) e pelos laços com o reino do sagrado. É por isso que o recrutamento para essas posições de autoridade tem que

---

* Em latim no original [N.T.].

ser feito de forma ritualizada. Seus ocupantes têm que provar aptidão para os cargos exibindo mérito e seguindo com sucesso um prescrito *cursus honorum**.

A segunda grande contribuição de Durkheim à sociologia da desigualdade diz respeito à forma e evolução das hierarquias ocupacionais. A diferenciação social (a celebrada "divisão do trabalho") é elevada por Durkheim à condição de processo constitutivo da Modernidade. Ela resulta na fragmentação de unidades sociais maiores, tais como estados, guildas *e classes*. Durkheim prevê, portanto, ao contrário de Marx, a fragmentação e decomposição das coletividades hierárquicas e uma multiplicação dos grupos ocupacionais. Ele também prevê que as relações entre os grupos profissionais serão provavelmente harmoniosas e não conflituosas devido à crescente regulação da disputa econômica por associações profissionais e pelo Estado. Os grupos profissionais tornam-se elementos centrais do novo sistema de estratificação porque eles conferem identidade, *status* e compensações materiais. São ajudados pelo Estado, que se torna um importante gestor da estabilidade e da coesão sociais.

A hierarquia social também será moldada, segundo Durkheim, pelo "polimorfismo de valores" e o crescente individualismo, este refletido numa ênfase cada vez maior sobre os direitos individuais. Ele preocupava-se, porém, com o agrupamento de diversas atividades profissionais potencialmente conflitantes em "associações de interesse" de larga escala. Tais entidades não se ajustavam bem às sociedades modernas "organicamente solidárias" por se basearem em laços "mecânicos" decorrentes de "interesses comuns" construídos ideologicamente. Assim, embora reconhecendo a "vantagem injusta" desfrutada pelos empregadores, Durkheim considerava a formação e polarização de classes como algo improvável. O princípio da solidariedade de classe era incompatível com o princípio da diferenciação social, a ideologia do antagonismo e luta de classes entrava em choque com o sentido de complementaridade engendrado por laços orgânicos[7]. Em vez de formação e conflito de classe, Durkheim previu uma diferenciação ocupacional contínua e amplamente harmoniosa (embora sempre ameaçada de anomia) acompanhada de regulamentação estatal.

David Grusky (2001, p. 18, e o cap. 3 acima) segue as pegadas de Durkheim ao propor que consideramos as ocupações as unidades básicas da hierarquia social moderna. As entidades de tipo classista de larga escala são nominais e, ao contrário das ocupações, não formam agrupamentos reais e significativos. As ocupações são produto da diferenciação espontânea e de agrupamento so-

---

* Em latim no original [N.T.].

7. Se uma classe social é obrigada, para viver, a aceitar qualquer preço por seus serviços, enquanto outra pode evitar isso graças a recursos ao seu dispor, o que não se deve, porém, necessariamente a nenhuma superioridade social, esta última tem na lei uma vantagem injusta sobre a primeira. Em outras palavras, não pode haver ricos e pobres de nascimento sem que haja contratos injustos (DURKHEIM, 1933, p. 384).

cial "orgânico". Formam "comunidades morais" autênticas (em vez de meras associações) e engendram forte identificação. As ocupações são também reconhecidas e patrocinadas pelo Estado e estão implicadas em todas as formas de determinação de ganhos. Servem igualmente de condutos para aspirações de carreira e promovem a semelhança de estilos de vida, gostos e consumo. Mesmo que se juntem temporariamente a outras em amplos aglomerados de classe, são uniões frágeis.

O argumento de Grusky torna-se problemático quando ele sugere que as ocupações deveriam ser consideradas "verdadeiras classes". Não fica claro o que se ganha confundindo os dois termos e conceitos, os de classe e de grupo ocupacional. A tentativa de Grusky de formular uma teoria durkheimiana da exploração (pela extração de renda) é ainda mais problemática, porque ela contraria o funcionalismo de Durkheim subjacente à visão básica da diferenciação ocupacional. Isso o afasta da sociologia durkheimiana da diferenciação ocupacional, aproximando-o da teoria weberiana do fechamento de mercado. Como Parkin (1979) e Murphy (1988), ele argumenta que os grupos ocupacionais e profissionais se tornam os principais condutos para o fechamento – que pode ser visto tanto como recurso de exploração quanto defensivo.

Agora, há uma diferença radical entre diferenciação funcional e fechamento. A primeira é uma solução espontânea de conflito (reduzindo a competição), ao passo que o fechamento implica conflito e imposição. Somente quando vemos os grupos ocupacionais como condutores do fechamento é que eles parecem grupos antagônicos de tipo classista. Assim, a Teoria do Fechamento Ocupacional e da extração de renda só pode ser formulada se nos afastamos dos pressupostos centrais da teoria de Durkheim. Há um custo teórico desse afastamento. Ao abandonar a visão durkheimiana da diferenciação funcional, Grusky enfraquece sua capacidade de explicar as *origens* dos aglomerados ocupacionais. Além disso, confronta-se com a evidência do declínio tanto do fechamento (a "desregulamentação" estatal) quanto do conflito industrial nas sociedades avançadas. O que parece estar mais de acordo com as tendências previstas por Durkheim do que com previsões derivadas das teorias do fechamento.

Os principais fundamentos da análise social não classista da desigualdade e do conflito foram estabelecidos por Max Weber, especialmente em suas ricas, mas assistemáticas anotações sobre *Economia e sociedade* (1978 [1922]). O que é particularmente impressionante nessas anotações – e com frequência ignorado tanto por "weberianos de esquerda" quanto por críticos simpáticos ao marxismo – é o seu tom polêmico. Weber rejeita a afirmação radical de Marx sobre a centralidade universal da desigualdade, exploração, divisão e antagonismo de classes. Ele também formula uma visão alternativa da estratificação social em que poder societário e oportunidades de vida são moldados conjuntamente por dotes de mercado, convenções culturais de honra estabelecidas e poder de organização, especialmente dentro do Estado. Esses diferentes "geradores" podem operar sozinhos, caso em que as desigualdades sociais seguem um princípio predominante de distribuição, ou combinar-se para produzir complexas gradações de poder societário e oportunidades de vida. Em qualquer caso, as posições de mercado, *status* e poder raramente são matrizes para a formação de grupos. Tais matrizes envolvem o reino cultural do significado (WEBER, 1978 [1922], p. 306-307, 927-939).

Tanto Weber quanto seus seguidores argumentaram de forma convincente por manter uma separação analítica entre os três "geradores" e dimensões concomitantes de desigualdade social – classe, *status*, partido – e encarar a estratificação social e a formação de grupo como complexas e contingentes. Esses argumentos foram dirigidos normalmente contra marxistas que tentam em sua análise agrupar os três geradores num conceito único de classe e que pressupõem com frequência um isomorfismo entre posições desiguais e estrutura social[8]. Os weberianos também alertam contra supor a correspondência entre a estrutura da desigualdade, os padrões da formação de grupos e as regularidades da ação social. As três coisas, adverte Weber, raramente coincidem. As "classes sociais", por exemplo, refletem as barreiras à mobilidade e interação sociais, que com frequência atravessam as fronteiras de classe. De forma similar, os "grupos de *status*" formam-se na matriz do estilo de vida e dos padrões de consumo, que normalmente ignoram as distinções de classe.

Com os teóricos de elite "clássicos" (Vilfredo Pareto, Gaetano Mosca e Robert Michels), Weber também enfatiza a centralidade do poder político como aspecto-chave das desigualdades sociais nas sociedades modernas. Todos eles argumentam que é o poder político, especialmente o poder do Estado moderno, que normalmente fortalece os privilégios sociais na sociedade moderna. O poder decorre não apenas do controle dos meios de produção e dos dotes de mercado, mas também e cada vez mais da organização, isto é, do controle dos meios de dominação política. Portanto, a organização social inevitavelmente dá origem às elites – oligarquias coesas e solidárias no ápice de grandes organizações. Se a distância entre as massas e a elite está fadada a permanecer ampla, mesmo nas sociedades formalmente democráticas, as hierarquias de poder provavelmente vão gerar uma forte legitimação ao abraçarem formalmente os procedimentos democráticos. O igualitarismo sem classes pode ser um sonho ideológico, mas a hierarquia política aberta e elites democráticas responsáveis são uma possibilidade.

---

8. É o predomínio, a prevalência relativa de esferas geradoras de relações que é importante na moldagem do padrão de desigualdade social, do modo de estratificação e do tipo geral de sociedade. "Dependendo do modo predominante de estratificação", observa, "falaremos de uma 'sociedade de *status*' ou de uma 'sociedade de classes'" (WEBER, 1978 [1922], p. 306). A maioria das sociedades históricas analisadas por Weber – na verdade, todas as sociedades, fora a moderna sociedade ocidental – foram descritas como "sociedades de *status*", isto é, sociedades nas quais desigualdades outras que não as de classe foram mais relevantes.

A sociologia weberiana do poder é um trampolim conveniente tanto para uma crítica da teoria de classe quanto para uma forma alternativa de análise social da desigualdade, divisão e antagonismo. As principais "estruturas geradoras" de desigualdade social na sociologia weberiana são as relações de mercado/propriedade, comunitárias e de autoridade. Elas refletem respectivamente: os direitos de propriedade e as liberdades de mercado; a distribuição dos valores estabelecidos e das convenções de honra; e a força das burocracias corporativas (especialmente no Estado). Juntas, elas formam matrizes social e historicamente diversas para a distribuição de poder societário e oportunidades individuais de vida. No entanto, essas matrizes não correspondem necessariamente às maneiras como se formam as relações sociais, como se processam os agrupamentos sociais, como aparecem as divisões sociais e como surgem os antagonismos sociais. Esses aspectos da formação hierárquica social refletem os processos autônomos de agrupamento e fechamento social, de formação de identidade e solidariedade, de distanciamento cultural e de organização política – todos incorporados nos sistemas de significado dominantes. As divisões sociais podem formar-se ao longo das linhas de classe e mercado, assim como de linhas étnicas, regionais (nacionais), ideológico-partidárias, raciais ou religiosas – ponto que é ressaltado por neoweberianos (p. ex., GIDDENS, 1973; SCOTT, 1996) e teóricos contemporâneos do espaço social e da associação diferencial (p. ex., LAUMANN, 1973; STEWART; PRANDYS & BLACKBORN, 1980).

Estruturas complexas de desigualdade

A desigualdade social pode variar quanto ao grau de complexidade – a interação de diferentes "geradores" estruturais – e quanto ao grau de articulação social, de formação do grupo. A estratificação social – o grau de estruturação da desigualdade social em hierarquias duradouras – é também variável. E assim também a articulação sociocultural dos estratos hierárquicos pelos padrões de identidades partilhadas e associação diferencial. Quando a articulação sociocultural é fraca – isto é, quando as fronteiras dos estratos são confusas, indefinidas, as identidades e solidariedades de grupo são fracas, as distâncias se entrecruzam e as divisões são frágeis, inconstantes – as desigualdades sociais podem assumir uma forma complexa e não estratificada. Argumentamos aqui que a finada Modernidade marca uma mudança de direção rumo a essa desigualdade complexa. Isso requer um exame das nossas visões sobre desigualdade, divisão e antagonismo sociais. Os passos-chave desse exame envolvem:

Reconhecer a multiplicidade das estruturas geradoras

Como observa a maioria dos analistas da modernização industrial e particularmente Max Weber, as classes sempre coincidiram e competiram com outros aspectos da desigualdade (1978 [1922], p. 306-307, 927-939). Se os recursos-

-chave de poder podem se traduzir uns pelos outros, raramente se acumulam e cristalizam em hierarquias e divisões sociais consistentes. Isso porque classe, *status* e partido derivam de diferentes aspectos das relações sociais e são acompanhados de diferentes fórmulas que legitimizam a distribuição de recursos sociais. A classe favorece a fórmula "a cada um segundo a propriedade e suas habilidades comercializáveis". Ela é insensível às tradicionais reivindicações de *status* e, portanto, revolucionária em suas consequências sociais. As hierarquias de partido e autoridade baseiam-se no princípio "a cada um de acordo com sua posição", isto é, de acordo com a distância hierárquica dos centros de poder organizacional. As modernas burocracias de Estado são geradoras particularmente eficazes desses ordenamentos de posições, que se tornam axiais da estratificação no socialismo de Estado. Por fim, as reivindicações de *status* seguem a fórmula "a cada um de acordo com as convenções sociais estabelecidas". Tais convenções de atribuição assimétrica de *status* são normalmente fundadas na tradição (p. ex., interpretações tradicionais de textos sacros, práticas estabelecidas etc.), mas também evoluem com novas formas de "distinção" socialmente reconhecida.

Reconhecer o impacto da educação e do conhecimento

Quando escreveu sobre grupos de *status* na Europa do início do século XX, Weber mencionou, ainda que sumariamente, novas formas de "credencialismo" educacional:

> O surgimento do diploma universitário, das faculdades de administração e engenharia, e o clamor universal pela criação de certificados educacionais em todos os campos contribuem para a formação de um estrato privilegiado nos escritórios e repartições. Tais certificados sustentam a pretensão de seus possuidores a casamentos com pessoas de famílias nobres, sua pretensão de aderir a "códigos de honra" [...] pretensões a uma remuneração "respeitável" em vez da remuneração pelo trabalho bem-feito, pretensões a aumentos garantidos e pensões de aposentadoria e, acima de tudo, a pretensão a monopolizar posições social e economicamente vantajosas (WEBER, 1948, p. 141-142).

O sucesso do credenciamento depende de se assegurar a capacidade de manter, defender e impor os direitos dos detentores de credenciais. Como ressaltam Weber e seus seguidores contemporâneos (esp. Harold Perkin e Frank Parkin), as pretensões dessas categorias, especialmente os profissionais liberais, evocam o princípio de *status* da distribuição ("de acordo com as credenciais educacionais"). Mas também confrontam e questionam as velhas pretensões de *status* com base na tradição. Portanto, os grupos de *status* educacional emergentes são altamente ambivalentes, senão abertamente hostis, em relação às pretensões com base na tradição e na classe. Assim, enquanto lança mão com frequência dos monopólios de mercado, o fechamento profissional também ignora os "direitos líquidos de propriedade". Os profissionais liberais contemporâneos, os intelectuais e executivos constituem assim agrupamentos de *status* e não classes.

Tais agrupamentos de *status* contemporâneos operam em contexto secular, legal, racional. Refletem a ideologia liberal dominante de oportunidades iguais segundo o mérito. Pode-se argumentar que essa ideologia combina mal com os princípios de classe, que devem se ajustar às distinções de *status* – é o que ressaltam teóricos socioculturais de classe como Pierre Bourdieu, teóricos da estratificação da reputação como Edward Shils, teóricos do capital humano como Gary Becker e estudiosos do pós-industrialismo como Daniell Bell. O *status* especial da educação (em especial da educação superior com diploma) decorre do seu papel privilegiado como um "índice de mérito" conveniente, mais do que simples fonte de qualificações com valor de mercado. A educação superior, em particular, torna-se o articulador social-chave do princípio universalista do êxito e do mérito. Esse papel crítico da educação é inerente à e reforçado pela ideologia liberal dominante que identifica educação e mérito[9].

Reconhecimento do impacto da cidadania e da democracia

A análise de Tocqueville sobre a progressiva "igualdade de condições" criou um trampolim para as análises contemporâneas da desigualdade cívica e política. Paradoxalmente, como observam os estudiosos da cidadania e da democracia, a extensão da cidadania traz algum nivelamento social, mas também um novo tipo de hierarquia e divisão. Nesse ponto as intuições de Tocqueville convergem com as ideias de Weber, embora Tocqueville ligue as novas tendências "despóticas" à fraqueza da sociedade civil, ao passo que Weber atribui essas tendências às inclinações "plebiscitárias" inerentes à democratização de massa e à ascensão burocrática. Tanto os acadêmicos seguidores de Tocqueville quanto os weberianos veem a estratificação política cortando transversalmente as hierarquias de *status* tradicionais e também as divisões econômicas de classe e, sob certos aspectos, ofuscando-as.

A análise de Tocqueville antecipa as análises históricas de Weber sobre o *status* cívico igualitário que emerge da expansão histórica das cidades e nações-estados ocidentais. Os direitos de cidadania em expansão na Grã-Bretanha foram analisados por Marshall (1950) e subsequentemente generalizados por Turner (1990). A cidadania cresceu em cobertura e escopo. A garantia de liberdades civis básicas foi seguida da extensão dos direitos aos domínios político e social. Os direitos sociais e previdenciários, em particular, levantaram a cidadania contra o "poder da propriedade" e a "lógica do dinheiro", afetando assim os

---

9. As categorias educacionais tornam-se não apenas importantes posições de *status*, mas também poderosas matrizes de formação social – fato confirmado pela força da homogamia educacional, das redes de amizade e da mobilização política (cf. estudos sobre os novos movimentos sociais).

padrões de desigualdade social. Enquanto a maioria dos analistas sociais vê essa expansão da cidadania como fonte de tendências igualitárias, alguns também apontam implicações hierárquicas. O aparecimento de "não cidadãos" – refugiados, imigrantes ilegais, pessoas em busca de asilo político e Gastarbeiters* largamente tolerados, mas marginalizados – anuncia a formação de uma nova "subclasse" cívica e ressalta uma nova dimensão de estratificação através da exclusão cívico-política.

O impacto das relações de gênero e de raça

A forma em mutação das desigualdades de gênero e de raça ou etnia merece um comentário especial. Ambas se aproximam das "desigualdades de *status*" – decorrem de e são engendradas em convenções sociais tradicionais reforçadas pela ideologia e codificadas em velhas práticas sociais discriminatórias, especialmente na esfera doméstica familiar. As desigualdades de gênero foram reproduzidas por normas culturais e valores tradicionais subjacentes. É por isso que são mais fortes nas sociedades tradicionais (muitas vezes pré-capitalistas) e é por isso que mudanças nas relações de classe (p. ex., as que se seguiram às revoluções russa e chinesa) não as afetaram de modo significativo. A rápida ruptura das tradições com a difusão do racionalismo, do individualismo e do secularismo, por outro lado, ajuda a reduzir as distâncias entre os gêneros.

As desigualdades de gênero e de raça ou etnia continuam a irradiar-se para as esferas públicas, resultando em "sexismo" e "racismo" nas profissões, em segmentos de mercado e nos papéis políticos. Mas raramente produzem estratos raciais ou de gênero. Ao contrário, o sexismo nas profissões e segmentos de mercado ilustra a hibridização da estratificação social que se soma à complexidade dos padrões contemporâneos de desigualdade. Essa hibridização envolve uma interpenetração de dois mecanismos estratificantes de forma tal que fica difícil desemaranhar seus efeitos causais. Assim a expansão do mecanismo de mercado transforma o mercado em um domínio "quase cultural". Por sua vez, convenções de *status* criadas fora da esfera de mercado articulam-se como "qualificações de mercado" por meio de restrições e facilitações amplamente aceitas – e normalmente tidas como dadas – nas condições de emprego e trabalho. A operação do mercado, em outras palavras, reflete normas e relações comunitárias criadas fora da esfera do trabalho. Ao mesmo tempo, essas próprias normas e relações são legitimadas e reforçadas pelo idioma do mercado, que é o da eficiência, da produtividade etc.

Como esses exemplos indicam, a hibridização não se restringe à interpenetração de mercado e relações comunitárias. Interpenetração semelhante ocorre entre os sistemas de comando do mercado e as normas comunitárias. A concentração

---

* Trabalhadores estrangeiros – em alemão no original [N.T.].

da produção industrial, por exemplo, acompanhou o surgimento de cargos executivos nas corporações. As oportunidades de vida para diretores corporativos estão em função das qualificações de mercado, posição hierárquica e o próprio tamanho e situação estratégica da empresa. Isso é particularmente importante quando hierarquias privadas e estatais se combinam no processo das fusões corporativas – como ocorreu na Europa Ocidental em meados do século XX[10].

Estratificação e formação social

A crescente hibridização anuncia a decomposição das classes industriais e a concomitante despedida da sociedade de classe. Isso se reflete num padrão cada vez mais complexo de formação dos grupos hierárquicos – de estratificação social – para o qual devemos agora nos voltar.

Estratificação social é a padronização vertical estruturada: hierarquia mais divisão social. Grupos de posições desiguais são ligados pela proximidade social e separados pelas distâncias sociais. Estratificação refere-se também aos *processos* de agrupação e de fechamento hierárquicos sociais. Tais processos são reversíveis; mudar padrões de desigualdade envolve desestratificar e reestratificar ao longo de linhas de classe e não classistas.

Agrupação e fechamento sociais

No processo de estratificação social as desigualdades adquirem a forma de hierarquias sociais estáveis, relações padronizadas de superioridade e inferioridade, inclusões e exclusões sistemáticas, distâncias e proximidades sociais. Embora se trate de uma questão de grau, a "estratificação propriamente dita" surge apenas quando há uma formação social mínima, isto é, uma padronização vertical relativamente clara e estável através da agrupação e fechamento sociais. Faz pouco sentido falar de sociedade estratificada na ausência de tais "estratos sociais" reconhecíveis.

A agrupação normalmente envolve superposições de diferentes aspectos de desigualdade de uma forma que facilita o reconhecimento social; o fechamento social envolve a formação de distâncias e proximidades sociais persistentes. Assim, a estratificação de classes envolvia, especialmente na Grã-Bretanha do final do século XIX, o que podemos chamar de "usurpação (e degradação) de *status*" pela superposição e convergência de posições de classe e de *status* tradicionais. A fusão por meio de cruzamentos matrimoniais da burguesia industrial com a aristocracia fundiária constituiu apenas um exemplo dessa convergência; a degradação de *status* dos artesãos e operários industriais foi outro exemplo.

---

10. O surgimento das elites empresariais e de seus subordinados operacionais, os estratos de "colarinho branco", foi analisado por Ralf Dahrendorf (1959), C. Wright Mills (1951, 1956) e teóricos das elites contemporâneos.

Seguindo os passos de Weber, podemos dizer que a nitidez distintiva dos estratos sociais depende do seu grau de fechamento social, ou seja, da capacidade de seus membros restringirem as interações sociais importantes, e do seu fechamento sociodemográfico, isto é, da sua capacidade de reprodução de geração a geração. Os melhores marcadores de fechamento social têm sido os cruzamentos matrimoniais e a continuidade dos papéis econômicos de geração a geração. Os cruzamentos matrimoniais dentro de conjuntos de estratos socialmente reconhecidos (sejam eles classes, grupos de *status* ou fileiras políticas) reforçam a reprodução dos estratos. Tal reprodução é também facilitada por uma formação de *habitus* sociocultural através do qual a distinção e o estigma sociais adquirem sentido e legitimidade (embora jamais inquestionados, como observa Bourdieu).

A atenção dos sociólogos contemporâneos da estratificação concentra-se nas "classes profissionais", isto é, nos agrupamentos verticais de posições que se formam com base nas matrizes da divisão técnica do trabalho e nas relações de propriedade e emprego[11]. A formação das classes profissionais tem sido bem pesquisada. Alguns críticos observam que as fronteiras das "classes profissionais" são porosas e voláteis. Quando se solidificam, isso ocorre normalmente após a criação de credenciais para o exercício profissional. Esse credenciamento, no entanto, especialmente se envolve certificação educacional e legitimação por mérito, tende a seguir a lógica da formação dos grupos de *status* (como observou Turner em 1988). De forma similar, estratos raciais e étnicos (p. ex., os negros nos Estados Unidos, os chineses no Extremo Oriente, os aborígenes na Austrália) podem ser vistos como exemplos contemporâneos de estratos tipo grupos de *status*. Eles se fundem e entrecruzam com hierarquias sociopolíticas. As elites e "classes políticas" contemporâneas são exemplos de agrupamentos sociais verticais em tais hierarquias que se formam em torno de posições de influência política[12].

Os estudiosos das classes profissionais assinalam uma proliferação de grupos sociais frouxamente estruturados e verticalmente organizados. Tal proliferação reflete a progressiva diferenciação (princípio central da sociologia de Durkheim) que mina a homogeneidade interna dos agrupamentos profissionais em larga escala, tais como os dos operários industriais e dos trabalhadores agrícolas. Se no passado tais agrupamentos podem ter aproximado classes, as

---

11. Devemos lembrar, porém, que elementos de *status* também entram na formação das classes sociais. O que torna os agrupamentos resultantes, o que faz deles classes sociais é a matriz original em que se criam e desenvolvem ou, em outras palavras, as bases sociais da inclusão-exclusão, assim como (embora mais difícil de determinar) o tipo de motivações e interesses envolvidos – no caso de uma classe social, predominantemente o "interesse de classe".

12. Estratos partidocratas e as *nomenklaturas* politicamente circunscritas das sociedades comunistas são também bons exemplos desses estratos. Cf. os teóricos clássicos da elite e, no contexto da análise de classe, obras de Wesolowski, p. ex., 1977.

divisões profissionais contemporâneas são fracas e fragmentadas demais para fazê-lo. A formação social parece seguir o padrão da crescente diferenciação que é tanto de natureza técnica quanto social.

Comunidades e grupos

Até agora discutimos o primeiro aspecto da formação social, a saber, o da agrupação e fechamento. Ambos são uma questão de grau. Resultam no que Holton (1996) e Turner (1996) chamam (seguindo a distinção clássica de Toennies) de agrupamentos e estratos *gesellschaftlich**. Agrupamentos *gemeins-chaftlich*** requerem formação social mais forte que envolve articulação sociocultural, o desenvolvimento de identidades e solidariedades coletivas. Essa formação forte é normalmente alcançada através de liderança e organização. Quando categorias sociais alcançam essa identidade e solidariedade – evolução rara e contingente – elas se transformam em comunidades e podem também gerar atores coletivos organizados, normalmente partidos ou movimentos.

A formação de grupo e comunidade está no centro da perspectiva de estratificação social. Vista do ângulo durkheimiano, a estratificação envolve a formação de solidariedades internas e distâncias externas ao grupo, com os processos concomitantes de avaliação e ranqueamento sociais em relação aos valores dominantes. Essa rota de análise aponta para três aspectos inter-relacionados do processo de estratificação: a classificação e o traçado de fronteiras sociais, a avaliação e reivindicação/concessão de estima social que refletem a "distância face ao sagrado", a formação de identidade interna e a construção de coesão. Os últimos processos envolvem a formação de fortes representações coletivas e regulação normativa interna.

A sociologia durkheimiana das desigualdades dá mais atenção à classificação e traçado popular de fronteiras do que ao ranqueamento vertical, isto é, a "estratificação mesma". Isso reflete a conhecida observação de Durkheim de que em especial os que se consideram socialmente desfavorecidos é que sempre contestam ordens hierárquicas. As comunidades e grupos podem ou não formar ordens hierárquicas "consensuais". Se formam, trata-se de ordens precárias, que refletem valores comuns ou a distância em relação ao sagrado. A interação da diferenciação social (formação horizontal de grupos) e da estratificação (ordenamento e ranqueamento vertical contestado) é o tópico favorito dos estudiosos das distâncias e solidariedades sociais[13].

---

* I. é, sociais – em alemão no original [N.T.].

** I. é, comunitários – em alemão no original [N.T.].

13. Cf., p. ex., Bourdieu (1984 [1979]); Bottero e Prandy (2003). Como observam Durkheim (p. ex., 1933, p. 356-358) e seus seguidores, a contínua divisão do trabalho gera diferenciação e estratificação *ocupacionais*. Isso pode resultar em "divisões de classe social" quando a diferenciação se combina com separação e isolamento social "patológicos", quando a "divisão

As perspectivas neoweberiana e de elite ressaltam a formação de comunidades verticais dentro das hierarquias nacionais de poder. Ambas consideram-nas contingentes e complexas, refletindo estilos de vida compartilhados, canais de comunicação, inimigos comuns e liderança eficaz como fatores-chave que favorecem o espírito comunitário. O principal sintoma dos laços comunitários é uma identidade comum apoiada num rótulo popular de reconhecimento. Tal identidade – e fácil autoidentificação – é o fundamento para a ação solidária. Talvez os melhores exemplos de agrupamentos de poder comunal sejam as elites políticas. O mínimo grau de coesão interna e "grupismo", na verdade, é um aspecto definidor das elites.

Grupos comunais hierárquicos são raros porque sua formação e reprodução social consomem vasta quantidade de energia e recursos coletivos. As distâncias sociais têm que ser cultivadas através de interação padronizada e distinção de estilo de vida (Weber). As comunidades também dependem da reprodução cultural de classificações e da reafirmação ritual de valores comuns (Durkheim). Não é surpreendente, portanto, que os melhores exemplos de tais estratos comunais sejam normalmente grupos de *status* históricos, como as castas indianas "clássicas". Os dois exemplos contemporâneos de agrupamentos *gesellschaftlich* de larga escala – nações e associações profissionais – não se prestam bem à análise de estratificação. Tentativas de identificar estratos *gesellschaftlich* contemporâneos em nível subnacional, especialmente nas sociedades avançadas, raramente foram bem-sucedidas.

Isso com frequência leva a uma distinção altamente problemática entre aspectos "objetivos" (estruturais) e "subjetivos" (significativos) da hierarquia social. A estrutura de classe, por exemplo, é às vezes vista pelos que a propõem como independente da consciência do ator/sujeito (com frequência falsa) e apenas frouxamente relacionada a percepções e normas sociais e a padrões efetivos de associação. É também encontrada entre alguns críticos simpatizantes da análise de classe, tais como Beck (1992) e Eder (1993), que vê as classes como substratos materiais "objetivos" sobre os quais se desenvolvem várias formas de identificações "subjetivas" altamente individualizadas, orientações culturais e estilos de vida. O perigo dessa opção é que – se os laços "mediadores" não são especificados – ela enfraquece o potencial explanatório da Teoria

---

[social] se torna dispersão" e quando a regulação normativa falha. A formação de "classes operárias" (no plural) e o surgimento de conflito industrial com os empregadores são sintomáticos dessas divisões na indústria de larga escala. No entanto, Durkheim também vê uma tendência à diferenciação e integração ocupacionais normativamente reguladas, especialmente no clima de difusão do "culto do indivíduo" e de uma "consciènce collective" (pluralismo de valores) altamente diferenciada. O padrão resultante de estratificação ocupacional, como assinala Parsons, é de alta fluidez, complexidade e diversidade. A formação de estratos adequa-se às "molduras avaliativas" locais e societárias, daí operando de acordo com o princípio do *status*, em vez do princípio de classe.

da Estratificação e convida a outras explicações da formação de identidade, das orientações culturais e dos estilos de vida. Algumas dessas "mediações" e explicações outras são sugeridas por Bourdieu (1984 [1979]), que insiste que a "formação de classe" é mediada, primeiro, pelo *habitus*, e, depois, pelas classificações populares[14]. O problema é que os complexos causais mediadores podem operar nas duas direções. Não fica claro, portanto, se e em que medida o *habitus* e as classificações populares moldam o espaço social (a distribuição de múltiplos capitais) ou são moldados por ele. Se os teóricos mais ortodoxos veem o "substrato" econômico-material como o determinante último dos significados, alguns revisionistas da Teoria de Classes, como Bourdieu, sugerem complexos causais mais complexos e admitem determinações socioculturais.

Atores sociais

Os atores sociais-chave são elites e grupos políticos organizados, incluindo representantes de movimentos sociais e lobistas. Ocasionalmente, o *status* de ator coletivo é também atribuído a comunidades estratificadas – seja um *status* de classe profissional, étnico, cívico ou híbrido. Eles podem usar um idioma com apelo de classe – isto é, que mobilize interesses e solidariedades engendrados por papéis ocupacionais e capacidades de mercado – ou um idioma de *status*, ou outro de características políticas e de poder, ou ainda uma combinação de diferentes apelos. Apelos aos que se sentem discriminados e excluídos em função de raça ou etnia, caso dos movimentos por direitos civis de minorias, ou apelos a valores religiosos e raciais comuns, como nos movimentos fundamentalistas antiocidentais, ilustram essas estratégias mistas de mobilização.

O surgimento de atores coletivos anuncia o aprofundamento das divisões sociopolíticas. Como lembram Lipset e Rokkan (1967), as divisões sociopolíticas predominantes no Ocidente originaram-se nas revoluções nacionais e industrial. A Revolução Industrial gerou fortes divisões de classe (proprietário/trabalhador) e também de setores (agricultura/indústria). A formatação organizacional dessas divisões na Europa ocorreu no início do século XX e foi realizada por elites que usaram eficientemente uma linguagem com apelo de classe. Essas elites e as organizações que encabeçavam "acoplaram-se" e organizaram divisões verticais identificadas como circunscrições eleitorais de classe. As elites fizeram apelo a "interesses de classe" comuns desses grupos, focaram debates sobre questões de trabalho e produção, ressaltaram as implicações sociais dos direitos de propriedade e a assimetria de poder

---

14. Como assinala Brubaker (1985, p. 761), "[o] espaço conceitual dentro do qual Bourdieu define classe não é o da produção, mas o das relações sociais em geral. As divisões de classe são definidas não pela diferença de relação face aos meios de produção, mas por condições diferentes de existência, diferentes sistemas de disposições, produzidas por diferentes condicionamentos, e diferentes dotações de capital".

nos contratos de trabalho, ligando seus programas a pacotes ideológicos que refletiam a polaridade esquerda-direita[15]. Se essa formatação de classe revelou grande sucesso no passado em gerar movimentos e partidos da "classe operária" (assim como alguns movimentos políticos de "classe média"), ela sempre competiu com formatações alternativas baseadas em aspectos nacionais, regionais, religiosos, cívicos e étnicos. Nas décadas recentes estes últimos têm sido dominantes, como ilustram os "novos" e bem-sucedidos movimentos sociais que geraram novos partidos políticos e levaram ao poder novas facções de elite.

Formação social diversificada

As desigualdades estruturadas, como vimos aqui, variam portanto em grau de complexidade e articulação social. No mínimo envolvem hierarquias sociais frouxas que se formam em torno de recursos distribuídos de forma desigual. Formas estruturadas de desigualdade – estratificação social – implicam um mínimo de divisão vertical. Em sentido mais forte, a estratificação social envolve a emergência de agrupamentos comunitários estratificados – os processos associados à formação de identidades coletivas fortes e distintas. Os estratos comunais podem também produzir atores sociais coletivos. Trata-se de processo contínuo e reversível, como ilustram o surgimento e declínio de movimentos, partidos e elites ligados a classes. Desigualdades e divisões superpostas podem reforçar a estratificação, ao passo que desigualdades complexas e que se entrecruzam, especialmente quando combinadas com aberta mobilidade, resultam em desestratificação. Desestratificação e reestratificação normalmente coincidem; velhos padrões e configurações dão lugar a novos.

O grau de formação social de grupos hierárquicos tende a variar em diferentes pontos dos sistemas de estratificação. Normalmente, a formação social é mais forte no topo das hierarquias sociais, onde se formam as elites. Na verdade, a forte formação social (consenso, coesão e interação) tem sido vista como um aspecto definidor das elites. Os estratos superiores também formam círculos sociais, estabelecimentos, clubes e outros grupos de *status* com vários graus de exclusividade. Os escalões médios e inferiores tendem a ser menos estruturados socialmente e são com frequência descritos como uma "massa média" fluida (p. ex., BROOM & JONES, 1976).

Configurações da desigualdade – uma tipologia

Pode-se supor um grau mínimo de formação social abaixo do qual se fala de desigualdade social apenas e não de estratificação social. Se tais juízos de

---

15. Cf. o modelo de Clark e Lipset (2001). Sartori (1969) enfatiza, com teóricos da elite, um processo de estruturação de cima para baixo.

fronteira são necessariamente arbitrários, uma distinção tipológica entre desigualdade e estratificação é extremamente útil para mapear as tendências sociais à desestratificação *versus* reestratificação. Tais tendências foram discutidas no contexto do debate de Stanislaw Ossowski (1963 [1958], p. 89-118) e Dennis Wrong (1976 [1964], p. 5-16) sobre a importância da classe. Eles cunharam as expressões "ausência não igualitária de classes", "desigualdade sem estratificação" e "desigualdade sem classes". As desigualdades sociais, argumentaram, podem tomar uma forma não estratificada, assim como formas estratificadas, mas não de classe. Tais configurações da desigualdade podem decorrer da ascendência de grupos de *status* ou fileiras políticas e/ou da decomposição das velhas classes e estratos sociais.

O declínio dos estados pré-modernos ("ordens sociais") na Europa foi um bom exemplo de desestratificação, seguida pela reestratificação e a formação da classe industrial. Esta última foi complicada pelo fato de que as hierarquias de Estado declinantes deixaram no seu rasto aristocracias e nobrezas residuais, assim como "estratos de *status*" específicos da *intelligentsia* urbana. Um outro exemplo de desestratificação foi a supressão das ordens de classe em consequência das tomadas de poder e revoluções nas sociedades de tipo soviético. Isso envolveu a "eliminação" das classes e estratos superiores e foi acompanhado por uma rápida ascensão da estratificação das fileiras partidárias, especialmente a emergência da burocracia estatal partidária e da *nomenklatura*.

O padrão de variação das configurações de desigualdade é resumido na Figura 6.1. A tipologia proposta resulta do cruzamento de duas dimensões: (i) o grau de complexidade, o predomínio de um tipo de "gerador" e do concomitante princípio de alocação de recursos e (ii) a força/grau da formação social hierárquica, que definimos como forte ou fraca. O cruzamento dessas duas dimensões resulta em quatro tipos: estratificação dominante, desigualdade dominante, estratificação híbrida e desigualdade complexa (Figura 6.1).

Isso abre caminho para definições mais precisas dos conceitos-chave. Na sociedade de classes as desigualdades geradas pela propriedade ou o mercado são mais salientes e o grau de formação de classes é alto. As oportunidades de vida desiguais dos indivíduos refletem principalmente seu *status* como proprietários e seus dons de mercado; as oportunidades de vida dos membros da família ou domicílio refletem as dotações do cabeça da casa. Honra e influência acompanham a posição de classe; as divisões sociais formam-se em torno das fronteiras e desigualdades de classe. Quando a formação é forte, a consciência e identidade de grupo se refletem em organização e ação solidária (política de classe). Esse tipo segue de perto o modelo proposto pela análise marxista de classe e – como indicamos abaixo – dele se aproximaram as sociedades industriais da Europa Ocidental no final do século XIX e na primeira metade do século XX.

Figura 6.1 Configurações da desigualdade, uma tipologia

Formação social

Estruturas geradoras	Alta/Forte	Baixa/Fraca
"Gerador" único/dominante e baixa complexidade	Estratificação dominante (p. ex., a "sociedade de classes")	Desigualdade dominante
"Geradores" múltiplos/híbridos e alta complexidade	Estratificação complexa/híbrida	Desigualdade complexa "sem classes"

A desigualdade de classe é caracterizada pelo predomínio dos geradores classistas de desigualdade acompanhado por uma fraca formação social e uma fraca articulação de classe. Enquanto o poder societário é distribuído predominantemente de acordo com o princípio "a cada um segundo seus dotes de propriedade e mercado", não há agrupamentos de classe discerníveis nem divisões ou conflitos. Pode-se argumentar que esse tipo de desigualdade caracteriza períodos de rápida mudança e transição social. As sociedades ocidentais do início do século XIX, segundo Marx e Engels, aproximavam-se desse tipo, ao menos quanto à articulação das "classes principais". Enquanto os princípios de distribuição com base no *status* se enfraqueciam e as desigualdades de classe começavam a ofuscar o sistema estatal, a formação de classe era embrionária.

A desigualdade social complexa e a estratificação híbrida referem-se a configurações nas quais não há um sistema de desigualdade único/dominante. Em vez disso, as oportunidades de vida são criadas em torno de perfis complexos que combinam classe, *status* e posições de poder. Estratos profissionais e segmentos de mercado que se fundamentam no gênero, assim como enclaves "subclassistas" específicos de raça ou etnia, são bons exemplos dessas configurações de desigualdade híbridas. Se as divisões são fortes e os estratos sociais se desenvolvem em torno de complexas combinações de posições, estamos lidando com estratificação complexa/híbrida. Para rotular esses estratos com certa precisão são necessários múltiplos descritores, como "migrantes não qualificadas", "negros urbanos de colarinho branco" ou "a intelectualidade católica".

Como qualquer tipologia geral e ideal, esta fornece apenas uma ajuda parcial para solucionar o debate sobre classes. Ela mapeia o campo analítico, mas não ajuda a operacionalizar as fronteiras. Pode-se também objetar que tal tipologia é carregada, que ela faz da estratificação dominante (incluindo a "sociedade de classe") um tipo menos realista, menos passível de identificação que outros. Afinal, podem dizer os objetores, as desigualdades e divisões de classe *sempre* coincidiram com divisões geradas por relações comunitárias e estatais autoritárias e, portanto, uma configuração que se aproxime desse tipo pode ser rara. Há duas respostas a essas objeções. Primeiro, que seu foco é equivocado. Se os "juízos de fronteira" não são especificados, a estratificação e a desigualdade de classe *são* admitidas aqui como possibilidades reais – com o mesmo grau de realismo de outras configurações. Na verdade, argumenta-se adiante que as configurações de desigualdade na Europa Ocidental na virada do século XIX para XX aproximavam-se bastante do modelo de sociedade de classe. Tais configurações persistiram durante as duas guerras mundiais e nas décadas de pós-guerra, reproduzidas sobretudo pela formatação sociopolítica no contexto dos acordos corporativistas. A segunda resposta é que a tipologia é para mapear *tendências* mais que para classificar *casos*. Com esse objetivo, sua generalidade e natureza típica ideal são menos que uma responsabilidade.

Talvez a alegação mais controvertida que se faz adiante é que as desigualdades sociais nas sociedades contemporâneas avançadas se aproximam cada vez mais do quarto tipo da Figura 6.1, ou seja, a desigualdade complexa ("sem classes"). Isso significa que as desigualdades sociais nessas sociedades se formam cada vez mais em matrizes múltiplas e híbridas e que a formação social é fraca, o que resulta, portanto, em hierarquias múltiplas, contínuas, cruzadas e em agrupamentos inconstantes, de fraca articulação. Essa configuração foi analisada em outro trabalho sob o rótulo de "hierarquia convencional de *status*" sujeita a *fragmentação* e *contingência* (PAKULSKI & WATERS, 1996c). Uma mudança rumo à estratificação complexa tem que ser analisada num contexto histórico de desestratificação e decomposição de classe, para o qual nos voltamos agora.

Tendências modernas – breve história da classe

Como observou Weber, os processos de formação de classes na Europa Ocidental, especialmente a formação de comunidades da classe operária, refletiam a coincidência única de concentração espacial, boa comunicação, visões claras do "inimigo de classe" e, acima de tudo, liderança política e ideológica exercida pela elite política dos movimentos socialistas. Líderes e ativistas políticos desses movimentos conseguiram convencer amplos setores dos trabalhadores braçais (sobretudo da indústria) de que eles tinham interesses políticos e econômicos comuns e deveriam abraçar os programas de reconstrução social propostos pelos socialistas. A consciência, solidariedade e identidade da classe operária foram, em larga medida, conquistas políticas. Elas refletiam as condições de trabalho relativamente uniformes no sistema fabril, a proximidade territorial e, acima de tudo, as novas oportunidades abertas pela burocratização e democratização das nações-estados no contexto da mobilização de guerra. Mesmo numa época em que as diferenças funcionais, profissionais e de estilos de vida produziam uma erosão das semelhanças subjacentes de condições de trabalho e estilos de vida, a unidade e identidade de classe podiam ser preservadas através da organização política e de renovados apelos ideológicos. Parafraseando Pizzorno, foi a identidade de classe politicamente instilada que permitiu aos líderes definir e apelar de forma eficaz ao interesse comum de classe. Esse fundamento político e ideológico de classe era reconhecido mesmo pela ala mais radical do movimento da classe operária, os bolcheviques. Para Vladimir Lenin e Georg Lukács era o partido – mais precisamente, a liderança partidária – que verdadeiramente representava a classe operária e seus interesses.

Émile Durkheim antecipou a fragmentação das "classes trabalhadoras". A coesão interna (solidariedade) dessas classes era de uma natureza mecânico-ideológica. A articulação social da divisão e do conflito de classes refletia as condições de anomia do processo inicial de industrialização, não uma tendência "normal". A diferenciação funcional e o individualismo progressivos, previstos por Durkheim, iriam produzir erosões na comunhão de trabalho e interesses, e o Estado promoveria agregações profissionais e sindicais. Os processos de mudança social, combinados com a engenharia social (regulação normativa patrocinada pelos grupos profissionais, pela educação, pela atuação do Estado e pela difusão de religiões cívicas), iriam e deveriam borrar e confundir as identidades e divisões abrangentes de classe. A cidadania social e o nacionalismo iriam tornar-se contendores ideológicos da solidariedade de classe.

Tais previsões mostraram-se amplamente corretas. Os processos de diferenciação social, a individualização progressiva e a gradual absorção das mulheres e das minorias raciais na força de trabalho minaram a formação de classe já no segundo quarto do século XX. Para isso também contribuiu a extensão dos direitos de cidadania, especialmente os sociais e previdenciários. A vida das classes sociais prolongou-se sobretudo através da organização política e ideológica: ideologia com referências de classe, programas partidários com orientação de classe e elites classistas. Uma "política de classe" persistente foi o salva-vidas da classe numa época de rápida diferenciação das condições de trabalho e estilos de vida. O corporativismo liberal facilitou essa perpetuação sociopolítica das identidades de classe ao patrocinar os partidos e a política de classe (a "luta democrática de classes" e os acordos corporativistas). Paradoxalmente, ele embotou os conflitos de classe ao insistir na sua regulação institucional (DAHRENDORF, 1959). Esses conflitos foram transformados em rituais legalizados de negociações e barganhas coletivas nacionais. Essas classes estatizadas e politicamente organizadas sobreviveram até a onda de desregulamentação e a nova política na década de 1970.

A visão das classes como entidades política e ideologicamente organizadas pode parecer uma heresia aos ouvidos de qualquer teórico marxista de classe. No entanto, essa visão pode ajudar a explicar os seguidos diagnósticos de decomposição (Dahrendorf) e fragmentação (Lipset) das classes e de enfraquecimento da política de classe (Clark). Ela permite ver a formação de classe enfraquecida primeiro pela diferenciação ocupacional e a fragmentação do mercado, depois minada pelos acordos corporativistas que põem fim a impasses e por fim destruída pela decomposição das elites, ideologias e organizações classistas (partidos e sindicatos). Essa decomposição seguiu-se ao definhamento do corporativismo e ao avanço da globalização. Tais processos de decomposição histórica da sociedade de classes podem ser resumidos em três estágios:

I. As primeiras sociedades industriais modernas (capitalismo liberal), em que as divisões de classe se sobrepunham às divisões estatais, assim favorecendo a formação das classes sociais. A formação social e política é mais forte em ambas as pontas do espectro social e de poder: a classe operária braçal e a burguesia industrial. A ideologia liberal (enfatizando a igualdade de oportunidades) e a cidadania política produzem erosão das divisões estatais. Isso marca uma transição da estratificação estatal para a estratificação de classe.

II. As sociedades industriais modernas (capitalismo organizado), em que as divisões de classe são fortes e politicamente articuladas (partidos, movimentos, ideologias de classe etc.). As hierarquias burocráticas e profissionais combinam-se e se sobrepõem às divisões de classe. As desigualdades nacionalmente organizadas são administradas pelos estados no contexto dos acordos corporativistas. O desenvolvimento industrial e a urbanização facilitam a articulação social das classes médias. No entanto, a diferenciação profissional e a segmentação de mercado progressivas levam à fragmentação das grandes classes. Isso anuncia uma transição da estratificação de classe para a estratificação híbrida.

III. As sociedades pós-industriais avançadas, pós-modernas (capitalismo desorganizado), em que as classes industriais se decompõem. O fracasso dos acordos corporativistas, a globalização, a intensa diferenciação social e o progressivo individualismo produzem mais decomposição (ideológica e política) de classe e desestratificação. As desigualdades convencionais de *status* que emergem no processo de decomposição de classe são volúveis, fazendo lembrar um bazar de *status*. Isso prenuncia uma transição da estratificação híbrida para a desigualdade complexa (sem classes).

Rumo às desigualdades complexas (sem classes)

A passagem ao terceiro estágio marca uma mudança na configuração das desigualdades sociais. Se adotarmos uma analogia geológica (subjacente à imagística da estratificação), a pós-modernização é um terremoto que destrói as formações de classe e de *status* anteriormente bem-articuladas, sólidas e assentadas. A própria noção de estratificação tem que ser criticamente revista a fim de ajustar a imagística e os conceitos à complexa configuração das desigualdades, embora menos estratificada e menos nacionalmente organizada.

A guinada pós-moderna é conduzida sobretudo pela diferenciação social, que é funcional, social e moral em sua natureza[16]. A diferenciação envolve não

---

16. A lógica desses processos tem sido a peça central da análise social de Émile Durkheim a Pierre Bourdieu. Os novos elementos incluem: 1) Especialização flexível que mina a consistência das

apenas a especialização das funções, o aparecimento de novas distinções e a formação de novas fronteiras, mas também uma crescente transparência desse processo, crescentes reflexividade e consciência de um caráter social e convencional dos processos de formação de fronteiras. Essa transparência despe o processo de diferenciação social de sua "naturalidade". Ela também torna cada vez mais problemática a reprodução social centralmente organizada das distinções e fronteiras sociais. Consequentemente, tais fronteiras tornam-se localizadas e inconstantes e sua permanência depende de reforço através da organização. Uma vez que a organização é dispendiosa (tanto no sentido econômico quanto social), a formação social é impedida. Novas convenções de *status* geradas no processo de diferenciação carecem de permanência; as normas são contestadas e as fronteiras são móveis, porosas. Como observa Pierre Bourdieu, as fronteiras do que ele chama "classes contemporâneas" são como chamas inconstantes.

A contínua e intensa diferenciação mina as formações sociais existentes. A fragmentação e especialização de tarefas é acompanhada por seu reagrupamento, especialmente no setor de serviços e na indústria de alta tecnologia, sob a forma de grupos de tarefa "flexivelmente especializados" (p. ex., PIORE & SABEL, 1984). Uma outra consequência dessa especialização flexível é a de confundir mais ainda os papéis funcionais, aumentar a fragmentação das categorias ocupacionais e a erosão das carreiras. A mobilidade descontínua e lateral de empregos experimentada por uma parcela crescente dos trabalhadores do setor de serviços está também associada à diferenciação de remuneração e condições de trabalho. Fatores qualitativos (ambiente de trabalho, horários flexíveis, segurança ecológica, exposição ao estresse etc.) são importantes de considerar, assim incluindo-se entre os critérios cada vez mais complexos – e eles próprios diferenciados – de avaliação de *status*. Com a múltipla fragmentação de mercado, a noção de uma hierarquia social abrangente torna-se problemática. A diferenciação social borra e desfoca a estratificação social.

Nas sociedades mais avançadas, os efeitos da diferenciação social são amplificados pela centralidade do consumo. O nível de afluência crescente significa redução do tempo de trabalho e aumento do tempo gasto no consumo. E também estende o consumo conspícuo através da hierarquia socioeconômica. Além

---

tarefas e a homogeneidade das categorias ocupacionais. A proliferação de papéis que requerem flexibilidade e adaptabilidade. O âmbito de alcance crescente do emprego flexível. 2) O aumento do alcance e diversidade das transações de mercado devido à tendência a estender a condição de mercadoria a novos aspectos dos produtos e atividades humanos (p. ex., marcas, programas de computação, materiais genéticos). O acesso à informação, os sinais e símbolos tornam-se importante aspecto das oportunidades de vida. 3) A proliferação de redes horizontais dentro das e transversalmente às hierarquias burocráticas corporativas. Clareza decrescente das relações hierárquicas. 4) Crescente densidade das relações sociais facilitadas pelo acesso ampliado a novas tecnologias de comunicação e informação. 5) Consumo crescente, especialmente de símbolos e serviços. Proliferação de estilos de vida e identidades sociais relacionadas a estilos e gostos de consumo.

disso, como indica Jean Baudrillard (1988), esse consumo torna-se cada vez mais simbólico e cada vez mais implicado nos processos de ordenamento social. As classificações que codificam o comportamento e criam as matrizes da formação de grupo são cada vez mais independentes das relações de produção/ trabalho, das necessidades e interesses materiais. Os objetos de consumo, de natureza cada vez mais semântica, começam a operar como sistemas autônomos de estruturação social. Essa estruturação contribui para a diferenciação social mais que para a estratificação – porque as atividades suntuárias não se prestam facilmente a avaliações consensuais – e resulta em formações fracas e inconstantes.

O inverso da diferenciação social é o individualismo crescente. Como sugeriram Durkheim e Simmel, este é tanto a causa quanto o efeito da diferenciação social. De acordo com Durkheim, o individualismo acompanha a coesão social "orgânica" e favorece a diferença complementar acima da semelhança. Quando elevado pela ideologia liberal a um *status* de "meta-princípio social", o individualismo mina novos projetos coletivistas, assim prejudicando a formação de classes sociais. Na cultura altamente individualizada predominam relações fracas e transitórias sobre os fortes e duradouros laços coletivos. Alcançar e cultivar solidariedades de grupo – em vez de ligações defensivas a curto prazo – torna-se difícil. Por outro lado, o individualismo promove a formação de associações temporárias baseadas em laços fracos, quase grupos estilizados, típicos da indústria da moda. Estes, no entanto, são antes aspectos de diferenciação que de estratificação social.

Os processos combinados da diferenciação e da individualização afetam os padrões das relações comunais, favorecendo o pluralismo de valores e estilos de vida. A maior interpenetração de sistemas de valores que acompanha o processo de globalização ajuda e reforça ainda mais esse processo. Padrões de *status* e os sistemas de valor subjacentes são cada vez mais complexos e sujeitos a desafios – e, portanto, incapazes de sustentar hierarquias estáveis. Os velhos grupos de *status* estão definhando ou se fragmentando porque é provável que os fechamentos e exclusões sistemáticas sejam contestados. Se novas comunidades de *status* se formam, sua posição requer constante manutenção negociada. Por conseguinte, fica impedida a formação de grupo de *status*. Predominam as formações fracas, hesitantes, localizadas.

Nova extensão da cidadania a direitos e previdência sociais foi interrompida. No entanto, a proliferação de demandas por direitos continua, sobretudo nas áreas cultural e simbólica – como direitos a uma representação digna e não estigmatizada nos meios populares de comunicação. Isso quer dizer, mais uma vez, que os sistemas de distâncias e discriminações sociais subjacentes à formação de grupos de *status* são cada vez mais difíceis de legitimar e manter. Formas de discriminação racial, étnica, etária, sexual etc. são desafiadas nos níveis moral, político e simbólico. São questionadas até como distinções terminológicas – fenômeno com frequência criticado como "politicamente correto". Ainda estruturam relações e distâncias sociais, mas – quando não mais sustentadas pela religião, a lei, a moralidade, a ideologia popular ou mesmo convenções linguísticas politicamente corretas – de um modo oculto e localizado. A cidadania liberal, em outras palavras, entrava a estratificação de *status*, embora as desigualdades de *status* persistam.

A democratização de massa opera de maneira similar. Como previu Weber, ela adquire uma feição cada vez mais plebiscitária ou populista. A erosão dos *Volksparteien**, incluindo os partidos classistas de massa, e a nova política florescente rompem as restrições corporativistas à articulação e organização políticas. Isso mina ainda mais a formação social. Como mostram Clark e Lipset (2001), os padrões de associação política separam-se das fissuras sociais, assim como dos velhos pacotes ideológicos da esquerda e da direita desenvolvidos no quadro da "luta de classes democrática". A "nova cultura política" conduz à fragmentação política e a alianças de curto prazo; ela reflete uma "política de questões" e responde a mobilizações e movimentos de protesto de curto prazo, não a uma divisão e uma política organizadas baseadas em classes.

Conclusão

Se o diagnóstico acima de tendências pós-modernas é correto, as desigualdades e divisões de classe da era industrial continuarão a dar lugar à desigualdade complexa. Com essa mudança, a relevância da análise de classe está fadada a diminuir ainda mais. Não porque seja incorreta, mas porque foca em configurações sociais que estão em declínio. Formas mais gerais de análise social que reconhecem as configurações mutáveis da desigualdade podem fornecer instrumentos teóricos e analíticos mais adequados à sociologia. Tais instrumentos foram identificados na herança clássica da sociologia da desigualdade formulada por Tocqueville, Durkheim e Weber. A análise social construída sobre esses fundamentos analíticos e teóricos adequa-se melhor que a análise de classe à "condição pós-moderna" caracterizada por crescente complexidade social. Ela particulariza o conceito de classe e abandona os pressupostos sobre o primado da estrutura de classe como coluna vertebral da estrutura e matriz da estratificação social.

Qual estratégia é melhor – a reconstrução e atualização da teoria e análise de classes, como sugerem outros colaboradores deste livro, ou o desenvolvimento de uma análise social da desigualdade e do antagonismo com base ampla, como sugerimos aqui? Qual é mais capacitada a iluminar e dar conta das modernas configurações da desigualdade e do antagonismo sociais? Sobre essa questão,

---

* Partidos populares – em alemão no original [N.T.].

frisemos, não se formulou ainda juízo definitivo. E, considerando a natureza paradigmática dos construtos teóricos e analíticos concorrentes, pode levar ainda longo tempo para se formular[17]. Em última análise, o julgamento do debate é provável que venha tanto da comunidade acadêmica que testa a validade das teorias de classe em comparação com teorias concorrentes que negam o conceito de classe quanto dos praticantes de políticas que abraçam os conceitos e explicações mais populares, de maior apelo.

---

17. Cf. uma discussão dos paradigmas concorrentes em Pakulski (2001).

Conclusão
Se "classe" é a resposta, qual é a questão?

Erik Olin Wright

As definições e elaborações específicas do conceito de classe investigadas neste livro são moldadas pelos diversos tipos de questões a que ele supostamente responderia. Um conceito cuja tarefa é ajudar a responder uma questão sobre as amplas variações históricas na organização social da desigualdade será definido provavelmente de maneira bem diferente de um conceito usado para responder uma questão relativamente limitada sobre a identidade subjetiva dos indivíduos na sociedade contemporânea. Tais questões, por sua vez, estão incorporadas em amplas molduras teóricas. Esta é uma das coisas que as molduras teóricas fazem: ajudam a levantar perguntas, questões. As questões ou perguntas não são geradas simplesmente pela curiosidade e a imaginação confrontadas com o mundo empírico; são geradas pela curiosidade e a imaginação organizadas por pressupostos teóricos e animadas por preocupações normativas confrontados com o mundo empírico. Esses pressupostos e preocupações é que dão relevância a questões específicas e demarcam as tarefas que o conceito de classe é chamado a desempenhar. Uma maneira de tentar discernir e solucionar os vários pontos de vista sobre classe abordados neste livro é, portanto, mapeá-los no inventário de questões colocadas pela análise de classe. Esta será a tarefa desta seção.

Seis questões ou perguntas particularmente importantes têm a palavra "classe" como elemento central das respostas:

1) *Localização* distributiva: "Como se situam objetivamente as pessoas nas distribuições da desigualdade material?"

2) *Grupos de importância subjetiva*: "O que explica a maneira como as pessoas, individual e coletivamente, situam subjetivamente a si e aos outros dentro de uma estrutura de desigualdade?"

3) *Oportunidades de vida*: "O que explica as desigualdades de oportunidades e de padrões materiais de vida?"

4) *Antagonismo conflitante*: "Quais fissuras sociais geram sistematicamente conflitos abertos?"

5) *Variação histórica*: "Como deveríamos caracterizar e explicar as variações históricas da organização social das desigualdades?"

6) *Emancipação*: "Que tipos de transformações são necessários para eliminar a opressão e a exploração nas sociedades capitalistas?"

Poderíamos fazer, naturalmente, vários acréscimos à lista. Por exemplo, a classe com frequência é usada como parte da resposta a questões do tipo: "Por que as pessoas votam em determinados partidos políticos?" Ou: "O que explica as variações de padrões de consumo, gostos e estilos de vida entre as pessoas?" Tais questões, entretanto, estão em geral intimamente ligadas a uma ou outra das listadas acima. Por exemplo, a questão eleitoral está intimamente ligada a como explicar as oportunidades de vida, à identidade subjetiva e aos antagonismos de conflito, pois os interesses e identidades que opõem pessoas de diferentes classes são uma das razões importantes para elas acharem que as diferenças de classe estariam ligadas à opção de voto. Da mesma maneira, o estilo de vida está intimamente ligado às oportunidades de vida e à identidade subjetiva. Como uma lista de seis questões já implica um mapeamento bem complexo das variações de análise de classe, vou limitar-me para os nossos propósitos somente a essa lista.

As diferentes abordagens da análise de classe discutidas neste livro constroem seus conceitos para ajudar a responder diferentes grupos de questões. A Tabela 7.1 distingue três maneiras pelas quais uma questão específica pode ser ligada a uma abordagem da análise de classe. Primeiro, uma questão pode constituir a *âncora primordial* de uma abordagem específica. Essas são as questões mais fundamentalmente ligadas ao arcabouço teórico mais geral em que se colocam as tarefas da análise de classe. As questões primordiais definem os critérios centrais que o conceito de classe precisa satisfazer para funcionar dentro das exigências de um arcabouço teórico. Se pudermos demonstrar que o conceito de classe na definição de determinada abordagem não é relevante para a resposta à questão central dessa abordagem, isso indicaria que a definição do conceito nesse modelo precisa ser modificada de forma significativa ou que se faz necessária uma transformação mais radical do arcabouço teórico geral. Em segundo lugar, algumas questões são parte da agenda teórica central de uma abordagem da análise de classe, mas estão subordinadas à questão primordial que a fundamenta. Essas questões *centrais secundárias* ajudam a especificar o alcance explicativo e descritivo do conceito de classe proposto, mas não geram os critérios primordiais para a definição de classe. Se ficar claro que o conceito de classe, tal como definido por uma abordagem, não ajuda a responder essas questões, isso reduziria a ambição teórica do conceito, mas não minaria necessariamente seus propósitos centrais. Por fim, certas questões podem desempenhar algum papel na agenda empírica ampla da análise de classe, mas ter importância secundária para a estrutura teórica.

Tabela 7.1 Seis questões primordiais da análise de classe

Abordagem da análise de classe	Questões fundamentais					
	1) Localização distributiva	2) Grupos subjetivamen-te relevantes	3) Oportuni-dades de vida	4) Conflitos antagônicos	5) Variação histórica	6) Emancipação
Uso popular	***	*	**	*		
David Grusky (neodurkheimiano)	**	***	**	*	*	
Jan Pakulski	**	***	**	**	**	
Pierre Bourdieu	**	**	***	*		
Richard Breen e John Goldthorpe (neoweberianos)	**	*	***	*		
Aage Sorensen	**	*	**	***		
Max Weber	*	*	**	*	***	
Erik Olin Wright (neomarxista)	*	*	**	**	**	***

*** Questão básica primordial para o conceito de classe.

** Questão básica secundária (subordinada à primordial).

* Questões adicionais relevantes para o conceito de classe, mas não essenciais para fundamentar a definição.

As questões em que "classe" figura nas respostas:

1) *Localização distributiva:* "Como as pessoas são objetivamente localizadas na distribuição da desigualdade material?"

2) *Grupos subjetivamente relevantes:* "O que explica como as pessoas situam subjetivamente a si e aos outros, individual e coletivamente, dentro de uma estrutura de desigualdade?"

3) *Oportunidades de vida:* "O que explica as desigualdades de oportunidades e padrões materiais de vida no plano econômico?"

4) *Conflitos antagônicos:* "Quais divisões de base econômica moldam mais sistematicamente os conflitos abertos?"

5) *Variação histórica:* "Como deveríamos caracterizar e explicar as variações históricas da organização social das desigualdades?"

6) *Emancipação:* "Que tipos de transformações são necessários para eliminar a opressão e exploração econômicas nas sociedades capitalistas?"

Consideremos agora cada uma dessas questões para ver como se ligam a diferentes abordagens da análise de classe discutidas neste livro. A tarefa, claro, não é simples, pois as abordagens teóricas discutidas neste livro não enquadram suas agendas de forma explícita nessas questões exatamente, além de todas se ancorarem em mais de uma questão. Por isso enviei esta seção a cada um dos colaboradores vivos do livro, pedindo que comentassem as avaliações que faço, e depois a revisei à luz dos comentários que recebi. Não houve objeções fortes às formulações aqui apresentadas, embora isso não signifique que os colaboradores necessariamente concordaram de forma integral com a caracterização que dei aqui a seus argumentos[1].

Localização distributiva

O conceito de classe com frequência é central na questão: "Como as pessoas são objetivamente localizadas na distribuição da desigualdade material?" Nesse caso, classe é definida em termos de padrões materiais de vida, geralmente indicados pela renda ou riqueza. Nessa agenda, classe é um conceito de *gradação*; a imagem padrão é de degraus numa escada de pedreiro e os nomes das posições, por conseguinte, são coisas como classe alta, classe média alta, classe média, classe média baixa, classe baixa, subclasse[2]. Esse é o conceito de classe que mais aparece no discurso popular, pelo menos em países como os Estados Unidos, que não têm uma forte tradição política da classe operária. Quando os políticos americanos pedem "redução de impostos para a classe média", o que querem dizer é cortes de impostos para as pessoas que se situam nos escalões médios da distribuição de renda. A classe, nesse contexto, contrasta com outras formas de localização objetiva das pessoas nas estruturas sociais, por exemplo, sua condição de cidadania, o poder que têm ou sua submissão a formas institucionalizadas de discriminação atributiva.

Grupos subjetivamente importantes

A palavra "classe" por vezes aparece na resposta à pergunta: "O que explica como as pessoas situam subjetivamente a si e aos outros, individual e coletiva-

---

1. David Grusky levantou uma série de questões num esboço preliminar de conclusão. Sentiu, em especial, que sua abordagem da análise de classe está de fato ancorada numa questão muito ampla sobre as variações de resultados individuais em nível micro e, por isso, propôs a seguinte questão fundamental extra: "*Resultados em nível individual* – O que explica no nível individual as diferenças de oportunidades de vida, atitudes, comportamentos políticos e outras formas de participação institucional (p. ex., casamento, filiação sindical, atuação religiosa e outros tipos de envolvimento voluntário em associações)?" Eu reformulei parcialmente a discussão neste capítulo para responder-lhe, mas senti que as três primeiras questões listadas acima são suficientes para lidar com essas preocupações em nível micro, não sendo necessário adicionar outras questões à lista.

2. Para uma discussão do contraste entre as concepções de classe baseadas em *gradações* e em *relações*, cf. Ossowski (1963 [1958]) e Wright (1970, p. 5-8).

mente, dentro de uma estrutura de desigualdade?" A classe é uma das respostas possíveis à questão. Nesse caso o conceito seria definido mais ou menos assim: "Classes são categorias sociais geradoras de experiências subjetivas importantes modeladoras das identidades que as pessoas usam para situar essas categorias dentro de um sistema de estratificação econômica"[3]. Com tal definição de classe, o conteúdo efetivo desses atributos de avaliação vai variar consideravelmente no tempo e no espaço. Em certos contextos, a classe-como-classificação-subjetiva vai girar em torno de estilos de vida, em outros em torno das ocupações específicas, em outros ainda em torno dos níveis de renda. Às vezes o conteúdo econômico do sistema de classificação subjetiva é bem direto – por exemplo, níveis de renda e categorias profissionais; em outros contextos é mais indireto, como em expressões do tipo "classe alta". O número de classes também vai variar segundo o contexto, dependendo de como os atores numa situação social experimentam e definem as distinções relevantes e os grupos importantes. Classe, nesse sentido da palavra, contrastaria com outras formas de avaliação subjetivamente importante – religião, etnia, gênero etc. – que podem ter dimensões econômicas, mas que não são fundamentalmente definidas em termos econômicos.

Essa questão sobre a formação da identidade subjetiva desempenha um papel particularmente importante em três das abordagens de classe discutidas neste livro. Um dos temas nucleares da análise de classe de Pierre Bourdieu, tal como elaborado por Elliot Weininger, é a relevância das classificações simbólicas, particularmente por sua implicação nas diferenças de estilos de vida e nas identidades coletivas. As classificações simbólicas e as lutas em torno dessas classificações não giram todas em torno da classe, mas tornam-se centrais na análise de classe de Bourdieu na medida em que tais classificações e as identidades a elas associadas se ligam às diferenças de oportunidades de vida com base na classe.

A identidade subjetiva é também axial nas abordagens de classe elaboradas tanto por David Grusky quanto por Jan Pakulski. O primeiro identifica as classes em termos do que considera grupos "reais", em vez de classificações simplesmente nominais. O que torna um grupo "real" é que as fronteiras que o definem têm efeitos reais em nível micro nas oportunidades de vida e nas experiências dos indivíduos dentro do grupo de maneiras relevantes para a identidade, a solidariedade e a ação. Na visão de Grusky, em sociedades contemporâneas de mercado desenvolvidas como os Estados Unidos, essas fronteiras reais subjetivamente importantes correspondem a categorias profissionais rela-

---

3. Essa definição não implica que a classe, assim definida, daria uma explicação completa da identidade e da classificação subjetivas. Classe seria como um processo gerador de experiências, mas as experiências também requerem que as práticas culturais se transformem em identidades. Essa mediação cultural da relação entre classe e identidade é um tema especialmente importante na obra de Bourdieu.

tivamente desagregadas e não às "grandes classes" postuladas nas abordagens de classe tradicionais marxistas e weberianas. Categorias profissionais desagregadas são institucionalizadas de tal modo que geram sistematicamente os tipos de experiências e oportunidades importantes para as pessoas que tornam essas categorias grupos reais, subjetivamente significativos e consequentes, não apenas classificações formais. Pakulsky também coloca o problema da identidade subjetiva e da formação de grupo no centro da sua abordagem de classe. Houve uma época em passado não tão distante – de algum ponto no século XIX a meados do século XX – em que identidades estáveis de grupo eram formadas significativamente em torno de desigualdades econômicas no mercado e na produção. No final do século XX, entretanto, ruíram essas identidades de grupo economicamente enraizadas, segundo Pakulski – suas fronteiras tornaram-se difusas, as vidas dos indivíduos cruzavam de forma complexa os limites das categorias de classe anteriores e outras identidades se tornaram muito mais importantes. A classe, argumenta Pakulski, já não é uma resposta relevante à pergunta sobre o que explica a forma como as pessoas, individual e coletivamente, se localizam a si e aos outros numa estrutura de desigualdade[4].

Oportunidades de vida

Talvez na pesquisa sociológica contemporânea a pergunta mais destacada em que classe figura como parte da resposta é: "O que explica as desigualdades de oportunidades e padrões materiais de vida?" Essa questão, de uma maneira ou de outra, desempenha um papel praticamente em todas as abordagens da análise de classe. É uma questão mais complexa e exigente que a primeira sobre localização distributiva, pois aqui não se trata simplesmente de situar descritivamente as pessoas dentro de algum tipo de sistema de estratificação, mas de identificar os mecanismos causais que ajudam a determinar aspectos salientes desse sistema. Quando o conceito de classe é usado para explicar a desigualdade, normalmente ele não é definido em essência por atributos subjetivamente relevantes de uma posição social, mas sim pela *relação das pessoas com recursos geradores de renda* ou meios e bens de vários tipos. Classe então se torna um conceito *relacional*, em vez de mera *gradação*. Nesse sentido, contrasta com muitos outros determinantes das oportunidades de vida de um indivíduo – por exemplo, sua localização geográfica, formas de discriminação baseadas em características atributivas ou dons genéticos. A localização geográfica, a discrimi-

---

4. A diferença entre Grusky e Pakulski na análise dessas questões está mais em como gostam de usar a palavra "classe" do que nos seus argumentos substanciais. Grusky usa a palavra classe para identificar grupos ocupacionais subjetivamente relevantes e altamente desagregados. Pakulski usa a palavra de maneira mais convencional, restringindo-a às categorias referidas por Grusky como "grandes classes". De qualquer forma, tanto um quanto outro argumentam que as categorias sociais amplas identificadas como "classes" por marxistas e weberianos não constituem mais identidades subjetivas operativas de grupos coerentes com fronteiras reais.

nação e os dons natos podem ainda figurar, é claro, na análise de classe – desempenhando, por exemplo, um importante papel na explicação de como diferentes tipos de pessoas acabam se situando em classes diferentes – mas a definição de classe enquanto tal está centrada na maneira como as pessoas se ligam aos meios geradores de renda.

Tabela 7.2 A questão das oportunidades de vida em Marx, Weber e Bourdieu

	Recursos relevantes que moldam as oportunidades de vida			Centralidade relativa de ã s questões da análise de classe		
	Capital e trabalho	Capital humano	Capital cultural	Oportunidades de vida	Variação histórica	Emancipação
Marx	x			3	2	1
Weber	x	x		2	1	
Bourdieu	x	x	x	1		

O problema das oportunidades de vida está intimamente ligado à questão normativa da igualdade de oportunidade. Uma visão muito aceita nas sociedades liberais é de que as desigualdades de recompensas e *status* materiais não são em geral, em si e por si mesmas, moralmente objetáveis na medida em que os indivíduos tenham chances iguais de alcançar essas recompensas. Tal questão é especialmente relevante no que toca à mobilidade entre gerações – em que medida crianças nascidas em famílias de diferentes situações econômicas têm oportunidades iguais de sucesso na vida –, mas também tem a ver com as oportunidades dentro da mesma geração. A igualdade de chances, portanto, é uma ideia normativa que faz pano de fundo às discussões de classe como determinante das oportunidades de vida.

Explicar as variações dessas oportunidades tem um papel em todas as abordagens da análise de classe, mas é especialmente importante nas tradições fundadas por Marx, Weber e Bourdieu. Escritores das três tendências usam o conceito de classe para mostrar que o modo como as pessoas são ligadas aos vários tipos de recursos molda profundamente suas oportunidades e estratégias de vida. As três tradições de análise diferem, porém, na elaboração exata da questão e na importância relativa que dão a ela em suas agendas gerais, como resume a Tabela 7.2.

A percepção básica de uma análise de classe sobre as oportunidades de vida é captada na fórmula "o que você tem determina o que você consegue". Isso deixa em aberto, no entanto, qual é a gama de recursos incluída em "o que você tem" e que tipos de resultados se incluem em "o que você consegue". Bourdieu claramente tem a noção mais ampla no que diz respeito aos recursos e também às oportunidades de vida. Na sua análise de classe, os recursos relevantes para responder à questão sobre oportunidades de vida incluem meios financeiros (capital no sentido comum), habilidades e conhecimento (ou o que muitas vezes se chama capital humano) e, mais especificamente, o que ele chama de capital cultural[5]. Bourdieu também tem uma noção bem-ampliada do leque de oportunidades de vida relevante para a análise de classe, pois aí inclui não apenas o padrão material de vida no estrito sentido econômico, mas também chances de recompensas simbólicas cruciais para as desigualdades de *status* social. Para Bourdieu, portanto, as oportunidades de vida no tocante tanto a bens materiais quanto a *status* simbólico são determinadas pela relação com as três formas de capital. Marx, ao contrário, adota o mais estreito inventário de recursos relevantes nessa questão. Ao menos em suas discussões relativamente sistemáticas sobre classe, os únicos recursos que realmente importam para definir a classe na sociedade capitalista são o capital e o trabalho. A análise de classe de Weber fica entre os dois, pois como Bourdieu ele inclui explicitamente as habilidades como tipo distinto de recurso a moldar a capacidade de mercado e, assim, as oportunidades de vida numa sociedade de mercado. Neoweberianos como Breen e Goldthorpe com frequência acrescentam a essas capacidades de mercado atributos específicos de trabalho – como autoridade e responsabilidade para tarefas tecnicamente complexas – que também impactam as oportunidades de vida das pessoas em certos tipos de trabalho[6].

Uma segunda maneira pela qual diferem as três tradições em relação às oportunidades de vida é a medida que suas agendas gerais de análise de classe se baseiam nessa questão específica. Uma das razões pelas quais os marxistas sempre adotam uma compreensão relativamente estreita dos recursos relevantes para responder à questão das oportunidades de vida é que seu conceito de classe está mais profundamente ancorado nas questões de emancipação social e variação histórica do que nas oportunidades individuais de vida enquanto tais. Isso pode explicar por que, quando tentam uma abordagem sistemática do problema

---

5. Há ambiguidade nos escritos de Bourdieu sobre exatamente quantas formas conceitualmente distintas de capital deveriam figurar na análise das oportunidades de vida. De um lado, como argumenta Elliot Weininger (LAREAU & WEININGER, 2003), pode não fazer sentido tratar o capital cultural e o capital humano como "formas de capital" distintas. Por outro lado, pode-se também argumentar que o "capital social", uma quarta forma de capital discutida por Bourdieu (mas em geral não alinhada com as outras formas de capital ao discutir as oportunidades de vida), é relevante para entender diferenças de classe nas oportunidades de vida. O capital social consiste especialmente em redes sociais nas quais as pessoas estão incorporadas e que, de variadas maneiras, facilitam a busca de diversos objetivos (e, portanto, as "oportunidades de vida"). No contexto desta exposição não é importante resolver tais questões. O ponto importante aqui é que Bourdieu adota uma noção mais expandida dos recursos que figuram na análise de classe das oportunidades de vida do que é normal seja na análise de classe neoweberiana, seja na neomarxista.

6. Autoridade e capacidade para tarefas tecnicamente complexas num determinado tipo de trabalho não são exatamente "bens" ou recursos no mesmo sentido que o capital e as habilidades, uma vez que uma pessoa não "possui" realmente a autoridade ou as tarefas complexas. No entanto, uma vez que os incumbidos desses trabalhos têm de fato controle sobre o exercício da autoridade e a execução das tarefas complexas e uma vez que isso efetivamente confere a eles vantagens geradoras de renda, não é esticar demais incluir isso na conceituação weberiana geral de classe.

das oportunidades de vida, os neomarxistas com frequência incorporam ideias weberianas em sua análise de classe.

A âncora mais fundamental da análise de classe do próprio Weber também não é primordialmente a questão das oportunidades de vida e, sim, como argumento adiante de modo mais detalhado, a da variação histórica ampla. Seu foco específico nas capacidades de mercado ao tratar as oportunidades de vida decorre de sua preocupação teórica com a variação histórica e a especificidade do capitalismo como forma altamente racionalizada de sociedade de mercado. Para muitos neoweberianos, particularmente aqueles cujas preocupações empíricas restringem-se à análise das sociedades capitalistas desenvolvidas, a questão da ampla variação histórica tende a ser deixada de lado e, assim, as oportunidades de vida tornam-se na prática a âncora fundamental de sua análise de classe.

Na análise de Bourdieu a questão das oportunidades de vida exerce o papel mais importante. Questões amplas de variação histórica de época ou sobre emancipação social são relativamente periféricas e não impõem requisitos significativos na elaboração do seu conceito de classe. Para Bourdieu, as questões cruciais na análise de classe estão na interação entre oportunidades de vida e o problema da identidade subjetiva.

Conflito antagônico

A quarta questão da análise de classe aumenta ainda mais a complexidade da função explicativa subjacente do conceito de classe: "Quais clivagens na sociedade geram sistematicamente antagonismos e conflitos abertos?" Como na terceira questão, esta sugere um conceito de classe intimamente ligado às causas das desigualdades de oportunidades econômicas, mas aqui o conceito tenta identificar os aspectos da desigualdade econômica que geram antagonismos de interesse e têm assim a tendência de gerar conflito aberto. As classes não seriam definidas simplesmente por uma comunhão de condições que geram oportunidades econômicas, mas pelos conjuntos específicos de condições comuns que têm a tendência inerente de jogar pessoas umas contra as outras na luta por essas oportunidades. Classe, aqui, contrastaria, de um lado, com fontes não econômicas de clivagem social – tais como religião ou etnia – e, de outro, com formas de clivagem econômica sem ligação com classe – tais como setor econômico ou região geográfica.

Essa questão das bases do antagonismo conflitante figura de maneira especialmente destacada na tradição marxista, embora a classe também exerça um papel na explicação do conflito social em tradições teóricas não marxistas. Weber com certeza vê a classe como base potencial de conflitos, mas explicitamente rejeita qualquer alegação de uma tendência geral inerente das relações de classe a gerarem conflito aberto. Marx, ao contrário, via o conflito como consequência intrínseca das relações de classe. O que não implica que Marx visse como característica constante da sociedade capitalista o conflito de classe explosivo, mas certamente ele acreditava mesmo, primeiro, que as sociedades capitalistas se caracterizariam por recorrentes episódios de lutas intensas gerados por interesses de classe antagônicos e, segundo, que haveria uma tendência sistemática de que esses episódios se intensificassem com o tempo[7]. Se o aforismo de que "a luta de classes é o motor da história" se tornou uma supersimplificação da teoria de Marx sobre a dinâmica histórica, ele, no entanto, expressa a importância do problema do conflito para o conceito marxista de classe.

Quando uma das questões centrais da análise de classe é explicar o conflito, um conceito como "exploração" provavelmente vai desempenhar um papel especialmente importante. Em Marx e na maioria dos neomarxistas esse conceito é elaborado em termos do processo pelo qual o esforço do trabalho de uma classe é apropriado por outra. Na abordagem de Aage Sørensen, a exploração é elaborada em termos do processo pelo qual se extrai rendimento econômico. Em ambos os casos, os conflitos de interesse não são tratados como propriedades contingentes das classes, mas como algo inerente à própria estrutura das relações de classe[8].

Variação histórica

A quinta questão da análise de classe centra-se num amplo problema de nível macro: "Como deveríamos caracterizar e explicar as variações históricas da organização social das desigualdades?"[9] Essa questão implica a necessidade de um conceito macro, não apenas de um conceito micro que capte os processos causais de vidas individuais; e requer um conceito que permita variações em nível macro no tempo e no espaço. Essa questão desempenha um papel parti-

---

7. Essas duas expectativas subscrevem dois dos argumentos teóricos marcantes do marxismo clássico. A tese de que o capitalismo vai caracterizar-se por episódios recorrentes de intensos conflitos de classe é a base de outra tese, a de que as sociedades capitalistas precisam de "superestruturas" políticas e ideológicas para se reproduzirem, uma vez que na ausência de tais instituições esses explosivos conflitos não poderiam ser contidos. A tese de que haveria uma tendência das lutas de classe se intensificarem com o tempo é parte central da previsão de que o capitalismo por fim será transformado através da luta revolucionária.

8. A diferença básica entre a visão que Sørensen tem da exploração a partir da renda e uma visão mais marxista de apropriação do trabalho é que na última os interesses materiais do explorador dependem da interação contínua com o explorado, não apenas da exclusão de acesso do explorado ao processo gerador de renda. Como se discutiu no cap. 1, refiro-me à exploração na visão de Sørensen como "opressão não exploradora". Para uma discussão marxista mais extensa da abordagem de Sørensen, cf. Wright (2000).

9. Delimitei a questão aqui como o problema da *variação* histórica, em vez de *trajetória* histórica ou *desenvolvimento* histórico. O marxismo clássico preocupava-se, claro, não apenas com uma descrição das variações estruturais ao longo das *époques* [em francês no original [N.T.]] históricas, mas com a elaboração de uma explicação teórica geral da trajetória do desenvolvimento histórico ("materialismo histórico").

cularmente central tanto na tradição marxista quanto na weberiana, mas elas tratam o problema da variação histórica de maneiras bem diferentes.

Na tradição marxista, o aspecto mais importante da variação histórica da desigualdade é como os sistemas econômicos diferem na *forma de produção e apropriação do excedente econômico*. Nesse sentido, o capitalismo difere do feudalismo pelos mecanismos específicos de exploração em cada sistema. No capitalismo isso se dá pela forma como os mercados de trabalho permitem que os trabalhadores sem propriedade sejam empregados pelos capitalistas e o controle do processo de trabalho permite ao capitalista apropriar-se do trabalho dos operários. No feudalismo, ao contrário, o excedente é extraído dos servos pelo poder coercitivo direto dos senhores. As duas formas de organização das relações econômicas constituem estruturas de classes porque são ambas construídas sobre a apropriação do excedente econômico por uma classe exploradora, mas são qualitativamente diferentes pelos processos com que operam essa apropriação.

Já para Weber o problema central da variação histórica é a *importância relativa de diferentes formas de desigualdade*, especialmente classe e *status*[10]. Nessa concepção, o contraste essencial entre capitalismo e feudalismo não está em dois tipos de estrutura de classe, mas entre uma sociedade na qual classe é a base fundamental do poder e da desigualdade e outra sociedade na qual o *status* é a base fundamental. Embora existissem classes no feudalismo, pois havia mercados, e as pessoas, portanto, estavam envolvidas em trocas de mercado com diferentes recursos e capacidades, seu sistema de mercado subordinava-se à ordem do *status*, que mais fundamentalmente determinava as vantagens e desvantagens de senhores e servos.

O problema da variação histórica também tem certo papel na definição do conceito de classe para Jan Pakulski e David Grusky, mas no caso deles a questão central é a variação do conteúdo de classe da desigualdade social *na* história do desenvolvimento capitalista. Tanto para Pakulski quanto para Grusky, a classe (ou as "grandes classes" na análise de Grusky) descreve a organização social da desigualdade num período específico do desenvolvimento capitalista, mais ou menos do início da Revolução Industrial até a emergência da era pós-industrial (ou pós-moderna). Aqui a questão não é, como em Weber, o peso relativo de uma ordem baseada em classes ou *status*, ou, como em Marx, as amplas variações históricas das formas de exploração, mas a mudança de um sistema de desigualdade altamente estruturado e coerente no capitalismo industrial para um sistema fragmentado e transversal de complexas desigualdades nas sociedades pós-modernas.

---

10. A variação histórica da importância relativa de diferentes aspectos da desigualdade está intimamente ligada a um tema mais geral na sociologia histórica de Weber – o problema da *racionalização*. Classe, para Weber, é a forma mais plenamente racionalizada de desigualdade econômica. Para uma discussão da relação entre racionalização e classe na análise de classe de Weber, cf. Wright (2002).

Emancipação

A pergunta mais controvertida que se fazem os teóricos sociais em cuja resposta tem importância o conceito de classe é: "Que tipos de transformações são necessários para eliminar a opressão e exploração econômicas nas sociedades capitalistas?" Essa questão implica não simplesmente uma agenda explicativa dos mecanismos que geram desigualdades econômicas, mas um juízo normativo sobre essas desigualdades – que são formas de opressão e exploração – e uma visão normativa da transformação dessas desigualdades como parte de um projeto político de mudança social emancipatória.

Essa é a questão que, a meu ver, mais fundamentalmente ancora a abordagem marxista da análise de classe e infunde uma série de significados a cada uma das outras questões centrais. Na agenda emancipatória marxista o problema da variação histórica inclui uma tentativa de entender possíveis formas futuras de relações sociais nas quais seriam eliminadas a exploração e a opressão das relações de classe capitalistas. A variação histórica relevante para a análise de classe gira, portanto, em torno do contraste não apenas entre capitalismo e feudalismo como formas históricas empiricamente observáveis de relações de classe, mas também entre capitalismo e um hipotético comunismo (entendido como uma sociedade igualitária sem classes). E de forma semelhante em relação ao problema do conflito de classes: caracterizar os interesses antagônicos embutidos nas relações de classe como "exploração" e "opressão" sugere que os conflitos gerados por essas relações envolvem questões de justiça social e não apenas interesses materiais moralmente neutros[11]. Na agenda geral da análise de classe marxista, portanto, o conceito de classe contribui à crítica da sociedade capitalista mais que simplesmente à descrição e explicação.

Devido ao caráter ideologicamente carregado de muitos dos debates sobre classe, os modelos alternativos de análise de classe que nós revimos neste livro parecem com frequência hostis, cada um tentando recrutar apoio e derrotar oponentes. Os estudantes interessados na análise de classe sentem assim muitas vezes que têm que optar, adotar uma ou outra dessas abordagens, excluindo as demais. Mas se na verdade essas várias abordagens se organizam em torno de

---

11. Nem todo mundo, é claro, concorda que tais questões explicitamente normativas devam exercer papel tão importante na definição de conceitos em teoria sociológica. John Goldthorpe, por exemplo, explicitamente atacou as abordagens de classe marxistas precisamente por isso. Numa nota de rodapé em artigo no *American Journal of Sociology* sobre o conceito de classe de Aage Sørensen baseado em renda, Goldthorpe diz do conceito de exploração que é "uma palavra que particularmente ficaria feliz em ver desaparecer do léxico sociológico". E acrescenta a título de esclarecimento: "Sua função no pensamento marxista foi permitir uma fusão de alegações normativas e positivas de uma maneira que eu consideraria inaceitável". E conclui: "Se invocar a exploração não passa de uma maneira de sinalizar a presença de interesses de classe estruturalmente opostos que levam a conflitos totais, então sua utilização é inócua e praticamente desnecessária" (GOLDTHORPE, 2000: 1.574).

diferentes conjuntos de questões fundamentais, então, nesse caso, dependendo da agenda empírica específica, diferentes modelos de análise de classe podem dar o melhor cardápio conceitual. Podemos ser weberianos no estudo da mobilidade de classe, adeptos de Bourdieu no estudo dos determinantes classistas dos estilos de vida ou marxistas na crítica do capitalismo.

Referências

ABBOTT, A. (2001). *Time Matters*: On Theory and Method. Chicago: The University of Chicago Press.

_____ (1988). *The System of Professions*: An Essay on the Division of Expert Labor. Chicago: The University of Chicago Press.

ACCARDO, A. (1997). *Introduction à une sociologie critique*: Lire Bourdieu. Bordeaux: Le Mascaret.

AINSLIE, G. (1992). *Piconomics*. Nova York: Cambridge University Press.

AKERLOF, G.A. (1982). "Labor Contracts as Partial Gift Exchanges". *Quarterly Journal of Economics*, 92, p. 543-569.

ARONOWITZ, S. & DiFAZIO, W. (1994). *The Jobless Future*. Mineápolis: University of Minnesota Press.

BARLEY, S.R. (1995). *The Technician as an Occupational Archetype*: A Case for Bringing Work into Organizational Studies, [s.l.]: Stanford University [Texto de trabalho].

BARNES, B. (1995). *The Elements of Social Theory*. Londres: UCL Press.

BARZEL, Y. (1997). *Economic Analysis of Property Rights*. 2. ed. Nova York: Cambridge University Press.

BAUDRILLARD, J. (1998). *Selected Writings*. Cambridge/Oxford: Polity/Blackwell [trad. e ed. por M. Poster].

BAXTER, J. & WESTERN, M. (eds.) (2001). *Configuration of Class and Gender*. Stanford, CA: Stanford University Press.

BECK, U. (1992). *Risk Society*. Londres: Sage.

BECKER, G.S. (1964). *Human Capital*. Nova York: National Bureau of Economic Research.

BELL, D. (1987). "The New Class: A Muddled Concept". In: HELLER, C.S. (ed.). *Structured Social Inequality*. Nova York: Macmilan, p. 455-468.

_____ (1976). *The Coming of Post-Industrial Society*. Nova York: Basic Books.

BERNSTEIN, B. (1971). *Class, Codes, and Control* – Vol. 1, Theoretical Studies toward a Sociology of Education. Londres: Routledge and Kegan Paul.

BLOSSFELD, H.-P. (1992). "Is the German Dual System a Model for a Modern Vocational Training System?" *International Journal of Comparative Sociology*, 33, p. 168-181.

BOLTANSKI, L. (1987 [1982]). *The Making of a Class*: Cadres in French Society. Cambridge: Cambridge University Press [trad. por A. Goldhammer].

BOTTERO, W. & PRANDY, K. (2003). "Social Interaction Distance and Stratification". *British Journal of Sociology*, 54 (2), p. 177-197.

BOTTOMORE, T. (1981). "A Marxist Consideration of Durkheim". *Social Forces*, 59, p. 902-917.

BOUGLÉ, C. (1971 [1927]). *Essays on the Case System by Célestin Bouglé*. Cambridge: Cambridge University Press [trad. por D.F. Pocock].

_____ (1926). *The Evolution of Values*. Nova York: Henry Holt and Company [trad. por H.S. Sellars].

BOURDIEU, P. (2002). *Interventions, 1961-2001*: Science sociale et action politique. Marselha: Agone.

_____ (2001a). *Contre-feux 2*: Pour um mouvement social européen. Paris: Raison d'Agir.

_____ (2001b [1998]). *Masculine Domination*. Stanford, CA: Stanford University Press [trad. por Richard Nice].

_____ (1998a). *Acts of Resistance*: Against the Tiranny of the Market. Nova York: The New Press [trad. por R. Nice].

_____ (1998b [1994]). *Practical Reason*: On the Theory of Action. Stanford, CA: Stanford University Press.

_____ (1991). *Language and Symbolic Power*. Cambridge, MA: Harvard University Press [trad. por G. Raymond e M. Adamson].

_____ (1990a [1980]). *The Logic of Practice*. Stanford, CA: Stanford University Press [trad. por R. Nice].

_____ (1990b). *In Other Words*: Essays Towards a Reflexive Sociology. Stanford, CA: Stanford University Press [trad. por M. Adamson].

_____ (1988 [1984]). *Homo Academicus*. Stanford, CA: Stanford University Press [trad. por P. Collier].

_____ (1987). "What Makes a Social Class? – On the Theoretical and Practical Existence of Groups". *Berkeley Journal of Sociology*, 32, p. 1-17.

_____ (1986). "The Forms of Capital". In: RICHARDSON, J.G. (ed.). *Handbook of Theory and Research for the Sociology of Education*. Nova York: Greenwood, p. 241-258.

_____ (1984 [1979]). *Distinction*: A Social Critique of the Judgement of Taste. Cambridge, MA: Harvard University Press [trad. por R. Nice].

_____ (1977 [1972]). *Outline of a Theory of Practice*. Cambridge: Cambridge University Press [trad. por R. Nice].

_____ (1966). "Condition de classe et position de classe". *Archives Européennes de Sociologie*, 7 (2), p. 201-223.

BOURDIEU, P. et al. (1999). *The Weight of the World*: Social Suffering in Contemporary Society. Stanford, CA: Stanford University Press [trad. por P.P. Ferguson, S. Emanuel, J. Johnson e S.T. Waryn].

BOURDIEU, P. & PASSERON, J.-C. (1990 [1970]). *Reproduction in Education, Society and Culture*. Londres: Sage [trad. por R. Nice].

BOURDIEU, P. & WACQUANT, L.J.D. (1992). *An Invitation to Reflexive Sociology*. Chicago: The University of Chicago Press.

BOWLES, S. & GINTIS, H. (1990). "Contested Exchange: New Microfoundations for the Political Economy of Capitalism". *Politics and Society*, 18 (2), jun., p. 165-222.

BRADLEY, H. (1996). *Fractured Identities*: Changing Patterns of Inequality. Cambridge: Polity.

BRAVERMAN, H. (1974). *Labor and Monopoly Capital*. Nova York: Monthly Review.

BREEN, R. (1997). "Risk, Recommodification and the Future of the Service Class". *Sociology*, 31 (3), p. 473-489.

BREEN, R. & GOLDTHORPE, J.H. (2001). "Class, Mobility and Merit: The Experience of Two British Birth Cohorts". *European Sociological Review*, 17 (2), p. 81-101.

BREEN, R. & ROTTMAN, D.B. (1995a). *Class Stratification*: A Comparative Perspective. Nova York: Harvester Wheatsheaf.

_____ (1995b). "Class Analysis and Class Theory". *Sociology*, 29 (3), p. 453-473.

BREIGER, R.L. (1982). "The Social Class Structure of Occupational Mobility". *American Journal of Sociology*, 87 (3), p. 578-611.

BROOM, L. & JONES, F.L. (1976). *Opportunity and Attainment in Australia*. Camberra: Anu.

BRUBAKER, R. (1985). "Rethinking Classical Theory: The Sociological Vision of Pierre Bourdieu". *Theory and Society*, 14 (6), p. 745-775.

BRYSON, B. (1996). "'Anything but Heavy Metal': Symbolical Exclusion and Cultural Dislikes". *American Sociological Review*, 61 (5), p. 884-899.

BURAWOY, M. & WRIGHT, E.O. (2001). "Sociological Marxism". In: TURNER, J. (ed.). *Handbook of Sociological Theory*. Nova York: Kluwer Academic/ Plenum, p. 459-486.

BUREAU OF LABOR STATISTICS (1998). "Worker Displacement, 1995-1998". *Labor Forces Statistics from the Current Population Survey*, 19/08/1998. Washington, DC, US Department of Labor.

CALHOUN, C.; LiPUMA, E. & POSTONE, M. (eds.) (1993). *Bourdieu*: Critical Perspectives. Chicago: The University of Chicago Press.

CALHOUN, C. & WACQUANT, L.J.D. (2002). "'Everything is Social': In Memoriam, Pierre Bourdieu (1930-2002)". *Footnotes*, 30 (2), p. 5-10.

CAPLOW, T. (1954). *The Sociology of Work*. Mineápolis: University of Minnesota Press.

CARCHEDI, G. (1977). *The Economic Identification of Social Classes*. Londres: Routledge and Kegan Paul.

CASEY, C. (1995). *Work, Self, and Society*. Londres: Routledge.

CHARLESWORTH, S.J. (2000). *A Phenomenology of Working Class Experience*. Cambridge: Cambridge University Press.

CLARK, T.N. (1996). "The Debate over 'Are Social Classes Dying?'" *Conference on Social Class and Politics*. Washington: Woodrow Wilson Center [texto de trabalho].

CLARK, T.N. & LIPSET, S.M. (1991). "Are Social Classes Dying?" *International Sociology*, 6, p. 397-410.

CLARK, T.N. & LIPSET, S.M. (eds.) (2001). *The Breakdown of Class Politics*. Baltimore: The Johns Hopkins University Press.

COASE, R.H. (1960). "The Problem of Social Cost". *Journal of Law and Economics*, 3, p. 1-44.

COHEN, G.A. (1995). *Self-Ownership, Freedom and Equality*. Cambridge: Cambridge University Press.

_____ (1978). *Karl Marx Theory of History*: A Defense. Princeton, NJ: Princeton University Press.

COLE, R.E. (1979). *Work, Mobility, and Participation*. Berkeley/Los Angeles: The University of California Press.

COLEMAN, J.S. (1990). *The Foundations of Social Theory*. Cambridge, MA: Belknap Press of Harvard University Press.

COLLINS, R. (1979). *The Credential Society*: An Historical Sociology of Education and Stratification. Nova York: Academic.

COMTE, A. (1988 [1830]). *Introduction to Positive Philosophy*. Indianápolis: Hackett [ed. por F. Ferré].

COSER, L.A. (1992). "Introduction: Maurice Halbwachs, 1877-1945". In: COSER, L.A. (ed. e trad.). *On Collective memory*. Chicago: The University of Chicago Press, p. 1-34.

COTREEL, A. (1984). *Social Class in Marxist Theory*. Londres: Routledge and Kegan Paul.

CROOK, S.; PAKULSKI, J. & WATERS, M. (1992). *Postmodernization*: Change in Advanced Society. Londres: Sage.

DAHRENDORF, R. (1959). *Class and Class Conflict in Industrial Society*. Stanford, CA: Stanford University Press.

DIXIT, A. & OLSON, M. (1996). "The Coase Theorem is False: Coase's Insight is Nonetheless Mainly Right". College Park, MD: University of Maryland [monografia inédita].

DOMINITZ, J. & MANSKI, C.F. (1997). "Perceptions of Economic Insecurity: Evidence from the Survey of Economic Expectations". *Public Opinion Quarterly*, 61, p. 261-287.

DONNELLY, M. (1997). "Statistical Classifications and the Salience of Social Class". In: HALL, J.R. (ed.). *Reworking Class*. Ithaca/Londres: Cornell University Press, p. 107-131.

DORE, R.P. (1973). *British Factory* – Japanese Factory. Londres: Allen and Unwin.

DUNCAN, O.D. (1968). "Social Stratification and Mobility. Problems in the Measurement of Trend". In: SHELDON, E.B. & MOORE, W.E. (ed.). *Indicators of Social Change*. Nova York: Russel Sage, p. 675-719.

DURKHEIM, É. (1970a [1897]). *Suicide*. Londres: Routledge and Kegan Paul.

_____ (1970b [1905]). *La Science sociale et l'action*. Paris: Presses Universitaires de France [ed. por J.C. Filloux].

_____ (1960 [1893]). *The Division of Labor in Society*. Nova York: Macmillan [trad. por G. Simpson].

_____ (1958). *Professional Ethics and Civic Morals*. Glencoe, IL: Free [trad. por C. Brookfield].

_____ (1956 [1911]). "Jugements de valeur et jugements de réalité". *Revue de Métaphysique et de Morale*, 19, p. 437-453.

_____ (1951 [1897]). *Suicide* – A Study in Sociology. Glencoe, IL: Free [trad. por J. Spaulding e G. Simpson].

_____ (1933[1893]). *The Division of Labor in Society*. Nova York: Free.

DURKHEIM, É. & MAUSS, M. (1963). *Primitive Classification*. Chicago: The University of Chicago Press [trad. por R. Needham].

EDER, K. (1993). *The New Politics of Class*. Londres: Sage.

EDWARDS, R. (1979). *Contested Terrain*. Nova York: Basic Books.

EGGERTSSON, T. (1990). *Economic Behavior and Institutions*. Cambridge: Cambridge University Press.

EHRENREICH, B. & EHRENREICH, J. (1977). "The Professional-Managerial Class". *Radical America*, 11, p. 7-31.

EMIRBAYER, M. (1997). "Manifesto for a Relational Sociology". *American Journal of Sociology*, 103 (2), p. 281-317.

EMMISON, M. & WESTERN, M. (1990). "Social Class and Social Identity: A Comment on Marshall et al." *Sociology*, 24, p. 241-253.

ERIKSON, R. (1984). "Social Class of Men, Women and Families". *Sociology*, 18 (4), p. 500-514.

ERIKSON, R. & GOLDTHORPE, J.H. (1992). *The Constant Flux*: A Study of Class Mobility in Industrial Societies. Oxford: Oxford University Press.

ERIKSON, R.; GOLDTHORPE, J.H. & PORTOCARRERO, L. (1979). "Intergenerational Class Mobility in Three Western European Societies: England, France and Sweden". *British Journal of Sociology*, 33, p. 1-34.

ERIKSON, R. & JÖNSSON, J.O. (eds.) (1996). *Can Education Be Equalized?* – The Swedish Case in Comparative Perspective. Boulder, CO: Westview.

ESCRITÓRIO INTERNACIONAL DO TRABALHO (1990 [1968]). *International Standard Classification of Occupations*: Isco-88. Genebra: OIT.

ESPING-ANDERSEN, G. (1988). "The Making of a Social Democratic Welfare State". In: MISGELD, K.; MOLIN, K. & AMARK, K. (eds.). *Creating Social Democracy*: A Century of the Social Democratic Labor Party in Sweden. University Park: The Pensylvania State University Press, p. 35-66.

EVANS, G. (1997). *The End of Class Politics?* – Class Voting in Comparative Perspective. Oxford: Oxford University Press.

_____ (1992). "Testing the Validity of the Goldthorpe Class Schema". *European Sociological Review*, 8 (3), p. 211-232.

EVANS, G. & MILLS, C. (2000). "In Search of the Wage-Labour/Service Contract: New Evidence on the Validity of the Goldthorpe Class Schema". *British Journal of Sociology*, 51, p. 641-661.

_____ (1998). "Identifying Class Structure: A Latent Class Analysis of the Criterion-related and Construct Validity of the Goldthorpe Class Schema". *European Sociological Review*, 14 (1), p. 87-106.

EYERMAN, R. (1994). "Modernity and Social Movements". In: GRUSKY, D. (ed.). *Social Stratification*: Class, Race and Gender. Boulder, CO: Westview.

FANTASIA, R. (1989). *Cultures of Solidarity*: Consciousness, Action, and Contemporary American Workers. Berkeley: The University of California Press.

FEATHERMAN, D.L. & HAUSER, R.M. (1978). *Opportunity and Change*. Nova York: Academic.

FEATHERMAN, D.L.; JONES, F.L. & HAUSER, R.M. (1975). "Assumptions of Mobility Research in the United States: The Case of Occupational Status". *Social Science Research*, 4, p. 329-360.

FENTON, S. (1980). *Race, Class, and Politics in the Work of Emile Durkheim*. Paris: Unesco.

FILLOUX, J.-C. (1993). "Inequalities and Social Stratification in Durkheim's Sociology". In: TURNER, S.P. (ed.). *Emile Durkheim*: Sociologist and Moralist. Londres/Nova York: Routledge, p. 211-228.

FORTIN, N.M. & LEMIEUX, T. (1997). "Institutional Changes and Rising Wage Inequality: Is There a Linkage?" *Journal of Economic Perspectives* 11 (2), primavera, p. 75-96.

FREEMAN, R. & MEDOFF, J.L. (1984). *What Do Unions Do?* Nova York: Basic Books.

FREIDSON, E. (1994). *Professionalism Reborn*: Theory, Prophecy, and Policy. Chicago: The University of Chicago Press.

_____ (1986). *Professional Powers*: A Study of the Institutionalization of Formal Knowledge. Chicago: The University of Chicago Press.

GEIGER, T.J. (1932). *Die Soziale Schichtung des Deutschen Volkes*: Soziographischer Versuch auf statistischer Grundlage. Stuttgart: F. Enke.

GIDDENS, A. (1983). "Classical Social Theory and the Origins of Modern Sociology" *Profiles and Critiques in Social Theory*. Berkeley: The University of California Press, p. 40-67.

_____ (1978). *Emile Durkheim*. Nova York: Viking.

_____ (1973). *The Class Structure of the Advanced Societies*. Londres: Hutchinson.

_____ (1972). "Durkheim's Writings in Sociology and Social Philosophy". In: GIDDENS, A. (ed. e trad.). *Emile Durkheim*: Selected Writings. Cambridge: Cambridge University Press, p. 1-50.

_____ (1971). *Capitalism and Modern Social Theory*. Cambridge: Cambridge University Press.

GOLDTHORPE, J.H. (2002). "Occupational Sociology, Yes: Class Analysis, No – A Comment on Grusky and Weedens' Research Agenda". *Acta Sociologica*, 45, p. 211-217.

_____ (2000). *On Sociology*: Numbers, Narratives and the Integration of Research and Theory. Oxford: Oxford University Press.

_____ (1990). "A Response". In: CLARK, J.; MODGIL, C. & MODGIL, S. (eds.). *John Goldthorpe*: Consensus and Controversy. Londres: The Falmer, p. 399-440.

_____ (1987). *Social Mobility and Class Structure in Modern Britain*. 2. ed. Oxford: Clarendon.

_____ (1980). *Social Mobility and Class Structure in Modern Britain*. Oxford: Clarendon.

GOLDTHORPE, J.H. & HOPE, K. (1974). *The Social Grading of Occupations*: A New Approach and Scale. Oxford: Clarendon.

GOLDTHORPE, J.H. & MARSHALL, G. (1992). "The Promising Future of Class Analysis: A Response to Recent Critiques". *Sociology*, 26 (3), p. 381-400.

GORDON, M.M. (1958). *Social Class in American Sociology*. Durham, NC: Duke University Press.

GOULDNER, A. (1979). *The Future of Intellectuals and the Rise of the New Class*. Nova York: Seabury.

GRANOVETTER, M. & TILLY, C. (1988). "Inequality and Labor Processes". In: SMELSER, N.J. (ed.). *Handbook of Sociology*. Newbury Park: Sage, p. 175-221.

GRUSKY, D.B. (ed.) (2001). *Social Stratification*. Boulder, CO: Westview.

GRUSKY, D.B. & SØRENSEN, J.B. (2001). "Are There Big Social Classes?" In: GRUSKY, D.B. (ed.). *Social Stratification*: Class, Race, and Gender in Sociological Perspective. 2. ed. Boulder, CO: Westview, p. 183-194.

_____ (1998). "Can Class Analysis Be Salvaged?" *American Journal of Sociology*, 103 (5), p. 1.187-1.234.

GRUSKY, D.B. & WEEDEN, K.A. (2002). "Class Analysis and the Heavy Weight of Convention". *Acta Sociologica*, 45, p. 229-236.

_____ (2001). "Decomposition without Death: A Research Agenda for a New Class Analysis". *Acta Sociologica*, 44, p. 203-218.

GRUSKY, D.B.; WEEDEN, K.A. & SØRENSEN, J.B. (2000). "The Case for Realism in Class Analysis". *Political Power and Social Theory*, 14, p. 291-305.

HAIKU, F.A. (1948). "The Meaning of Competition". *Individualism and Social Order*. Chicago: The University of Chicago Press.

HALABY, C.N. & WEAKLIEM, D.L. (1993). "Ownership and Authority in the Earnings Function: Nonnested Tests of Alternative Specifications". *American Sociological Review*, 58, p. 16-30.

HALBWACHS, M. (1992 [1945]). *On Collective Memory*. Chicago: The University of Chicago Press [ed. e trad. por L.A. Coser].

_____ (1958). *The Psychology of Social Class*. Glencoe, IL: Free.

HALL, S. (2001). "The Meaning of New Times". In: GRUSKY, D.B. (ed.). *Social Stratification*: Class, Race, and Gender in Sociological Perspective. 2. ed. Boulder, CO: Westview Press, p. 859-865.

_____ (1988). "Brave New World". *Marxism Today*, 24 (9), out.

HALL, S. & JACQUES, M. (1989). *New Times*: The Changing Face of Politics in the 1990s. Londres: Lawrence and Wishart.

HAUSER, R.M. & WARREN, J.R. (1997). "Socioeconomic Indexes of Occupational Status: A Review, Update, and Critique". In: RAFTERY, A. (ed.). *Sociological Methodology 1997*. Cambridge: Blackwell, p. 177-298.

HAWKINS, M.J. (1994). "Durkheim on Occupational Corporations: An Exegesis and Interpretation". *Journal of the History of Ideas*, 20, p. 461-481.

HAYEK, F.A. (1948). "The Meaning of Competition". *Individualism and Social Order*. Chicago: The University of Chicago Press.

HEATH, A.F. & BRITTEN, N. (1984). "Women's Jobs do Make a Difference". *Sociology*, 18 (4), p. 475-490.

HIRSCH, F. (1976). *The Social Limits to Growth*. Cambridge, MA: Harvard University Press.

HOLLINGSHEAD, A. & REDLICH, F. (1958). *Social Class and mental Ilness*. Nova York: Wiley.

HOLTON, R. (1996). "Has Class Analysis a Future?" In: LEE, D.J. & TURNER, B.S. (eds.). *Conflicts about Class*: Debating Inequality in Late Industrialism. Londres/Nova York: Longman, p. 26-41.

HOLTON, R. & TURNER, B.S. (1989). *Max Weber on Economy and Society*. Londres: Routledge and Kegan Paul.

HOLZER, H.J. (1990). "The Determinants of Employee Productivity and Earnings". *Industrial Relations*, 29, p. 403-422.

HOUT, M.; BROOKS, C. & MANZA, J. (1993). "The Persistence of Classes in Postindustrial Societies". *International Sociology*, 8, p. 259-277.

HOUT, M. & HAUSER, R.M. (1992). "Symmetry and Hierarchy in Social Mobility: A Methodological Analysis of the Casmin Model of Class Mobility". *European Sociological Review*, 8, p. 239-266.

ISHIDA, H. (1993). *Social Mobility in Contemporary Japan*, Stanford, CA: Stanford University Press.

JENCKS, C.; PERMAN, L. & RAINWATER, L. (1988). "What is a Good Job? – A New Measure of Labor Market Success". *American Journal of Sociology*, 93, p. 1.322-1.357.

JENSEN, M.C. & MURPHY, K.J. (1990). "Performance Pay and Top-Management Incentives". *Journal of Political Economy*, 98, p. 225-265.

JOYCE, P. (1995). *Class*. Oxford: Oxford University Press.

JUHN, C.; MURPHY, K.M. & PIERCE, B. (1993). "Wage Inequality and the Rise in Returns to Skills". *Journal of Political Economy*, 101, p. 410-442.

KALLEBERG, A.L. & BERG, I. (1987). *Work and Industry*: Structures, Markets and Processes. Nova York: Plenum.

KINGSTON, P.W. (2000). *The Classless Society*. Stanford, CA: Stanford University Press.

_____ (1994). "Are There Classes in the United States?" In: ALTHAUSER, R. & WALLACE, M. (eds.). *Research in Social Stratification and Mobility*. Vol. 13. Greenwich, CT: Jai, p. 3-41.

KOHN, M.L. & SLOMCZYNSKI, K.M. (1990). *Social Structure and Self-Direction*. Oxford: Blackwell.

KONRAD, G. & SZÉLENYI, I. (1979). *The Intellectuals on the Road to Class Power*. Nova York: Harcourt Brace Jovanovich.

KORPI, W. (1983). *The Democratic Class Struggle*. Londres: Routledge.

KRAUSE, E.A. (1971). *The Sociology of Occupation*, Boston: Little Brown.

KRYEGER, A.B. & SUMMERS, L.H. (1987). "Reflections on the Inter-Industry Wage Structure". In: LANG, K. & LEONARD, J.S. (eds.). *Unemployment and the Structure of Labor Markets*. Oxford, Basil Blackwell, p. 17-47.

LAMONT, M. (2000). *The Dignity of Working Men*: Morality and the Boundaries of Race, Class, and Immigration. Cambridge, MA: Harvard University Press.

_____ (1992). *Money, Morals, and Manners*: The Culture of the French and American Upper-Middle Class. Chicago: The University of Chicago Press.

LANE, J.F. (2000). *Pierre Bourdieu*: A Critical Introduction. Londres: Pluto.

LARAÑA, E.; JOHNSTON, H. & GUSFIELD, J.R. (1994). *New Social Movements*: From Ideology to Identity. Filadélfia: Temple University Press.

LAREAU, A. & WEININGER, E.B. (2003). "Cultural Capital in Educational Research: A Critical Assessment". *Theory and Society*, 32 (5-6), p. 567-606.

LAUMANN, E.O. (1973). *Bonds of Pluralism*. Nova York: John Wiley.

LAWRENCE, P.R. & DYER, D. (1983). *Renewing American Industry*. Nova York: Free.

LAZEAR, E.P. (1995). *Personnel Economics*. Cambridge, MA: Mit.

LEE, D.J. (1995). "Class as a Social Fact". *Sociology*, 28, p. 397-415.

LEE, D.J. & TURNER, B.S. (eds.) (1996). *Conflicts about Class*: Debating Inequality in Late Industrialism. Londres: Longman.

LEHMANN, J. (1995). "Durkheim's Contradictory Theories of Race, Class, and Sex". *American Sociological Review*, 60, p. 566-585.

LENIN, V.I. (1927). *Collected Works of V.I. Lenin*. Nova York: International Publishers.

LEVY, F. & MURNANE, R.J. (1992). "U.S. Earnings Levels and Earnings Inequality: A Review of Recent Trends and Proposed Explanations". *Journal of Economic Literature*, 30, p. 1.333-1.381.

LIPSET, S.M. (1960). *Political Man* – The Social Bases of Politics. Nova York: Doubleday.

LIPSET, S.M. & ROKKAN, S. (1967). "Cleavage Structures, Party Systems, and Voter Alignments: An Introduction". In: LIPSET, S.M. & ROKKAN, S. (eds.). *Party Systems and Voter Alignments*: Cross-national Perspective. Nova York: Free, p. 1-64.

LOCKWOOD, D. (1992). *Solidarity and Schism*. Oxford: Clarendon.

LOVE, G. (1997). *The Diffusion of Downsizing among Large U.S. Firms, 1977-1995*: The Role of Firm Status. Cambridge, MA: Harvard Business School/Harvard University [tese de doutorado].

LUKES, S. (1973). *Emile Durkheim*: His Life and Work. Londres: Allen Lane.

MARSHALL, A. (1949 [1920]). *Principles of Economics*. 8. ed. Londres: Macmillan.

MARSHALL, G.; ROSE, D.; NEWBY, H. & VOGLER, C. (1988). *Social Class in Modern Britain*. Londres: Unwin Hyman.

MARSHALL, T.H. (1950). *Citizenship and Social Class*. Cambridge: Cambridge University Press.

MARX, K. (1964 [1894]). *Selected Works*. Vol. 1. Moscou: Progress.

_____ (1959a [1848]). "The Communist Manifesto". In: EASTMAN, M. (ed.). *Capital, The Communist Manifesto, and Other Writings by Karl Marx*. Nova York: The Modern Library, p. 315-355.

_____ (1959b [1894]). "Capital, volume 3, chapter 9". In: EASTMAN, M. (eds.). *Capital, The Communist Manifesto, and Other Writings by Karl Marx*. Nova York: The Modern Library, p. 54-59.

MEDOFF, J.J. & ABRAHAM, K. (1981). "Are Those Paid More Really More Productive?" *Journal of Human Resources* 16, p. 186-216.

MEŠTROVIĆ, S.G. (1992). *Durkheim and Postmodern Culture*. Hawthorne, NY: Aldine de Gruyter.

MILLS, C.W. (1956). *The Power Elite*. Oxford/Nova York: Oxford University Press.

_____ (1951). *White Collars*. Nova York: Basic Books.

MITCHELL, D.J.B. (1985). "Shifting Norms in Wage Determination". *Brookings Papers on Economic Activity*. Washington, DC: Brookings Institute.

MORTIMER, J.T. & LORENCE, J. (1995). "Social Psychology of Work". In: COOK, K.S.; FINE, G.A. & HOUSE, J.S. (eds.). *Sociological Perspectives on Social Psychology*. Boston: Allyn and Bacon, p. 497-523.

MOUZELIS, N. (1993). "The Poverty of Sociological Theory". *Sociology*, 27, p. 675-695.

MÜLLER, H.-P. (1993). "Durkheim's Political Sociology". In: TURNER, S.P. (ed.). *Emile Durkheim*: Sociologist and Moralist. Londres/Nova York, Routledge, p. 211-228.

MURPHY, R. (1988). *Social Closure:* The Theory of Monopolization and Exclusion. Oxford, Clarendon.

MYLES, J.; PICOT, G. & WANNELL, T. (1988). "The Changing Wage Distribution of Jobs". *Canadian Economic Observer*, 4, p. 4.2-4.12.

NAKANE, C. (1970). *Japanese Society*. Londres: Weidenfeld and Nicholson.

NELSON, R.L. & BRIDGES, W.P. (1999). *Legalizing Gender Inequality*: Courts, Markets, and Unequal Pay for Women in America. Cambridge: Cambridge University Press.

NISBERT, R.A. (1952). "Conservatism and Sociology". *American Journal of Sociology*, 58, p. 167-175.

NORTH, D. & THOMAS, R.P. (1973). *The Rise of Western Capitalism*. Nova York: Cambridge University Press.

OLSON, M. (1965). *The Logic of Collective Action*, Cambridge, MA: Harvard University Press.

OSSOWSKI, S. (1963 [1958]). *Class Structure in the Social Consciousness*. Londres: Routledge.

PAHL, R.E. (1989). "Is the Emperor Naked? – Some Questions on the Adequacy of Sociological Theory in Urban and Regional Research". *International Journal of Urban and Regional Research*, 13, p. 709-720.

PAKULSKI, J. (2004). *Globalizing Inequality*. Sidney: Allen and Unwin.

_____ (2001). "Class and Politics". In: CLARK, T.N. & LIPSET, S.M. (eds.). *The Breakdown of Class Politics*. [s.l.]: The Johns Hopkins University Press, p. 36-49.

PAKULSKI, J. & WATERS, M. (1996a). *The Death of Class*. Londres: Sage.

_____ (1996b). "The Reshapping and Dissolution of Class in Advanced Society". *Theory and Society*, 25 (5), p. 667-691.

_____ (1996c). "Misreading Class as Status: A Reply to Our Critics". *Theory and Society*, 25, p. 731-736.

PARKIN, F. (1992). *Durkheim*. Oxford: Oxford University Press.

_____ (1979). *Marxism and Class Theory*: A Bourgeois Critique. Nova York: Columbia University Press.

_____ (1971). *Class Inequality and Political Order*: Social Stratification in Capitalist and Communist Societies. Nova York: Praeger.

PARSONS, T. (1970). "Equality and Inequality in Modern Society, or Social Stratification Revisited". In: LAUMANN, E.O. (ed.). *Social Stratification*: Research and Theory for the 1970s. Indianápolis: Bobbs-Merrill Company, p. 13-72.

_____ (1968 [1937]). *The Structure of Social Action*. Nova York: Free.

_____ (1967). *Sociological Theory and Modern Society*. Nova York: Free.

_____ (1954). "An Analytical Approach to the Theory of Social Stratification". *Essays in Sociological Theory*. Glencoe, IL: Free, p. 69-88.

_____ (1949). *Essays in Sociological Theory, Pure and Applied*. Glencoe, IL: Free.

PEARCE, F. (1989). *The Radical Durkheim*. Londres: Unwin Hyman.

PERKIN, H. (1989). *The Rise of Professional Society*. Londres: Routledge.

PETERSON, R.A. & KERN, R.M. (1996). "Changing Highbrow Taste: From Snob to Omnivore". *American Sociological Review*, 61 (5), p. 900-907.

PIORE, M.J. & SABEL, C.F. (1984). *The Second Industrial Divide*: Possibilities for Prosperity. Nova York: Basic Books.

POPE, W. & JOHNSON, B.D. (1983). "Inside Organic Solidarity". *American Sociological Review*, 48, p. 681-692.

PORTES, A. (2000). "The Resilient Importance of Class: A Nominalist Interpretation". In: DAVIS, D.E. (ed.). *Political Power and Social Theory*. Vol. 14. Amsterdã: Jai, p. 249-284.

POULANTZAS, N. (1974). *Classes in Contemporary Capitalism*. Londres: Verso [1975. Londres: New Left Books].

PRANDY, K. (1999). "The Social Interaction Approach to the Measurement and Analysis of Social Stratification". *International Journal of Sociology and Social Policy*, 19, p. 215-249.

PRZEWORSKI, A. (1985). *Capitalism and Social Democracy*. Cambridge: Cambridge University Press.

RESNICK, S. & WOLFF, R. (1987). *Knowledge and Class*. Chicago: The University of Chicago Press.

RICARDO, D. (1951 [1821]). *On the Principles of Political Economy and Taxation* [Vol. 1 de *The Works and Correspondence of David Ricardo*]. Cambridge: Cambridge University Press [ed. por P. Sraffa].

ROEMER, J. (1986). "Should Marxists Be Interested in Exploitation?" In: ROEMER, J.E. (ed.). *Analytical Marxism*. Nova York: Cambridge University Press, p. 260-282.

_____ (1982). *A General Theory of Exploitation and Class*. Cambridge, MA: Harvard University Press.

ROUANET, H.; ACKERMANN, W. & LE ROUX, H. (2000). "The Geometric Analysis of Questionnaires – The Lesson of Bourdieu's *La Distinction*". *Bulletin de Méthodologie Sociologique*, 65, p. 5-18.

RYAN, W. (1971). *Blaming the Victim*. Nova York: Orbach and Chambers.

RYSCAVAGE, P. & HENLE, P. (1990). "Earnings Inequality Accelerates in the 1980's". *Monthly Labor Review*, 113 (12), p. 3-16.

RYTINA, S. (2000). "Is Occupational Mobility Declining in the U.S.?" *Social Forces*, 78, p. 1.227-1.276.

SARTORI, G. (1969). "From the Sociology of Politics to Political Sociology". In: LIPSET, S.M. (ed.). *Politics and the Social Sciences*. Nova York: Oxford University Press, p. 65-100.

SAUNDERS, P. (1989). "Left Write in Sociology". *Network*, 44, p. 3-4.

SCHNEIDER, L. & LYSGAARD, S. (1953). "The Deferred Gratification Pattern". *American Sociological Review*, 18 (2), p. 142-149.

SCOTT, J. (1996). *Stratification and Power*. Cambridge: Polity.

SHAVIT, Y. & BLOSSFELD, H.-P. (eds.) (1993). *Persistent Inequality*: Changing Educational Attainment in Thirteen Countries. Boulder, CO: Westview.

SHILS, E. (1968). "Deference". In: JACKSON, J.A. (ed.). *Social Stratification*. Nova York: Cambridge University Press, p. 104-132.

SIMMEL, G. (1908). *Soziologie*. Leipzig: Duncker & C. Humblot.

SIMON, H. (1957). "The Employment Relation". *Models of Man*. Nova York: Wiley, p. 24-45.

SMITH, A. (1991 [1776]). *The Wealth of Nations*. Amherst, NY: Prometheus.

SMITH, P. & ALEXANDER, J.C. (1996). "Durkheim's Religious Revival". *American Journal of Sociology*, 102, p. 585-592.

SOLOW, R.M. (1979). "Another Possible Source of Wage Stickness". *Journal of Macroeconomics*, 1 (2), p. 79-82.

SØRENSEN, A.B. (2000). "Toward a Sounder Basis for Class Analysis". *American Journal of Sociology*, 105 (6), p. 1.523-1.558.

_____ (1998). "On Kings, Pietism and Rent-seeking in Scandinavian Welfare States". *Acta Sociologica*, 41 (4), p. 363-376.

_____ (1996). "The Structural Basis of Social Inequality". *American Journal of Sociology*, 101 (5), p. 1.333-1.365.

_____ (1994). "The Basic Concepts of Stratification Research: Class, Status, and Power". In: GRUSKY, D.B. (ed.). *Social Stratification*: Class, Race, and Gender in Sociological Perspective. Boulder, CO, Westview, p. 229-241.

_____ (1991). "On the Usefulness of Class Analysis in Research on Social Mobility and Socioeconomic Inequality". *Acta Sociologica*, 34 (2), p. 71-87.

_____ (1983). "Processes of Allocation to Open and Closed Positions in Social Structure". *Zeitschrift für Soziologie*, 12, p. 203-224.

SØRENSEN, J.B. & GRUSKY, D.B. (1996). "The Structure of Career Mobility in Microscopic Perspectiva". In: BARON, J.N.; GRUSKY, D.B. & TREIMAN, D.J. (eds.). *Social Differentiation and Social Inequality*. Boulder, CO: Westview, p. 83-114.

SPENNER, K.I. (1995). "Technological Change, Skill Requirements, and Education: The Case for Uncertainty". In: MILLS, D.B. (ed.). *The New Modern Times*: Factors Reshaping the World of Work. Albânia: State University of New York Press, p. 81-137.

STANWORTH, M. (1984). "Women and Class Analysis: A Reply to John Goldthorpe". *Sociology*, 18 (2), p. 159-170.

STEWART, A.; PRANDY, K. & BLACKBURN, R.M. (1980). *Social Stratification and Occupations*. Londres: Macmillan.

SWARTZ, D. (1997). *Culture and Power*: The Sociology of Pierre Bourdieu. Chicago/Londres: The University of Chicago Press.

SWIFT, A. (2001). *Equality, Freedom and Community*. Cambridge: Polity.

THERBORN, G. (1988). "A Unique Chapter in the History of Democracy: The Social Democrats in Sweden". In: MISGELD, K.; MOLIN, K. & AMARK, K. (eds.). *Creating Social Democracy*: A Century of the Social Democratic Labor Party in Sweden. University Park: The Pennsylvania State University Press, p. 1-34.

THOMPSON, E.P. (1966 [1963]). *The Making of the English Working Class*. Nova York: Vintage Books.

THOMPSON, K. (1982). *Emile Durkheim*. Londres/Nova York, Tavistock/Routledge.

TIRYAKIAN, E.A. (1975). "Neither Marx nor Durkheim... Perhaps Weber". *American Journal of Sociology*, 81, p. 1-33.

TOCQUEVILLE, A. (2000 [1835]). *Democracy in America*. Nova York: Bantam.

_____ (1945 [1862]). *Democracy in America*. Londres: Longman.

TREIMAN, D.J. (1977). *Occupational Prestige in Comparative Perspective*. Nova York: Academic.

TULLOCK, G. (1989). *The Economics of Special Privilege and Rent Seeking*. Boston: Kluwer Academic Publishers.

_____ (1980). "The Transitional Gains Trap". In: BUCHANAN, J.S.; TOLLISON, R.D. & TULLOCK, G. (eds.). *Toward a Theory of the Rent Seeking Society*. College Station, TX: Texas A&M University Press, p. 211-221.

TUMIN, M.M. (1953). "Reply to Kingsley Davis". *American Sociological Review*, 18, p. 372-384.

TURNER, B.S. (2001). "The Erosion of Citizenship". *British Journal of Sociology*, 52 (2), p. 189-209.

_____ (1996). "Capitalism, Classes and Citizenship". In: LEE, D.J. & TURNER, B.S. (eds.). *Conflict about Class*. Harlow: Longman, p. 254-262.

_____ (1990). "An Outline of a Theory of Citizenship". *Sociology*, 24 (2), p. 189-217, esp. 190.

_____ (1988). *Status*. Filadélfia: Open University Press.

VAN MAANEN, J. & BARLEY, S.R. (1984). "Occupational Communities: Culture and Control in Organizations". *Research in Organizational Behavior*, 6, p. 287-365.

VISSER, J. (1988). "Trade Unionism in Western Europe: Present Situation and Prospects". *Labour and Society*, 13, p. 125-182.

WACQUANT, L.J.D. (2002). "From Slavery to Mass Incarceration: Rethinking the 'Race Question' in the US". *New Left Review*, 13, p. 41-60.

_____ (1991). "Making Class: The Middle Class(es) in Social Theory and Social Structure". In: McNALL, S.G.; LEVINE, R.F. & FANTASIA, R. (eds.). *Bringing Class Back in*: Contemporary and Historical Perspectives. Boulder, CO: Westview, p. 39-64.

WARNER, W.L.; MEEKER, M. & BELLS, K. (1949). *Social Class in America*. Nova York: Science Research Associates.

WATERS, M. (1991). "Collapse and Convergence of Marxist Theory". *Theory and Society*, 20, p. 141-172.

WATTS MILLER, W. (1996). *Durkheim, Morals and Modernity*. Londres: Uci.

WEBER, M. (1978 [1922]). *Economy and Society*. 2 vols. Berkeley: The University of California Press [ed. por G. Roth e C. Wittich].

_____ (1968a [1946]). *From Max Weber*. Londres: Routledge and Kegan Paul [trad. por H.H. Gerth e C. Wright Mills].

_____ (1968b [1922]). *Economy and Society*. Berkeley: The University of California Press.

_____ (1968c [1946]). "Class, Status and Power". *From Max Weber*: Essays in Sociology. Nova York: Oxford University Press, p. 180-195 [trad. por H.H. Gerth e C. Wright Mills].

WEEDEN, K.A. & GRUSKY, D.B. (2002). *Class Structuration in the United States*. [s.l.]: Cornell University [texto de trabalho].

WEININGER, E.B. (2002). "Class and Causation in Bourdieu". In: LEHMANN, J. (ed.). *Current Perspectives in Social Theory*. Vol. 21. Amsterdã: Jai Press, p. 49-114.

WESOLOWSKI, W. (1977). *Klasy, warstwy i wladza*. Varsóvia: PWN [trad. inglesa: *Classes, Strata and Power*. Londres: Routledge, 1978].

WILENSKY, H.L. (1966). "Class, Class Consciousness, and American Workers". In: HABER, W. (ed.). *Labor in a Changing America*. Nova York: Basic, p. 12-44.

WOLFF, E.N. (1995). *Top Heavy*: A Study of Increasing Inequality of Wealth in America. Washington, DC: Brookings Institution.

WRIGHT, E.O. (2002). "The Shadow of Exploitation in Weber's Class Analysis". *American Sociological Review*, 67, p. 832-853.

_____ (2000). "Working-Class Power, Capitalist-Class Interests and Class Compromise". *American Journal of Sociology*, 105 (4), jan., p. 957-1.002.

_____ (1997). *Class Counts*: Comparative Studies in Class Analysis. Cambridge: Cambridge University Press.

_____ (1996). "The Continuing Relevance of Class Analysis". *Theory and Society*, 25, p. 697-716.

_____ (1985). *Classes*. Londres: New Left Books/Verso.

_____ (1982). "The Status of the Political in the Concept of Class Structure". *Politics and Society*, 11 (3), p. 321-352.

_____ (1980a). "Class and Occupation". *Theory and Society*, 9, p. 177-214.

_____ (1980b). "Varieties of Marxist Conceptions of Class Structure". *Politics and Society*, 9 (3), p. 323-370.

_____ (1979). *Class Structure and Income Determination*. Nova York: Academic.

_____ (1978). *Class, Crisis and the State*. Londres: New Left Books.

WRIGHT, E.O. et al. (1989). *The Debate on Classes*. Londres: Verso.

WRIGHT, E.O.; LEVINE, A. & SOBER, E. (1993). *Reconstructing Marxism*. Londres: Verso.

WRONG, D. (1976 [1964]). *Skeptical Sociology*. Nova York: Columbia University Press.

ZABUSKY, S.E. & BARLEY, S.R. (1996). "Redefining Success: Ethnographic Observations on the Careers of Technicians". In: OSTERMAN, P. (ed.). *Broken Ladders*: Managerial Careers in the New Economy. Oxford: Oxford University Press, p. 185-214.

ZEITLIN, I.M. (1968). *Ideology and the Development of Sociological Theory*. Englewood Cliffs, NJ: Prentice Hall.

Índice remissivo

Abbott, A. 77, 81, 123

Abraham, K. 162

Ação coletiva e classe; cf. agência de classe

Accardo, A. 123

Ackermann, W. 103

Agência de classe
　na análise de classe
　　de Bourdieu 107-110
　　durkheimiana 85
　　marxista de classe 34-36
　na teoria da exploração com base na renda 159-164
　sindicatos e 161

Aglomerados sociais 181

Agricultores na estrutura de classe 53

Ainslie, G. 149

Akerlof, G.A. 54

Alexander, J. 68

Análise de classe
　abordagem(ns) 16s., 197-208
　　definidora da 46
　　nominal da 46, 67, 135
　　realista da 67, 80-82
　baseada na renda 133-162
　crítica da 167s.
　e análise histórico-comparativa 44
　emancipação e 208
　localização distribucional na 200
　macro e micro 34s., 70-72, 75s., 80-87, 91-96
　marxista; cf. Tradição marxista da análise de classe
　na abordagem de Bourdieu; cf. Bourdieu, análise de classe
　objetivos explicativos 36s., 169s., 197-208
　pós-; cf. Análise pós-classe

questão chave da 197-208
unidade da 62-64, 81s.
weberiana: *ver* tradição weberiana da análise de classe
Análise de classe com base na renda 133-163
agência de classe 159-164
renda e exploração de classe na 145s.
riqueza e classe na 142-150
cf. tb. Rendas
Análise de classe durkheimiana 66-91
abordagem macro x micro na 69-72, 75, 80-87, 91-96
alienação na 75
atitudes e estilos na 74
associações profissionais na 71s., 77s.
como precursora da análise pós-classe 172-176
conceito de classe na 69-76
consciência de classe na 72-74, 83s.
e fechamento social 84
exploração na 87-91
grupos intermediários na 70
ocupações (profissões) na 76s., 80, 173-180
polimorfismo moral na 74
solidariedade orgânica profissional na 74-76
Análise histórico-comparativa e análise de classe 44
Análise pós-classe 167-195
agência de classe na 184s.
bases clássicas da 170-178
cidadania na 179
comunidades e grupos na 183-185
consumo na 192s.
desigualdade de classe e sem classe na 186-194
democracia na 179
diferenciação social na 191
Durkheim enquanto precursor da 172-176
estratificação social na 180-187
multiplicidade de geradores da desigualdade em 177-179
Tocqueville como precursor da 170-178
Weber como precursor da 175-178
Associações profissionais e classe em Durkheim 71s., 77s.

Barley, S. 77
Barnes, B. 76

Barzel, Y. 135, 142s., 147

Baudrillard, J. 193

Beck, U. 184

Becker, G. 156, 179

Bell, D. 137, 179

Bells, K. 136

Bernstein, B. 86

Blossfeld, H.-P. 64, 79

Boltanski, L. 120

Bottero, W. 183

Bottomore, T. 68-70

Bouglé, C. 73

Bourdieu, P. 74, 86, 93, 157s., 179, 183, 185, 192, 201, 203s.
    agência de classe 106-110, 127-131
    análise de classe 17, 97-132
    campo, conceito de 110
    capital, conceito e variedades 102-104
    classe e *status* 99, 110
    complexidade causal 122-124
    conflitos classificatórios 110-116
    construção discursiva de classe 117s.
    cultura e classe 111s.
    dimensão construtivista de classe 129
    estrutura de classe 101-105
    gênero e classe 124-127
    habitus de classe 105-107
    papel causal da classe 124-127
    poder simbólico 116-121, 131s.
    violência simbólica 110-116

Bowles, S. 43, 154, 157

Bradley, H. 83

Braverman, H. 156

Breen, R. 17, 46, 54, 61, 63, 65, 168, 204

Breiger, R. 58

Bridges, W. 90

Britten, N. 62

Brooks, C. 81

Brubaker, R. 97, 185

Burawoy, M. 20

Calhoun, C. 97

Campo, conceito de
  em Bourdieu 110

Capital
  classe e
    em Bourdieu 102-104
  composição de 103
  volume de 103

Capitalismo
  relações de classe no 25s., 207

Carchedi, G. 20

Casey, C. 77, 79

Cidadania e classe 179

Clark, T. 66, 168, 186, 194

Classe
  ambiguidade
    na imaginação popular 15s.
    nas discussões acadêmicas 16
  atitudes e estilos de vida 92
  como substantivo e como adjetivo 23
  conceito marxista de 37s., 40
  conceitos de 16s., 135-142, 169s.
  construção discursiva de
    em Bourdieu 116-121, 129
  diferença entre
    grupo de *status* e
      em Bourdieu 99, 110
      em Weber 48
    partido e, em Weber 48
    situação de classe e 33
  e alienação 75
  e associações profissionais em Durkheim 71s., 77s.
  e cidadania 179s.
  e contrato de trabalho 52s.
  e democracia 179
  e desigualdade 135-142
  e educação 178s.
    cf. tb. Educação
  e recursos específicos 52
  e gênero 180s.
  em Bourdieu 74

232

em declínio 186-194

e mercado 48

e ocupações (profissões) em Durkheim 76s.

e oportunidades de vida 47s., 136, 144, 148-150, 202-205

e poder simbólico em Bourdieu 116-121

e raça 180s.

e relações de trabalho 52

esquema de 50s.

influência de 64, 86, 149

mobilidade de 203

   em Bourdieu 104

mudança de fronteiras 192s.

multiplicidade de causas 177s., 186-189

nível de desagregação 91-94

objetiva x subjetiva 184, 200-202

operacionalização de 50s.

relacional x por gradação 202

trajetórias de

   em Bourdieu 104

Coase, R. 154

Coerção nas relações de classe 43-45

Cohen, G.A. 19, 22

Cole, R. 79

Coleman, J. 143

Collins, R. 84

Comte, A. 75

Comunidades e estratificação social 183-185

Conceito de 145-148

   emprego 152-155

   exploração e riqueza 150-159

   monopólio 152-155

   sobre

      dons naturais 157-159

      dotes culturais 157-159

      recursos específicos 155-157

Conflito de classe

   diferentes abordagens do 205-207

   em Bourdieu 114

   em Marx 35s., 43

Consciência de classe

   na tradição

durkheimiana 72-75, 83s.

marxista 35

weberiana 48

Consentimento nas relações de classe 43s.

Consumo e o declínio das classes 192s.

Contrato de trabalho e classe 52s.

Coser, L. 74

Cotreel, A. 20

Crítica de classe pós-moderna 66, 95

Cultura e classe em Bourdieu 111

Dahrendorf, R. 68s., 77, 133, 140, 143, 181, 190

Desestratificação 186-189

Desigualdade

de classe e sem classe 186-194

social complexa 188

Diferenciação social e o declínio das classes 191

Dificuldade de monitoramento (supervisão) do trabalho e classe 52

Direitos de propriedade e classe 142-144

Dixit, A. 155

Dominação e exploração 40

Dominitz, J. 149

Donnelly, M. 100, 120

Dore, R. 79

Duncan, O. 68

Durkheim, É. 116, 173, 183s., 191

análise de classe em; cf. Análise de classe durkheimiana

Eder, K. 184

Educação

e classe 178s.

em Bourdieu 118

rendas baseadas no credenciamento e 158

Eggertsson, T. 142

Ehrenreich, B. 80

Ehrenreich, J. 80

Emirbayer, M. 100

Emmison, M. 83

Empregadores na estrutura de classes
  grandes 55
  pequenos 53
Empregados na estrutura de classes 53
Erikson, R. 34, 51, 53, 55, 59, 61s., 65, 80, 91s., 95, 133, 136, 150, 159, 164
Escravagismo (escravidão)
  relações de classe no 26
Especialização flexível e fronteiras móveis de classe 192
Esping-Andersen, G. 79
Esquema de classe 50-57, 136-138
Estado e classe em Bourdieu 119s.
Estratificação
  causas complexas da 180-187
    em Bourdieu 122-124
  híbrida 188
  mudanças contemporâneas na 186-189
  na análise pós-classe 180-187
Estratos e situações de classe 32
Estrutura de classes 34
  agricultores na 53
  alemã 79s.
  em Bourdieu 101-105
  empregados na 53
  grandes empregadores na 55
  grupos intermediários na 70
  japonesa 79s.
  pequena burguesia na 53
  pequenos empregadores na 53
  pequenos proprietários na 53
  sueca 79s.
  trabalhadores autônomos na 53
  variação entre países 79s.
Evans, G. 59-61, 64, 81, 95
Exploração
  conceito
    durkheimiano de 87-91
    marxista de 38-40
  crítica marxista da 134, 138-142
  e dominação 40
  e opressão 38

e o princípio
   da apropriação 38
   de exclusão 38
   do bem-estar inverso interdependente 38
Teoria da Renda com base na 150-159
Eyerman, R. 137

Famílias e estrutura de classe 32, 61
Fantasia, R. 128
Featherman, D. 68, 80, 92
Fechamento social 181-183
Fenton, S. 68
Feudalismo
   relações de classe no 26, 207
Filloux, J.C. 68
Formação de classe 36
Fortin, N. 161
Freeman, R. 154, 161
Freidson, E. 77, 83s.

Geiger, T. 137
Gênero e classe 180s.
   em Bourdieu 125-127
Giddens, A. 47, 68, 72, 86, 133, 138, 151, 177
Gintis, H. 43, 154, 157
Goldthorpe, J. 17, 31, 34, 41s., 46, 64, 80, 82, 86, 91s., 95, 133, 137, 148, 150, 164, 204, 208
Gouldner, A. 152
Granovetter, M. 81
Grupo de *status*
   diferença entre classe e 48
Grupos intermediários na estrutura de classe 70
Grusky, D. 17, 68, 70, 78, 82, 86, 90, 92, 94-96, 105, 120, 130, 136, 174, 201, 207
Gusfield, J. 85

Habitus e classe em Bourdieu 105-107
Halaby, C. 81
Halbwachs, M. 74
Hall, S. 83

Hauser, R. 68, 80, 82, 92, 148
Hawkins, M.J. 68s., 71, 73, 78
Hayek, F. 138
Heath, A. 62
Henle, P. 163
Hirsch, F. 154
Hollingshead, A. 92
Holton, R. 70, 86, 96, 183
Holzer, H. 162
Hope, K. 148
Hout, M. 81, 148

Identidade e classe; cf. Classe
Ideologia e relações de classe 43s.
Individualismo e o declínio das classes 193
Interesses de classe 35
Ishida, H. 79

Jencks, C. 92
Jensen, M. 163
Johnson, B. 68, 73
Johnston, H. 85
Jones, F.L. 68, 186
Jönsson, J. 136, 159
Joyce, P. 66
Juhn, C. 162

Kern, R. 113
Kingston, P. 66, 82, 86
Kohn, M. 86, 92
Konrad, G. 152
Korpi, W. 85
Krause, E. 76

Lamont, M. 86
Lane, J. 109, 112
Laraña, E. 85
Lareau, A. 102

Laumann, E.O. 177
Lazear, E. 156
Le Roux, H. 103
Lee, D. 66, 68
Lehmann, J. 68, 89
Lemieux, T. 161
Levine, A. 20
Levy, F. 162
Lipset, S.M. 66, 168, 186, 194
LiPuma, E. 97
Lockwood, D. 68s.
Lorence, J. 83
Love, G. 162
Lukes, S. 68, 70
Luta de classes; cf. Conflito de classe
Lysgaard, S. 149

Manski, C. 149
Manza, J. 81
Marshall, A. 47, 147, 152, 155, 157
Marshall, G. 47, 76, 81, 83, 86, 136
Marshall, T.S. 179
Marx, K. 20, 70, 76, 128, 133, 165, 205
Materialismo histórico 19
Mauss, M. 116
Medoff, J. 154, 161s.
Meeker, M. 136
Mercado de trabalho
    mudanças recentes no
        classe 161-164, 192
    rendas no 155-158
Mercado e classe em Weber 48
Meštrović, S. 68
Mills, C. 59-61, 81, 95
Mills, C.W. 181
Mitchell, D. 161s.
Mortimer, J. 83
Müller, H.-P. 68

Murnane, R. 162
Murphy, R. 49, 84, 133s., 138, 162, 175
Myles, J. 163

Nelson, R. 90
Nisbet, R. 68
North, D. 146
Novos movimentos sociais 193

Ocupações (profissões)
   e situação de classe na tradição weberiana 54-60
     e em Durkheim 76s., 80
   e solidariedade orgânica em Durkheim 74-76
Olson, M. 155
Oportunidades de vida e classe 47s., 136, 144, 148-150, 202-205
Opressão e exploração na tradição marxista 38
Ossowski, S. 133, 140, 187, 200

Pahl, R.E. 66
Pakulski, J. 17, 66, 83, 168s., 189, 195
Parkin, F. 49, 68, 84, 90, 133, 138, 151, 175, 178
Parsons, T. 68, 72s., 76
Partido, diferença entre classe e
   em Weber 48
Passeron, J.-C. 132
Pearce, F. 68
Pequena burguesia na estrutura de classe 53
Pequenos proprietários na estrutura de classe 53
Perkin, H. 178
Peterson, R. 113
Picot, G. 163
Pierce, B. 162
Piore, M. 192
Poder
   nas relações de classe, segundo a tradição marxista 43
   simbólico; cf. Simbólico, poder
Polimorfismo moral na análise de classe durkheimiana 73
Pope, W. 68, 73
Portes, A. 130

Portocarrero, L. 51

Pós-modernidade e o declínio da classe 189-194

Postone, M. 97

Poulantzas, N. 20, 85, 139

Prandy, K. 50, 183

Produtividade marginal do trabalho e classe 141

Przeworski, A. 114

Raça e classe 179-181

Recursos específicos e classe 52

Redlich, F. 92

Reestratificação 186-189

Relação de trabalho e classe 52

Relações de classe
  articulação das 27s.
  coerção e consentimento nas 43
  coexistência de diversas 27
  complexidade das 26-28
  direitos e poderes nas 30-32
  e direitos de propriedade 27s.
  e poder 43s.
  ideologias nas 44s.
  interpenetração das 28
  mediação de situações nas 33
  no capitalismo 26
  no escravagismo 26
  no feudalismo 26
  variação histórica das 207
  variações nas 25s.

Relações sociais de produção na tradição marxista 24s.

Rendas
  e classe em Durkheim 87-91
  e condições de vida 148-150

Resnick, S. 20

Ricardo, D. 146

Riqueza e classe 142-149

Roemer, J. 134, 139, 141

Rokkan, S. 185

Rottman, D. 46, 61, 63

Rouanet, H. 103

Ryan, W. 149
Ryscavage, P. 163
Rytina, S. 50, 95

Sabel, C. 192
Salário por eficiência (participação) 54
Sartori, G. 186
Saunders, P. 83
Schneider, L. 149
Scott, J. 177
Shavit, Y. 64
Shils, E. 179
Simbólico
    poder, e classe
    em Bourdieu 116-121, 131s.
Simmel, G. 134, 193
Situação de classe em Weber 50
Situações de classe
    atribuição de, às pessoas 32
    complexidades de 29s., 32-34
        fontes de 30-34
    contraditórias 30-34
    diferenças de classes e 34
    e as ocupações 58-61
    e distribuição
        de atividadades econômicas 37
        distribuição de renda 36s.
    e experiências subjetivas 30
    estratos e 32
    famílias e 33, 62
    na tradição marxista da análise de classe 29
    no modelo de duas classes 29
    número de 34
    temporalidade das 32
    Slomczynski, K. 86, 92
Smith, P. 68, 75
Sober, E. 20
Solidariedade orgânica e ocupações (profissões) em Durkheim 74-76
Solow, R. 157
Sørensen, A. 17, 39, 46, 50, 87, 106, 140s., 154, 158, 164

Sørensen, J. 68, 79, 82, 87, 90, 92, 95s., 105, 120, 130, 136

Spenner, K. 78

Stanworth, M. 62

Stewart, A. 177

Summers, L. 157

Swartz, D. 97

Swift, A. 22

Szélenyi, I. 152

Teoria da Elite 176

Thomas, R. 146

Thompson, E.P. 68, 128s.

Tilly, C. 81

Tiryakian, E. 68

Tocqueville, A. 78, 179

Trabalhador autônomo na estrutura de classe 53

Tradição marxista de análise de classe 17, 19-45
　ambições explicativas da 36-38, 138-142
　compromissos morais da 21-23
　conceito de classe na 37-40
　conflito de classe na 43s., 205s.
　crítica da 150-160
　e a análise de classe weberiana 40-42, 134s.
　e capitalismo 23
　emancipação na 208
　e relações
　　de classe 25
　　sociais de produção 24s.
　e situações de classe 28
　tese
　　anticapitalismo da 22
　　da possibilidade histórica na 21s.
　　do igualitarismo radical na 21
　troca e laços de produção na 42s.
　vantagens da 42-44
　variação histórica das relações de classe na 207
　versus tradição tocquevilliana 172

Tradição weberiana da análise de classe 17, 46-49, 64, 136-138
　agência de classe na 48
　classe e *status* na 48, 99

como precursora da análise pós-classe 175-178
conflito de classe na 205
críticas à 57-61, 134s.
e a análise de classe marxista 40s., 134s.
e Teoria da Elite 176
metas explicativas da 50s.
oportunidades de vida na 47s., 204
variação histórica das relações de classe na 207
Tullock, G. 153, 155
Turner, B. 66, 70, 86, 96, 179, 182

Van Maanen, J. 77
Van Parijs, P. 31
Violência simbólica e classe em Bourdieu 110-116
Visser, J. 76

Wacquant, L. 97s., 102, 104-106, 110, 116, 120, 125, 127, 132
Wannell, T. 163
Warner, L. 84, 136
Warren, J. 82, 92
Waters, M. 66, 83, 168
Watts, M.W. 68
Weakliem, D. 81
Weber, M. 74, 76, 84, 99, 137, 177, 204
    classe na obra de; cf. Tradição weberiana da análise de classe
Weeden, K. 68, 70, 78, 86, 94-96
Weininger, E. 17, 102, 114, 201
Wesolowski, W. 182
Western, M. 83
Wilenski, H. 76
Wolff, E. 20, 165
Wright, E. 19s., 31-34, 46, 69, 80, 85, 92, 129, 133, 140, 151, 157, 200, 206
Wrong, D. 187

Zabusky, S. 83
Zeitlin, I. 68, 91

COLEÇÃO SOCIOLOGIA
Coordenador: Brasilio Sallum Jr. - Universidade de São Paulo

Comissão editorial:
Gabriel Cohn - Universidade de São Paulo
Irlys Barreira - Universidade Federal do Ceará
José Ricardo Ramalho - Universidade Federal do Rio de Janeiro
Marcelo Ridenti - Universidade Estadual de Campinas
Otávio Dulci - Universidade Federal de Minas Gerais

- *A educação moral*
  Émile Durkheim
- *A Pesquisa Qualitativa – Enfoques epistemológicos e metodológicos*
  VV.AA.
- *Sociologia ambiental*
  John Hannigan
- *O poder em movimento – Movimentos sociais e confronto político*
  Sidney Tarrow
- *Quatro tradições sociológicas*
  Randall Collins
- *Introdução à Teoria dos Sistemas*
  Niklas Luhmann
- *Sociologia clássica – Marx, Durkheim, Weber*
  Carlos Eduardo Sell
- *O senso prático*
  Pierre Bourdieu
- *Comportamento em lugares públicos – Notas sobre a organização social dos ajuntamentos*
  Erving Goffman
- *A estrutura da ação social – Vols. I e II*
  Talcott Parsons
- *Ritual de interação – Ensaios sobre o comportamento face a face*
  Erving Goffman
- *A negociação da intimidade*
  Viviana A. Zelizer
- *Sobre fenomenologia e relações sociais*
  Alfred Schutz

- *Os quadros da experiência social – Uma perspectiva de análise*
  Erving Goffman
- *Democracia*
  Charles Tilly
- *A representação do Eu na vida cotidiana*
  Erving Goffman
- *Sociologia da comunicação – Teoria e ideologia*
  Gabriel Cohn
- *A pesquisa sociológica*
  Serge Paugam (coord.)
- *Sentido da dialética – Marx: lógica e política - Tomo I*
  Ruy Fausto
- *Ética econômica das Religiões Mundiais - Vol. I - Confucionismo e Taoísmo*
  Max Weber
- *A emergência da teoria sociológica*
  Jonathan H. Turner, Leonard Beeghley e Charles H. Powers
- *Análise de classe – Abordagens*
  Erik Olin Wright
- *Símbolos, selves e realidade social – Uma abordagem interacionista simbólica à Psicologia Social e à Sociologia*
  Kent L. Sandstrom, Daniel D. Martin e Gary Alan Fine

CULTURAL

Administração
Antropologia
Biografias
Comunicação
Dinâmicas e Jogos
Ecologia e Meio Ambiente
Educação e Pedagogia
Filosofia
História
Letras e Literatura
Obras de referência
Política
Psicologia
Saúde e Nutrição
Serviço Social e Trabalho
Sociologia

CATEQUÉTICO PASTORAL

Catequese
Geral
Crisma
Primeira Eucaristia

Pastoral
Geral
Sacramental
Familiar
Social
Ensino Religioso Escolar

TEOLÓGICO ESPIRITUAL

Biografias
Devocionários
Espiritualidade e Mística
Espiritualidade Mariana
Franciscanismo
Autoconhecimento
Liturgia
Obras de referência
Sagrada Escritura e Livros Apócrifos

Teologia
Bíblica
Histórica
Prática
Sistemática

REVISTAS

Concilium
Estudos Bíblicos
Grande Sinal
REB (Revista Eclesiástica Brasileira)
SEDOC (Serviço de Documentação)

VOZES NOBILIS

Uma linha editorial especial, com importantes autores, alto valor agregado e qualidade superior.

PRODUTOS SAZONAIS

Folhinha do Sagrado Coração de Jesus
Calendário de mesa do Sagrado Coração de Jesus
Agenda do Sagrado Coração de Jesus
Almanaque Santo Antônio
Agendinha
Diário Vozes
Meditações para o dia a dia
Encontro diário com Deus
Guia Litúrgico

VOZES DE BOLSO

Obras clássicas de Ciências Humanas em formato de bolso.

CADASTRE-SE
www.vozes.com.br

EDITORA VOZES LTDA.
Rua Frei Luís, 100 – Centro – Cep 25689-900 – Petrópolis, RJ
Tel.: (24) 2233-9000 – Fax: (24) 2231-4676 – E-mail: vendas@vozes.com.br

UNIDADES NO BRASIL: Belo Horizonte, MG – Brasília, DF – Campinas, SP – Cuiabá, MT
Curitiba, PR – Florianópolis, SC – Fortaleza, CE – Goiânia, GO – Juiz de Fora, MG
Manaus, AM – Petrópolis, RJ – Porto Alegre, RS – Recife, PE – Rio de Janeiro, RJ
Salvador, BA – São Paulo, SP